本书获浙江省自然科学基金资助项目
"中国高铁网络对港口腹地经济一体化的影响与区域整合政策研究"
(LQ21G030002)资助

A THEORETICAL AND EMPIRICAL STUDY ON THE EFFECT OF

CHINA'S HIGH-SPEED RAILWAY ON
PORT-HINTERLAND ECONOMIC INTEGRATION

中国高铁对港口腹地经济一体化
影响的理论与实证研究

张梦婷◎著

ZHEJIANG UNIVERSITY PRESS
浙江大学出版社
·杭州·

图书在版编目(CIP)数据

中国高铁对港口腹地经济一体化影响的理论与实证研究 / 张梦婷著. —杭州：浙江大学出版社，2023.11
ISBN 978-7-308-24377-3

Ⅰ. ①中… Ⅱ. ①张… Ⅲ. ①高速铁路－影响－区域经济发展－研究－中国 Ⅳ. ①F127

中国国家版本馆 CIP 数据核字(2023)第 209327 号

中国高铁对港口腹地经济一体化影响的理论与实证研究
张梦婷　著

策划编辑	吴伟伟
责任编辑	陈思佳(chensijia_ruc@163.com)
文字编辑	谢艳琴
责任校对	陈逸行
封面设计	雷建军
出版发行	浙江大学出版社
	(杭州市天目山路 148 号　邮政编码 310007)
	(网址：http://www.zjupress.com)
排　　版	浙江大千时代文化传媒有限公司
印　　刷	广东虎彩云印刷有限公司绍兴分公司
开　　本	710mm×1000mm　1/16
印　　张	17.5
字　　数	227 千
版 印 次	2023 年 11 月第 1 版　2023 年 11 月第 1 次印刷
书　　号	ISBN 978-7-308-24377-3
定　　价	78.00 元

前　言

　　建设交通强国是党中央立足国情、着眼全局、面向未来作出的重大战略决策,是建设现代化经济体系的先行领域,是全面建设社会主义现代化强国的重要支撑。相较于传统铁路,高铁在运营速度、稳定性和环保性上均具有明显的优势,其在社会经济发展中的重要性不断凸显。港口不仅是对外贸易的门户,更是连接陆地经济和海洋经济的重要桥梁,"港口—腹地经济系统"在将腹地要素输出的同时,承担着引进外部要素进行重组,优化资源配置和经济结构,以及助推国民经济增长的重任。本书在总结既有经济地理学中对交通运输的作用内涵和演进研究的基础上,揭示和论证了高铁网络对港口腹地经济一体化的影响,既有利于科学理解交通助推区域整合的价值,也有助于进一步厘清高速铁路经济福利效应的发生机制。

　　本书的逻辑起点是高铁网络能在既有物流网络的基础上促进港口与腹地间的物流和复杂信息交流,助推要素的空间流动、资源的有效配置和生产率的提升,提升港口腹地经济一体化水平。既有的关于中国国内市场的发展研究、交通基础设施的经济效应研究以及高铁的经济效应研究是本书研究的重要基础。围绕研究的主题和内容,本书梳理了三类文献,分别是区域经济一体化的研究、高铁的经济效应研究、港口腹地经济一体化及其影响因素的研究(第二章)。对既有相关文献的梳理,以及对世界主要国家高速铁路发展历程和中国高速铁路发展实际情况(第三章)与港口的发展(第四章)的系统梳理、总结,不仅为本书研究奠定理论基础,还展现出了高速铁路当前及未来的经济价值,而且有利于明确本书研究的边际贡献所在。

通过纳入交通运输条件随时间变化这一基本逻辑来拓展和构建用于分析交通基础设施影响区域经济一体化的空间模型,从生产率、配置效应和贸易成本三个维度分析均衡条件(第五章)。在理论分析的基础上进行实证考察:第一,基于价格数据、城市经济数据和空间矢量数据,以及以 1999—2015 年为样本窗口计算五大港口群内主要的 24 个港口城市及 90 个腹地城市的隶属划分,并测算港口腹地经济一体化的面板数据;第二,通过匹配高铁网络数据,考察高铁网络引致的港口腹地经济一体化影响,引入基于地理信息的工具变量来处理与识别其中的内生性问题(第六章);第三,通过匹配工业企业微观数据,测算资源配置的效率,从资源配置的角度揭示高铁影响港口腹地经济一体化的作用机制(第七章);第四,以浙江省为例,对其境内高铁网络发展引致的港口腹地经济一体化与收入差距进行考察,以地区案例进一步丰富和拓展学理研究的分析(第八章);第五,对研究结论进行提炼,从缩小发展差距、促进区域协调和高铁建设等方面总结政策启示(第九章),形成综合研究成果。

研究发现,中国高铁网络的空间结构呈现出显著的异质性,在国家层面呈现出网络模式,在区域层面呈现出通道模式,在一些城市群内呈现出混合模式。由于中国存在城市人口密度较大、交通压力较大、城镇拆迁和城市发展阶段较为初期等特征,中国高铁站选址基本上是在距离城市中心 4～12 千米的区间范围内,尤其在特大城市,因为其人口、环境、交通、地价等方面压力过大,所以新建高铁站点往往不在城市中心，并且与城市中心相距甚远。

通过匹配 1999—2015 年中国五大港口群内的 90 个腹地城市数据和高铁数据，运用相对价格指数测算腹地城市与所在港口群内港口的港口腹地经济一体化程度。实证结果显示，高铁对港口腹地经济一体化有显著的促进作用，边际效应约为 8.0%。分别使用替代变量、滞后项等进行稳健性检验的结果都较为稳健。利用随机模型生成高铁变量的安慰剂检验结果也进一步支持了基准回归的结论，在解决了识别过程中可能存在的内生性问题后，所得到的结果都未改变原结论。

基于中国 2006—2016 年 90 个港口城市数据对其要素错配水平进行了测算，使用双重差分法得到高铁开通显著改善了城市的劳动要素错配水平和资本要素错配水平的结论，使用不同估计方法进行估计后所得到的结论依然显著。从分区域回归结果来看，东部地区高铁开通对要素错配改善效应显著。剔除省会城市样本后，非省会城市高铁开通也显著改善了地区要素错配。以交乘项将高铁与资源错配纳入基准模型后，回归结果显示，高铁带来的城市资源配置效率提升促进了腹地城市与港口城市间的经济一体化。

基于 2010—2020 年浙江省高铁网络发展数据、90 个县级行政区的港口腹地经济一体化和城乡居民收入差距数据，探究高铁网络发展对城乡居民收入差距的影响，以及高铁带来的港口腹地经济一体化在其中发挥的作用。结果显示，在样本期内，高铁对地区的城乡居民收入差距有显著的正向影响，即扩大了城乡居民收入的差距，这与俞峰等（2020）、刘怡等（2018）的研究结论一致。进一步分析发现，高铁发展带来的港口腹地经济一体化增强是高铁影响城乡居民收入差距的作用渠道之一，意味着高铁在这期间密切的地区间往来进一步降低了交易成本，因而加速了不同群体——城市居民和农村居民获取劳动报酬与进行其他相关财富积累的差距。结合空间政治经济学的理论，在完备的交通基础设施支撑下,随着现代城市的进一步发展,当劳动力充分流动时,劳动力市场会实现高技能劳动力和低技能劳动力的充分配置,收入差距也将趋于收敛。

国家的繁荣富强和人民的共同富裕是中国共产党孜孜以求的美好梦想与奋斗目标。在加速推进"21世纪海上丝绸之路"建设和国内市场一体化发展的背景下,本书重点从资源错配的维度系统阐释中国高铁网络发展对港口腹地经济一体化的影响这一重要的理论和实践问题。本书以中国高铁网络为例,系统地探究交通领域技术进步引致的要素流动性提高对港口腹地一体化的影响,从研究对象和作用机制上拓展了交通运输条件作用下的区域经济增长模型。结合理论和实证分析,以期为相关部门提供可参考的建议,为中国交通网络和港口的布局规划提供依据,以学理为支撑提升经济建设的效益。

张梦婷

2023 年 1 月

目　录

第一章 绪 论

　　中国幅员辽阔、地形复杂,把这个庞大的国家连成一体是发展的必要条件之一。100 年前,孙中山面对彼时积贫积弱的中国,感叹道:"今日之世界,非铁道无以立国。"①百余年的厚积薄发,普通铁路将中国各地相连,高速铁路技术试验也在不断取得突破。如今,中国每年可将 176 亿人次、462 亿吨货物送往天南海北的各个角落②,如此庞大的数字背后,是一场人口和资源的大重组。北方的粮食、煤炭不断南运,南方的水果、水资源纷纷北上,西部丰富的自然资源更是跨越千里,源源不断地送往人口密集的中部和东部,经过这样重组和整合,原本自然资源分布极不均衡的国家最终形成了一个涵盖全球五分之一人口的"洲际规模"市场。如此庞大的市场带来了显著的规模效应,不仅让中国从一系列超级工程中获得足够的回报和溢出效应,成为世界瞩目的"基建狂魔",也能支撑我们发展一些高投入、长周期的战略产业。

---

　　① 1912 年 4 月 1 日,孙中山先生在上海"中华民国铁道协会"举办的欢迎会上强调:"今日之世界,非铁道无以立国。"
　　② 数据来源于《中华人民共和国 2019 年国民经济和社会发展统计公报》。

第一节　研究背景

一、学术背景

交通运输条件的改善可望带来分工程度的提升。比较优势理论强调发挥比较优势对贸易获利的重要性,而比较优势的差异在很大程度上源自两个方面的差异——要素禀赋的差异和生产效率的差异(林毅夫和李永军,2003;Bernard et al.,2007)。一方面,斯密定理以及后期发展的斯密-杨格定理(1928)揭示了市场规模的扩大对地区专业化程度提高有重要影响,也在一定程度上反映了改善市场分割情况和形成国内统一市场的意义所在。[①] 另一方面,关于要素配置的空间一般均衡,空间经济学和新经济地理学中有这样的描述,若经济要素在空间流动上存在障碍,资源配置在空间内的集聚程度就会存在偏差,从而在地区间形成差异。如果资源能够充分、自由流动,且不存在任何扭曲与非完全市场环境,那么资源的配置效率就会得到有效的提高(Melitz,2003;Syverson,2004)。

中国日趋完善的交通基础设施网络在新形势下对新的比较优势的形成具有重要价值,然而这一推论尚缺乏理论分析和实证证据的支撑。相对生产成本在很大程度上取决于要素禀赋的丰裕程度,生产成本与产品价格密切相关,进而在国际竞争中决定着产品的国际竞争

[①] 　亚当·斯密的劳动分工理论核心是分工受市场范围的限制,Young(1928)在其就职演说"报酬递增与经济进步"中对斯密的劳动分工理论作了重要分析,他指出:"一方面,分工受到市场规模限制;另一方面,市场规模又取决于分工程度,经济进步的可能性就存在于上述条件之中",从而描述了一个报酬递增的动态积累过程,人们普遍认为这部分内容是对斯密定理的一个重要补充,称为斯密-杨格定理。

力。生产效率是指将投入转变为产出的效率,既取决于微观企业内部的生产效率,也与企业间的资源配置效率紧密相关(Hsieh & Klenow,2009;Epifani & Gancia,2011),同样能影响甚至决定一个企业、地区乃至一个国家的竞争力。概而言之,在制度完全的市场环境下,交通基础设施建设能大幅地降低地区间的运输成本,显著地降低市场分割程度,从而促进地区专业化分工程度的提高以及资源配置效率的提升,进而增强一国的比较优势。

20世纪90年代,在经济全球化和区域一体化不断发展的背景下,要素的跨地区流动不断增加。以 Krugman(1980,1991)、Fujita 等(1999)为代表的空间经济学开始将空间因素纳入主流经济学领域的经济增长理论中,试图阐述要素空间配置的一般均衡模式。空间经济学家强调了由运输成本和规模经济之间的相互作用而产生的空间力量对要素空间分布的影响,认为空间内要素的流动及企业分布会受到交通发展水平的影响。因此,在完全竞争市场中,资源空间配置效率势必受到交通基础设施发展水平的影响,然而这一推论尚缺乏系统的理论机制分析及有效的实证研究。

我国交通运输地理学研究由来已久,地域间的联系是其研究内容的一部分。20世纪80年代以来,我国的体制改革与对外开放同时进行,市场经济体制的逐渐建立与对外开放领域的不断拓展给国民经济增长注入生机和活力,也改变了经济联系的空间格局。在人口红利逐渐消失的背景下,如何正确理解交通基础设施对资源空间配置的作用效果及影响机制,从而更好地提高资源配置效率,是摆在我们面前的一个重要的实践问题,同时也是本书所要研究的主要问题。

二、现实背景

(一)迅猛发展的中国高铁与经济社会发展联系日益密切

"要想富,先修路。"世界各国在发展过程中都对交通基础设施建设进行了大量的投资。世界银行 2017 年度报告显示,2012—2016 年世界银行的借贷中约有 12% 是用于与交通相关的项目的。作为世界交通史上重要的技术革命,高速铁路受到越来越多国家的关注。近年来,我国交通基础设施建设取得了举世瞩目的成绩,特别是中国大规模的高速铁路项目。截至 2021 年底,中国高速铁路营业里程数已达到 4 万千米,占世界高铁运营总里程的 60% 以上,中国也因此成为世界上高铁里程最长、运输密度最高、成网运营场景最复杂的国家。[①] 庞大的高铁网络不仅将把中国的东中西部地区连接起来,还将打通南北大通道,并形成以环渤海、长江三角洲(简称长三角)、珠江三角洲(简称珠三角)等几大城市群为代表的密集轨道交通网络。相比于普速铁路或者长途客运,高铁不仅能够优化区域原有的交通网络,缩小区域之间的时间距离(Vickerman & Ulied,2006),其所具有的载客量大、速度快、准点率高、安全性好的优势(杜兴强和彭妙薇,2017)还能够满足劳动力等生产要素流动的需求。这无疑对重塑要素空间分布格局,引导要素优化配置具有至关重要的影响。作为发展中国家,中国政府以超越时代的眼光,充分发挥制度优势,克服了建设初期的社会争议,坚定地推进了高速铁路在国内的建设发展,使得中国成为全球高铁技术的绝对领先者。

交通运输的便利程度自古以来都是影响我国经济发展的关键因素。作为一个幅员辽阔、人口众多的大国,中国东西南北跨度较大,地

---

　　① 数据来源于《2021 年交通运输行业发展统计公报》。

理特征复杂,资源分布较分散,其经济活动极易受到空间阻隔。因此,大容量、高效率、低能耗、长运距的铁路运输是保证国民经济活动有序运转的主导力量。但随着经济的发展和城市化进程的加快,低速度和低效率的传统铁路已不能适应我国经济社会发展的需要。

中国高速铁路的发展是跨越式的发展,依靠着强大的市场规模优势,相关部门在引进相关技术的过程中创造了商业史上的经典案例,获得了显著的后发优势。在完成高铁技术的基础引进后,依托强大的国家技术能力储备迅速完成了本土化升级。当今,中国高铁无论是技术水平还是建造规模,均已领先于其他国家。愈发密集的高速铁路网给中国的经济社会发展带来了全方位的改变。人们比往常流动得更远,分散的资源也能得到更有效的配置。高铁这张金字招牌不仅是中国全球形象的光鲜名片,而且在"走出去"的过程中形成了巨大的经济潜力。

(二)中国现代港口对区域发展的支撑作用凸显

港口作为大型的基础设施,不仅是区域发展的门户,也是区域空间结构乃至国土开发的重要支撑力量,对区域或国家的发展具有战略性意义。港口不仅是水陆物流交汇的交通枢纽和地区的基础资源,也是腹地产业供应链的重要环节,是区域经济和贸易活动的关键载体,并由此成为国民经济和区域发展的重要部分。从属性上来讲,港口是一种交通基础设施,是具有水陆联运条件的大型设施设备,供船舶安全进出、停泊并从事相关活动的枢纽型交通节点。但港口的形成和发展不是自身区位的内生需求,虽然其与一定的自然地理位置有关,但更多的是周边地区的发展需求,更重要的是为特定目的(主要是经济目的)而标定设置的空间组织地域,对外提供服务始终是港口发展的核心任务。因此,港口不是一个单纯的地理位置范畴,而是一个区域的范畴,甚至是一个拥有空间网络内涵的地理概念,可以说是区域乃至国家空间结构的基本支撑和重塑力量。

"腹地"一词源于对港口城市的研究。1889 年,奇泽姆在《商业地理手册》(*Handbook of Commercial Geography*)中第一次引入德语"hinterland"一词,意思是港口的从属区域,通过这些区域,港口可以集聚出口物资和分配进口物资。20 世纪初,"腹地"一词的含义开始引申并用于内陆城市。至 20 世纪 50 年代,"腹地"一词的含义基本定型,用于指内陆或港口等各类经济中心的附属地区。现在,腹地更多的是指任何聚落(或聚落中的商业设施)中具有影响力的空间范围,是以聚落为商品交换枢纽的区域。①

在中国,经济地理学界首先将这一概念引入相关问题的研究,并将其定义为"某一城市或港口保持有密切经济联系的内陆地区或背后地","位于港口城市背后,为港口提供出口货物和销售进口商品的内陆地区"。② 但这样的定义还是显得有些模糊,因此,近年来,历史地理学界为了更好地考察近代的港口/口岸城市与腹地的经济关系,在此基础上对"腹地"的概念做出进一步的界定,即"腹地为港口货物进出提供物资来源和销售市场,港口则为腹地商品吐纳提供输出与输入孔道"③。腹地是指"位于港口城市背后的港口吞吐货物和旅客集散所及的地区范围。在通常情况下,这一范围内的客货经由该港进出在运输上比较经济与便捷"④,这一定义强调了港口与腹地的互动,对于研究港口/口岸对腹地经济变迁的影响以及腹地对港口/口岸城市发展的影响,进而理解近代中国现代化的空间进程来说意义重大。

---

① 约翰斯顿. 人文地理学词典[M]. 北京:商务印书馆,2004.
② 中国大百科全书总编辑委员会. 中国大百科全书 地理学[M]. 北京:中国大百科全书出版社,1990.
③ 戴鞍钢. 港口·城市·腹地——上海与长江流域经济关系的历史考察(1843—1913)[M]. 上海:复旦大学出版社,1998.
④ 吴松弟. 中国百年经济拼图——港口城市及其腹地与中国现代化[M]. 济南:山东画报出版社,2006.

但问题是,在确定一个港口/口岸的腹地时,对这种互动关系是否需要进行量上的考虑?笔者以为,如果没有对"量"的考虑,就会使腹地的边界难以确定。而且,由于相邻的港口/口岸之间进出口货物的销售地与来源地往往是交叉的,如果不考虑"量",就会使腹地的边界无法得到较为清晰的界定。为了能够较为清晰地描绘出各个港口/口岸的腹地范围,对"腹地"一词概念的界定有必要在以上定义的基础上再做如下补充:第一,所谓腹地,是相对于中心而言的。如果某一地区是某一经济中心的附属地区(即腹地),那么该地区应该对这一经济中心具有依赖性;反之亦然。中心与腹地是相互依存的关系。第二,中心与腹地的依存关系不是偶尔出现的,而是具有相对的稳定性,并且两者的相互依存关系应具有一定的强度,这种依存对两者而言都是比较重要的。第三,在平面上,不同中心之间是通过竞争完成对腹地的分割的,当某一地区对两个或两个以上的中心具有较强的依赖性,并且这一地区对这几个不同的中心而言都比较重要时,该地区则会成为这几个中心的共同腹地(即混合腹地)。第四,港口/口岸可以认为是具有贸易枢纽职能的经济中心,其腹地则是在贸易上附属于该港口/口岸的地区,港口/口岸与腹地之间是"港口/口岸—腹地"双向依存的关系,这和以上关于"腹地"一词的一般内涵描述一致。

港口与腹地是一种空间对偶组合。门户与腹地之间存在着相互依存、相互作用的关系,也因此形成了互为驱动力的空间系统。腹地是由港口出港客货的来源地和进港客货的目的地共同组成的空间地域,是港口赖以生存和发展的基础。港口作为区域的门户,其基本功能是为腹地经济发展提供运输服务,是腹地与其他区域(尤其是国际区域)之间联系"流"的集汇点,包括物流、客流、商流、资金流及信息流,"流"的规模和方向及内涵反映了腹地发展的类型与联系方向。港口不仅能为腹地提供运输服务,而且可以作为区域经济和贸易发展的催化剂,带来物流、工业等相关产业的发展。腹地为港口发展提供支持和保障,腹地的产业类型与资源禀赋决定了各企业原料、燃料、半成品及产品的类型和规模,由此决定了腹地运输需求的类型、构成及空间方向。腹地产业结构(尤其是工业结构、资源结构)与邻近港口的运输职能结构之间形成了内在的联系,互为映照。腹地建立一定的产业结构后,对其运行的资源条件进行了质的选择和量的规定,从而影响港口的发展方向与职能结构,港口成为腹地工业发展的供应链环节和产品资源运输集散的枢纽。腹地资源禀赋决定港口输出货物的种类和规模,腹地资源种类越多、数量越大,港口输出货物的种类和规模就会越多元化与规模化。腹地经济状况决定经济运行所需的原材料、燃料等要素的种类与数量,影响港口的货源供给,包括货源种类和规模。腹地工业结构越复杂,港口运输职能就越多元化与综合化(见图1-1)。

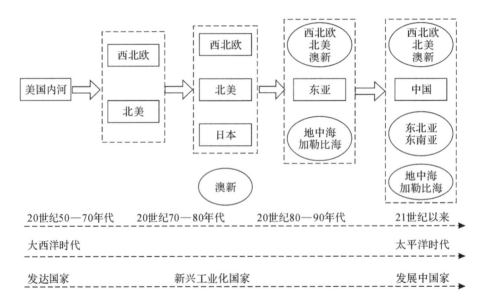

图 1-1　世界航运重心转移路径

注:澳新是指澳大利亚与新西兰,下同。

资料来源:王成金. 港口运输与腹地产业发展[M]. 北京:科学出版社,2020.

理论上,交通改善能够促进企业间的贸易与产业间的分工合作,进而形成区域乃至全国性的生产网络,更重要的是为海陆互动格局奠定了坚实的基础。共同建设"21世纪海上丝绸之路"重大战略旨在全面提升"海上丝绸之路"的通道功能和贸易、投资及经济合作水平,构建中国与沿线各国互利共赢的格局。海运长期以来在国际贸易中发挥着重要作用,在共同建设"21世纪海上丝绸之路"重大战略的持续推进下,新发展格局中港口、港口城市与腹地城市的互动对社会经济发展的影响可望进一步提升。

除了从整个国家的层面进行探讨,一些学者还对一些具体的口岸进行过深入的研究。20世纪七八十年代以来,对现代化的区域研究以及口岸贸易的研究不断拓展,出现了一批关于通商口岸和区域经济史研究的著作。以通商口岸为中心,考察其对周围地区经济所产生的影响,探讨外力作用下中国近代经济变迁的过程。此后,关于口岸贸易对区域经济变迁的影响的研究也逐渐深入起来。

近代经济转型的动力来自外来因素和本国内在因素的共同作用,空间上则表现为"港口—腹地"的双向互动作用。我国的主要港口城市有东部的大连、营口、丹东、天津、烟台、青岛、连云港、上海、宁波、福州、厦门、广州等沿海城市,以及汉口、重庆等长江沿岸城市。港口并非仅指承担客货运输任务的港口部门,还包括港口部门和它所在的城市。推而广之,凡围绕航空、铁路、公路等交通枢纽建设形成的涉及较大区域的交通中心,均具有港口的作用,只不过人们常用"交通中心""口岸"来代替"港口"一词而已。

我国幅员辽阔,大多数河流自西向东流,并最终注入大海,在现代交通兴起以前,东西向的河谷往往又被认为是交通发达之区。近年来,外来的先进生产力在沿海口岸登陆,之后再顺着东西向的水路或陆路往西拓展。在边疆地区,内陆口岸也扮演了沿海口岸的角色,只是影响力基本集中在边疆地区,以致其所影响的空间范围较小而已。来自沿海和沿边口岸的经济辐射推动了腹地经济变迁,改变了中国的交通格局、城市分布,缩小了区域经济差异,促使新型经济区形成。

近代中国开埠以后,逐步形成了东部沿海地区发达的局面,这主要是由于东部沿海通商口岸发展的便利条件,并且这些口岸的核心腹地也基本处于东部地区。东西部的经济差距逐步扩大,这对传统时代以南北差距为主的经济格局造成了一定影响。但是这种影响也是在近代较长的时间内形成的。

"港口—腹地"的有机单元组合体包括了港口、港口城市、腹地各地区等子区域,各自有着不同的资源禀赋条件、发展基础和经济特征,要实现有效的优势互补,让整体利益大于各部分之和,就必须有科学、合理的分工与合作。港口腹地是港口所能吸引(主要包括港口吞吐货物和旅客集散)的地域范围,这一地域范围是会随着社会经济和交通发展不断变化的。交通运输网络的发展能降低地区间的交流成本,从而强化港口与腹地之间的联系,就港口而言,其能拓展经济腹地的空间范围,从而增强港口对腹地经济的促进作用。

腹地是港口经济发展的物质条件基础,不仅能够直接促进港口群经济的高速发展,而且有助于港口群形成长期的、强大的竞争力。港口腹地区域经济一体化进一步加强了港口城市经济和腹地经济之间的关系,进而推动港口群经济的快速发展。腹地的经济发展为港口群的形成、运营和发展提供了必要的物质基础,其所采取的政策措施、管理方式和文化环境等同样也是港口群发展的根本保证。腹地区域经济的良好发展,以及与全国各地频繁的贸易往来,都有助于推动港口群经济规模的持续增长,也有利于进一步调整港口群的经济结构。简而言之,腹地的经济社会发展可以为港口群经济的发展提供各种硬性条件以及软条件,促使港口的经济不断向好发展。反过来,港口经济的增长又有助于腹地区域范围的进一步扩张,两者之间的双向推动形成了一种良性的循环。目前,我国已基本形成环渤海①、长江三角洲②、东南沿海③、珠江三角洲④及西南沿海⑤五大港口群。港口腹地可达性水平会制约其空间格局的发展,而交通运输网络的发展则有助于经济腹地空间范围的扩大和港口城市辐射作用的增强,但这一推论尚缺乏科学的验证和阐述。新经济地理学的发展为港口腹地经济一体化研究提供了更广泛的研究方法和视角。新经济地理学在传统分析框架中引入了空间维度,为港口腹地一体化研究提供了重要的思路提示和理论支撑。交通运输可望带来港口腹地空间格局的优化,助推地区间的均衡发展。腹地能够为港口提供赖以生存和发展的物质保障

① 环渤海港口群由辽宁、津冀和山东沿海港口群组成,服务于我国北方沿海和内陆地区的经济社会发展。沿线亿吨级大港有大连港、天津港、青岛港、秦皇岛港、日照港,占全国沿海亿吨大港的一半。其中,辽宁沿海港口群以大连东北亚国际航运中心和营口港为主,津冀沿海港口群以天津北方国际航运中心和秦皇岛港为主,山东沿海港口群以青岛港、烟台港、日照港为主。在我国批准作为"试验田"的四个保税港区中,环渤海港口群占两个,分别是大连大窑湾保税港区和天津东疆保税港区。

② 长江三角洲港口群依托上海国际航运中心,以上海、宁波、连云港为主,充分发挥舟山、温州、南京、镇江、南通、苏州等沿海和长江下游港口的作用,服务于长江三角洲以及长江沿线地区的经济社会发展,是五大港口群中发展最快、实力最强的一个港口群,已成为推动全国"经济列车"前进的重要引擎。上海港、宁波舟山港作为长三角港口群的代表,已成为长三角经济发展乃至全国经济发展的核心和重要支撑。

③ 东南沿海港口群全部集中于港口岸线资源丰富、优良深水港湾众多的福建省,由厦门港、福州港、泉州港、莆田港、漳州港等组成,其中以厦门港、福州港为主,服务于福建和江西等内陆省份部分地区的经济社会发展和对台"三通"的需要。港口的发展改变了临港工业的布局,满足了福建对外贸易的需求,保障了海峡两岸的经贸交流,在促进海峡两岸融合发展中作用明显。

④ 珠江三角洲港口群由广东东部和珠江三角洲地区港口组成。该地区港口群依托香港地区经济、贸易、金融、信息和国际航运中心的优势,在巩固香港地区国际航运中心地位的同时,以广州、深圳、珠海、汕头等港口为主,相应发展汕尾、惠州、虎门、茂名、阳江等港口,服务于华南、西南部分地区,加强了广东省和内陆地区以及港澳地区的交流。以港口为中心的现代物流业已成为珠三角港口群所在城市的重要支柱产业之一,在地区综合实力提升、综合运输网完善等方面正发挥着越来越重要的作用。

⑤ 西南沿海港口群特色鲜明,由广东西部、广西和海南的港口组成。该地区港口的布局以湛江港、防城港、海口港为主,相应发展北海、钦州、洋浦、八所、三亚等港口。虽然该港口群集装箱运输起步较晚,但近年来发展势头锐不可当。由于背靠腹地深广、资源富集、发展潜力巨大的广西、贵州、云南、四川、重庆、西藏六个省份,又面向不断升温的东盟经济圈,西南沿海港口群自然而然能大力助推我国西部崛起,为海南扩大与岛外的物资交流提供运输保障,已成为中国与东盟开展经济贸易交流的"黄金通道"。

与经济基础,也因此成为港口实现运输功能的重要前提。腹地城市不仅能给港口带来充足的货源,而且对港口地位的提高有很大的促进作用。港口与腹地是相互联系、相互依赖的区域关系,客观上要求两者间形成高效、有序的要素流动,在两者共同构成的系统内实现资源的优化配置,不断促进区域组合体内部的协调统一。区域经济和生产力的发展是"港口—腹地"经济发展的根本动力源,它为"港口—腹地"经济发展提供了基础,各种产品和要素流动规模的扩大与强度的提高推动着港口与腹地之间的联系日益紧密。

党的十九大报告指出,中国特色社会主义进入新时代,我国社会主要矛盾已经转化为人民日益增长的美好生活需要和不平衡不充分的发展之间的矛盾。作为区域层面均衡发展的重要实践,港口腹地经济一体化的发展过程明显会受到港口与腹地之间可达性的影响。如何充分、有效地将国内巨大的市场发展潜力与港口相连接成了新的发展课题,交通网络对这一进程的价值有待揭示和明确,而中国国内日益完善的高铁网络恰好为这一探究提供了十分理想的研究情境。因此,在推进"21世纪海上丝绸之路"建设的背景下,本书拟通过匹配1999—2015年中国城市数据、中国高铁网络数据、海关数据和工业企业数据,从贸易成本及出口、生产率和资源错配等方面系统、深入地考察与揭示中国高铁网络发展对港口腹地经济一体化发展的影响这一重要的理论和实践问题。

第二节　研究内容

综上所述,以往的学术研究大多集中在区域经济史、社会史等方面,比较注重时间上的变化,而忽视了空间上的变动;此外,也较多集中于港口城市本身的变化,而忽略了对于港口和腹地之间关系变化的研究。在加快构建以国内大循环为主体,国内国际双循环相互促进的新发展格局的重要现实发展背景下,本书系统探究并阐释了中国高铁网络对港口腹地经济一体化发展的影响及传导机制。具体而言,本书从高铁网络建设发展带来的地区分割程度降低、市场准入门槛提高的视角出发,探究中国高铁网络发展引致的境内贸易成本变动,再论证贸易成本变动对港口腹地经济一体化发展的影响。将贸易成本变动、生产率和资源配置对地区福利的影响进行有效连接,在此基础上探究中国高铁网络发展影响港口腹地经济一体化发展过程中的传导作用,这是本书拟探讨的核心问题,也是本书创新之所在。

本书的研究路线循着"发现问题—分析问题—证实问题—解决问题(总结启示)"的逻辑框架展开。

第一,发现问题。基于区域经济增长理论和斯密定理等理论研究和重要发展现实,提炼科学研究问题,探究"双循环"背景下中国高铁网络对港口腹地经济一体化发展的重要意义。

第二,分析问题。对已有相关文献进行梳理和评述,包括中国国内市场发展、交通基础设施的经济效应、高铁对市场整合及经济发展的影响等。对既有研究进行较为系统、全面的梳理不仅能为本书的分析讨论奠定理论基础,在此过程中还能明确本书研究的价值和意义。与此同时,全面梳理高铁的发展脉络,包括世界高铁的发展历程、中国高铁的发展历程以及高铁运输的优势与劣势,能够让我们进一步明确高铁产生经济效应的作用渠道。

第三,证实问题。主要从理论分析和实证分析两个角度展开,这也是本书最核心的部分。本书构建了一个嵌入交通运输条件的一般均衡模型,用以模型化地刻画高铁发展与城市经济发展之间的相关性。借鉴 Donaldson 和 Hornbeck(2016)以及 Hornbeck 和

Rotemberg(2019)从生产率与资源配置效率两个维度进行交通基础设施经济效应机制探究的考察过程,这两个维度的考量较好地契合了经济高质量发展的内涵,因而本书关于高铁对经济高质量发展的影响机制分析也从这两个维度对其进行模型化与构建理论框架,并基于推导提炼出供实证检验的理论假说。在理论分析基础之上,基于对拉动经济三驾马车——消费、投资和出口的考虑,进一步围绕资源配置、对外贸易、经济收敛和创新发展四个方面深入考察高铁网络助推经济高质量发展的作用渠道。因此,先从总的经济增长的角度出发,再从资源配置、外贸、经济收敛和创新发展四个方面识别高铁与经济发展之间的因果关系,能较为系统、全面地阐释"双循环"背景下高铁助推经济高质量发展的深刻内涵。

第四,解决问题,也即总结启示。概括、总结研究所作的理论分析及实证探究的发现,基于研究结果提炼结论,给出"双循环"背景下的高铁网络建设规划、交通与经济高质量发展的协调机制,以及全局和地区性的基础设施助推经济高质量发展等相应的政策启示。

从实际经济问题出发,联系经济学理论找寻和定位逻辑起点,凝练科学问题,进而通过构建经济计量模型,对问题进行系统的分析,以期为经济建设和发展提供科学的政策启示。

第三节　研究意义

一、理论价值

在梳理现有文献的基础上,本书旨在厘清中国高铁网络发展与经济高质量发展之间的关系,以期充实交通基础设施的经济效应评估和国内地区间交通基础设施对经济发展的影响等相关问题的研究。本书研究的理论价值主要体现在以下几个方面。

第一,丰富相关研究的内涵。本书研究基于中国最新的发展实践和经典的斯密定理而展开。斯密定理强调,市场范围决定劳动分工,因此会显著影响市场范围的交通基础设施在经济社会发展中的作用日益凸显。伴随着交通运输领域的技术进步,相关文献中的研究对象也从航运、铁路、公路拓展到航空,以高速、稳定、绿色著称的高铁是交通领域最新的技术创新实践,并且受到越来越多的关注。中国幅员辽阔导致的地区间分割现象在短期和长期内都对经济的发展产生了显著的负向影响,也因此在规划和建设层面赋予了交通基础设施极高的优先级和重要性。改革开放以来,国内交通基础设施面貌日新月异。现如今,作为交通大国、头号高铁强国的中国,无疑为检验斯密定理提供了理想的研究情境。本书以日趋成熟的高铁网络为研究对象,基于地级城市层面的多个维度,旨在系统阐述交通运输领域的技术进步对经济社会高质量发展的影响,以最新的发展实践丰富斯密定理的内涵。

第二,扩展模型。构建纳入交通运输条件的一般空间均衡贸易模型扩展经典的新古典经济增长理论框架。尽管关于交通运输对要素空间流动和经济生产空间布局的重要作用很早便在学界达成了共识,然而受数理模型和计量方法的限制,交通运输的模型化一直到以Krugman(1991)等为代表的新经济地理学体系的建立才得以实现。近年来,Donaldson 和 Hornbeck(2016)、Donaldson(2018)创新性地整合空间经济学网络和可达性等概念,系统地提出了一套量化交通运输条件改善带来的网络通达性的方法,为交通基础设施经济效应的数理研究提供了重要启示与支撑。本书拟在新古典经济增长模型框架下,以 Donaldson 和 Hornbeck(2016)的研究方法刻画铁路带来的网络通达性,讨论交通运输条件改善对经济发展的影响,进一步扩展既有的增长理论模型。

第三,引入高铁的空间溢出效应,完善和丰富了高铁影响资源空间配置效率的理论体系。高铁的网络属性随着高速铁路网络的快速扩张,加强了各个地区间的联系,经济活动通过高速铁路网络载体在空间上转移不仅会对本地产生影响,也会影响邻地的发展,由此产生了溢出效应。已有文献在分析高铁对经济增长的影响时往往忽略了高铁的空间外部性,部分研究虽然注意到了高铁的溢出效应,但是其直接用被解释变量的空间相关性来解释高铁的溢出效应,从某种角度来说,这并不能准确衡量高速铁路的空间溢出效应。另外,对于未开通高铁的相邻城市以及已开通高铁的相邻城市,高铁网络产生的效应可能也存在差异。本书运用分解后的空间计量模型更加全面地评价了高速铁路对资源空间配置的溢出效应,以期补充和完善高速铁路资源配置效应的相关理论体系。

二、实践价值

随着我国经济近几十年的高速发展,交通运输业也进入了历史上规模最大、发展最快、持续时间最长的快速增长期,实现了跨越式发展。铁路是国民经济的大动脉、关键基础设施和重大民生工程,高铁对经济社会的影响尤为显著。系统阐释高铁网络的经济效应和发生机制,既能为推动高铁经济高质量发展提供指引,也能引导其更好地服务经济社会发展和人民的美好生活需要,具体而言,可归纳为以下几点。

第一,为以高铁建设为重要支撑之一的交通强国战略提供学理支撑。由于高铁日益凸显的时空压缩效应,高铁的经济效应在国内外研究中受到了越来越多的关注,既有研究关注并考察了高铁对劳动就业、地区经济增长、其他交通运输以及居民健康等的影响,影响领域的日益扩大和深化也从侧面反映了高铁在经济社会中的重要性日渐提升。本书亦是从高铁发展带来要素流动性增加、地区间往来成本降低的视角切入,进一步考察高铁对国内市场整合和经济高质量发展的影响,系统揭示高铁网络对大国经济发展格局和高质量发展的影响,为高铁的经济效应研究提供新的学理支撑。

第二,为提升海陆经济一体化和促进高质量发展提供政策启示。党的十八大报告提出了建设海洋强国的战略目标,海洋经济已成为国民经济的重要增长点,其发展已经上升到了国家战略的高度。国内日益完善的高铁网络带来的地区间分割程度减弱和要素流动性提高会对海洋经济产生怎样的影响?这种影响在区域层面又会给港口腹地经济一体化带来怎样的冲击?在推进"21世纪海上丝绸之路"重大战略的现实背景下,对这些问题的解答能为海洋经济在新一轮发展中厘清规划思路,更能为高铁网络的福利效应和提高"双循环"新发展格局构建效率提供科学的学理支撑。

第三,为说明高铁网络对国内大循环的促进作用提供科学依据。面对严峻复杂的国际经济形势,党中央根据发展阶段、环境、条件变化,作出了"双循环"重要发展战略部署。"双循环"新发展格局是中国经济在历史大变局下的战略选择,对新一轮中国经济发展的行稳致远具有深远的意义。高铁网络所具有的高效、稳定、日益成熟的运输能力有力地打破了国内地区间的市场分割,对畅通国内大循环具有重要意义。本书旨在系统阐释在新发展格局下高铁对港口腹地经济一体化的影响,从而为论述高铁对国内大循环的促进作用提供科学解释。

三、研究创新

(一)研究视角

本书以经典的斯密定理为起点,基于其论述的"交通发展会带来市场规模扩大"的观点,提出"斯密定理可以解释并指导目前我国亟待解决的国内市场整合发展命题"的论点,以交通领域最新的技术进步代表——高铁为对象,揭示了高铁网络的区域整合效应及作用机制。不同于既有研究的重点在于验证高铁网络对某一发展领域的影响或交通基础设施投资建设的回报,本书以"交通技术进步正向影响市场整合"立意,有效连接起高铁网络在经济地理学和发展经济学中的分析,这在研究视角上是一个创新。

(二)数据指标

为了科学、系统地阐释高铁网络的港口腹地整合效应,借鉴已有文献中的市场准入指标,量化了中国高铁网络发展带来的地区间交流成本变化的加总效应,综合考虑了全网的交通条件变化以及各类交通的时间成本和费用,相较于使用 0-1 变量或密度刻画交通网络得到的相对效应(Baum-Snow,2007;Ghani et al.,2016;卞元超等,2018),在数据指标质量方面有显著的改善。刻画交通基础设施的指标质量在很大程度上决定了因果识别的效果,改进和提升指标质量会使交通基础设施经济效应评估更趋准确,同时也为今后的相关研究提供了一套有益的数据指标。

(三)研究方法

要识别交通基础设施的经济效应,就不可避免地要解决自选择和空间自相关等导致的内生性问题。如既有文献中所指出的,规划者在规划交通基础设施时往往倾向于连接起行政中心或人口密集的城市,这种非随机性导致的内生性问题是识别交通基础设施经济效应需要直面的一大难题。本书综合采用倾向得分匹配联合双重差分（propensity score matching-differences-in-differences，简称 PSM-DID）、安慰剂检验和工具变量等多种方法处理交通基础设施的内生性问题，为相关研究提供可资借鉴的研究方法。

第四节　理论基础

一、集聚与扩散效应理论

集聚与扩散效应理论认为城市发展过程中存在一定的集聚与扩散效应。集聚效应是指城市因其基础设施完善、生产效率高、市场发达、交通便利等一系列因素吸引各种要素（包括人口）向城市集聚，带来经济与社会的快速发展，并推动城市的进一步发展；而扩散效应则指城市中存在的不经济因素限制了资源的优化配置，阻碍了城市的进一步发展与扩大，从而使各种资源或要素向周边地区转移与扩散，带动周边地区发展，因此也被称为城市的辐射效应。城市的集聚效应与扩散效应主要体现在区域经济、规模经济以及外部经济三方面，其集聚作用也并非无限的，会受到边际效益递减、资源限制、环境容量限制等一系列因素的影响，而这些因素的存在在减弱城市集聚效应的同时增强了城市的扩散（辐射）效应。第一，集聚效应也常被称为极化效应，对应发展经济学家缪尔达尔和赫希曼提出的回波效应与极化效应；第二，扩散效应则对应这两位学者提出的渗漏效应和涓流效应。

缪尔达尔认为，一个中心开始增长意味着该中心将通过一个积累过程来持续扩大其中心性。这就是解释增长极极化作用的著名的循环积累因果原理。这个积累过程源于中心对其周边地区生产要素(如人力、资金、产业)的掠夺。扩散效应源于中心地区的外部不经济(如拥挤)、对周边地区农副产品的需求、信息与技术传播等。整体而言,以增长极为基础的空间结构模式的集聚与扩散是一种局部范围的集聚与扩散,以邻近扩散、随机扩散为主导。如中国经济特区增长极的发展模式是以"中心—腹地"为主要形式的,其集聚与扩散也是通过邻近扩散实现的,对于形成较大区域的空间格局而言仍存在较大的局限。

二、海港区位理论

近代港口区位研究的奠基人、德国学者高兹在 1934 年发表了《海港区位论》一文,开创了港口区位研究的先河。高兹运用韦伯工业区位论的思想和方法,提出港口规划布局应充分考虑港口选址的自然地理环境和社会经济环境等要素,把港口和腹地联系起来进行分析,利用总体费用最小原则求出海港建设选址的最优区位,并得出结论,决定海港建设选址的有运输费用、劳动力费用和资本费用三个主要因素,它们共同构成港口区位因子体系。

第一,运输费用指向(包括腹地和海洋运费),用于探索得出最小费用区位。腹地指向借用韦伯的区位图形法,以重量和距离为单位求运费的最小点。海洋指向则综合考虑船期,以及船体的容积、重量和价值等对海运价格的影响。

第二,劳动力费用指向,用于修正运输费用指向得出的区位,主要考虑劳动者工资率的地域差异性,用韦伯等学者的费用线方法求得区位形变。

第三,资本费用指向,用于修正上述结果并得出最终的海港区位,使海港建设趋向于投资建设费用最低的地点(其中自然条件的影响较大),分析时常采用求临界等费用区的方法。

其中,运输费用决定港口区位的基本方向,劳动力费用和资本费用对由运输费用决定的港口区位进行修正,最终得到最优区位。最优区位包括指向海上距离最短的距离、指向建港投资最少的地点、指向连接海港的廉价运输的腹地三个主要内容。

20世纪70年代前后,以日本港口产业发展实践为基础,形成了港口规划服务于地区经济发展的时代特征。日本政府将贸易立国作为基本国策,将港口作为实现基本国策的基础设施并给予足够的重视与支持。日本学者竹内良夫在其专著《港口的开发与评价方法》中提出,港口的规划布局是整个港口产业发展的核心。20世纪40年代以来,日本相继制定了"福岛规划""东寿规划""宫崎规划""长尾规划""港研规划"等五个主要的港口规划,对港口规划问题进行了系统阐述,逐步形成了以满足地区经济发展为基本原则的规划思想,把推动地区社会经济发展作为衡量港口效益的基本标准。在此基础上,西雅图港主张根据城市发展的实际需要,稳步发展港口规模。在考虑扩大港口规模之前,先要确保现有港口设施的现代化和信息化领先水平,尽可能通过管理现代化的软件建设来替代基础设施的硬件建设。这一理念与现代港口规划理论基本吻合。

港口与腹地之间关系的研究由来已久。腹地的存在和变化体现了港口与城市、区域之间的相互依存关系。20世纪50年代,巴顿、摩根等的研究都表明腹地在港口形成与发展过程中起着决定性作用。到20世纪60年代,学界对港口与腹地之间的相互依存关系有了进一步的认识,认为港口发展是影响区域经济增长的重要因素,港口建设应成为国家和区域关注的重点。

随着世界经济、贸易的持续发展以及港口与内陆交通联系网络的不断改善,欧美国家港口之间对腹地的货源竞争日益激烈。西方学者对港口与腹地之间关系的研究不再局限于单个港口,而是开始从区域和整体的角度出发,对相关港口之间的相互竞争进行分析。最初只是局限于港口的陆向腹地竞争的探讨,然后逐渐深入对海向腹地竞争以及港陆费用优势的综合分析。20世纪70年代以后,对相关港口之间腹地竞争的研究纳入了劳动力费用、铁路连通性、港口可达性以及土地可得性等因素。

20世纪70年代末,运输的集装箱化和全球经济一体化打破了港口与腹地之间传统的运输联系网络。在集装箱时代到来之前,件杂货港口服务的腹地普遍偏小,大部分港口货物的来源地与目的地距离不远,一般不超过几百千米。但是20世纪80年代以后,全球经济一体化的迅速发展为港口带来丰富的货源,同时也极大地刺激了航运业的技术进步。集装箱运输及随之迅速发展的国际多式联运极大地扩展了港口的吸引范围。在新的技术条件下,传统的腹地概念也发生了很大的变化,港口之间的竞争更趋激烈。Hayuth(1988)、Slack(1990)等学者的研究表明,一些港口由于解除了政府管制,并且加强了与铁路的协作,使得其强化了原有的区位优势,腹地也能得到扩展,而另一些港口却会失去原有的腹地。随着时代的发展,港口与腹地的关系会更趋复杂化,腹地发展呈现出多样化的趋势,即腹地会出现许多为集装箱服务的"旱港"(内陆集装箱中转站),工业、商业和交通运输管理会更多地集中于此。在此背景下,传统的直接腹地概念会受到极大冲击,传统港口仅成为多式联运模式下的一个中转站。有关港口与腹地关系研究的广度和深度仍在不断地拓展,相关研究也依旧是港口与区域发展研究的一个重要内容。

三、区域经济增长理论

增长极理论是法国经济学家佩鲁提出的。他认为,增长并不是所有地方同时出现的,而是首先出现在某些增长点或增长极上,然后通过不同的渠道扩散,会对整个经济产生不同的影响,就好比磁场内部运动在磁极最强。

佩鲁站在抽象的经济空间角度,以支配论为基础,主张经济增长的过程总是被极化的,经济增长总是优先发生于某些历史条件、地理位置、政治制度环境以及交通要道等具有优势的地区,又或者是在某些具有创新能力的部门以及推动型的产业,佩鲁将这些具有优势的地区、部门或产业称为增长极,并利用增长极的发展,形成了扩散、支配、乘数等效应,进而带动了整个地区甚至国家经济的发展。

佩鲁指出,增长极存在扩散和极化两种效应。扩散效应是指资金、人才、技术等重要生产要素迅速向外围转移,使技术创新成果、经济增长动能等迅速传递至外围边界地区,进而促进外围边界地区经济的发展。极化效应主要体现为生产要素向极点的集中,极点强大的吸引力导致外围的生产要素和资源向中心集聚,进而产生规模经济效益,从而增强极点的综合竞争力。

在产业发展方面,增长极是区域的组织核心;在空间上,增长极支配区域经济活动的空间分布与组合;在物质形态上,增长极是区域的中心城市。总之,增长极具有较强的创新和增长能力,并能通过扩散效应以自身的发展带动其他产业和周围腹地的发展。

一般认为,增长极的形成需要满足三个条件:第一,存在具有创新能力的企业群体和企业家群体,因为创意与创新是经济发展的原动力,这比单纯地用投资与消费来带动更有效;第二,通过聚集资本、技术和人才等形成规模经济;第三,不仅要有适宜经济与人才创新发展的外部环境,如便捷的交通、良好的基础设施等"硬环境",还要有政府高效率运作、恰当的经济政策、保证市场公平竞争的法律制度以及完善的人才引进与培养政策等"软环境"。

扩散效应与极化效应相互影响、相辅相成,从各个角度推动了整个区域经济发展。增长极理论主张在经济发展初期,政府应当投资增长的中心,以使增长由中心向周围地区传递。如若一个经济欠发达的国家或地区没有增长极,那么就应该在经济落后的边缘区域构建增长极中心,以促进经济增长,从而实现中心发达城市与落后边缘城市的协调发展。

均衡发展理论产生于 20 世纪 40 年代,随新古典经济增长理论的出现而发展起来的。该理论为发展中国家尽快摆脱贫穷、落后的经济困境,以及积极进行工业化和实现经济增长创造了一种发展模式,这种发展模式倡导发展中国家制订全面的投资计划,并主张均衡布局生产力,构建均衡的投资环境,使各产业齐头并进、均衡发展,各个地区的经济发展水平也将趋于平衡,最终实现各区域协调发展。

与均衡发展理论相对的代表理论有区域经济非均衡增长理论和不均衡增长理论。其中,区域经济非均衡增长理论产生于 20 世纪 50 年代,与区域经济均衡增长理论不同,该理论认为,当前经济发展处于二元经济条件下,区域经济的增长必然伴随着一个非均衡的过程,并主张一国将有限的资源集中并优先投入经济基础较好、效益较高的产业或部门,以获取区域经济的高速增长,进而促进周边区域经济的增长,以此来引导和推进整个区域经济的发展。代表理论有不均衡增长理论、循环累积因果理论、增长极理论、区域经济梯度推移理论、倒 U 形理论等。

不均衡增长理论最早是由 Hirschman(1958)在其发表的《经济发展战略》一书中提出的。Hirschman(1958)意识到发展中国家自身面临着资源短缺的重大问题,他指出,必须实行让若干部门或地区优先发展的不均衡经济发展战略,通过一些部门和地区的优先发展来促进整个区域和国家的发展。

第二章　国内外研究评述

本书旨在系统考察高铁网络对中国经济高质量发展的影响,在构建"双循环"新发展格局的重要现实背景下为经济高质量发展提供学理性的决策支撑。本书从经典的斯密定理的逻辑出发,探索交通领域技术进步给经济空间格局带来的变化。既有研究是本研究的重要基础,通过系统梳理相关的已有文献,不仅能为本研究奠定坚实的理论基础,而且有利于明确本研究的边际贡献所在。围绕本书研究的主题和内容,分别从区域经济一体化的研究、高铁的经济效应研究、港口腹地经济一体化及其影响因素的研究三个角度出发对已有文献资料进行整理与评述。

第一节　区域经济一体化的研究

一、区域经济一体化的概念及内涵界定

"一体化"一词最初是用来描述基于协定的企业联合体的,最早从区域层面解释"一体化"一词的是瑞典经济学家 Heckscher(1953),其

在《重商主义》中把它描述为"将各个独立的经济区域结合在一起,使之成为一个更大的经济区域"。荷兰经济学家 Tinbergen(1956)第一次给出了经济一体化的定义,认为经济一体化是指通过相互协作与统一,在消除了有关阻碍经济有效运行的人为因素后,创造出最适宜的国际经济组织。Balassa(1961)在《经济一体化理论》中对经济一体化作了进一步的解释,认为经济一体化既是一种状态,又是一个过程。Balassa(1961)对经济一体化的阐释得到了西方学者的广泛赞同,并被多次引用,意义深远。

随着中国国内区域发展战略导向下的长江三角洲、珠江三角洲、京津冀等区域一体化进程的持续推进,国内围绕相关主题的讨论也不断深入,研究成果日益丰富。孟庆民(2001)总结提出,具有异质性的空间出于对生产、贸易和消费等环节的利益追求,采用了区域经济一体化的手段,旨在达成某种状态和实现既定目标,在路径上是从产品市场、要素市场到经济政策的逐步演化。类似地,谭小平和徐杏(2004)研究认为,地理空间上接近或地理特征相似的地区为了实现经济的共同发展,有序地在社会再生产的各个环节实行共同调控,并逐渐形成一个不严格受地理范围限制、要素能够自由流动、产品能够公平交易的区域,而这个过程就是区域经济一体化。不难发现,学者们普遍认为:第一,区域经济一体化的目的是消除人为因素造成的行政藩篱等各种障碍,倡导发挥市场"无形的手"的力量来优化资源配置,促使各经济主体进行科学、合理的分工,以求改善要素资源的使用效率。第二,调节的内容和范围也比较广,从基本的产品市场、要素市场,到产业经济、组织架构、行政审批以及基础设施等。毋庸置疑,完全的经济一体化应当是全方位、多维度的。

基于组织理论的区域经济一体化或区域经济合作的理论基础主要包括关税同盟理论、自由贸易区理论、共同市场理论以及协议性国际分工理论。陈建军(2009)、周新宏和沈霄蕾(2007)、吴福象等(2015)进一步研究指出,区域经济一体化的本质是分工,包括制度性一体化和非制度性一体化。基于概念界定中动态演化的特征,罗蓉和罗雪中(2009)指出,区域经济一体化是一个区域经济系统各个元素实现动态演进的过程,相较于静态,各元素通过动态影响、相互作用、相互促进可以产生比各自分离状态下更高的效率。总的来看,尽管对于区域经济一体化,学术界尚未形成统一的、标准的定义,但有一点是共识,那就是区域经济一体化是两个或多个地区之间通过经济合作,发挥各自的比较优势来实现生产要素的自由流动,促进经济融合与共同发展。

毋庸置疑,要素在空间上的自由流动是实现区域经济一体化的最重要的支撑保障(陆铭和陈钊,2004)。既有研究一般从外生和内生两个维度对要素的流动性进行描述分析。地区之间的联系是借由人、产品、资金和信息等具体实物而实现的,这些要素的地区间流动构筑了空间经济系统(王红霞,2011)。综上所述,对地区间商品和要素流动的刻画可以用以度量两地之间空间集聚力与扩散力的相对大小,进而考察区域经济一体化的影响因素和经济效应等。

二、对区域经济一体化的量化测度

具体而言,目前主流文献对区域经济一体化的量化主要有两种逻辑:过程测度和结果测度。顾名思义,过程测度即对各种产品或要素的流量进行测度;结果测度则是对各地区的经济发展、生产率、工资、价格水平,以及居民生活水平等的差异进行测度。从现有文献来看,关于结果测度的文献占了很大的比重,而关于过程测度的文献所占的比重则较小,其方法具有一定的排他性,即采用结果测度的研究很少使用过程测度。例如,相对价格法等过程测度方法的采用主要是基于我国劳动力流动性在很大程度上会受到户籍、社会保障等制度的制约，而商品的市场流动性较强，自由度较高且商品价格所包含的信息也能在一定程度上反映要素流动的情况。除此之外，还有一个重要的原因是采用相对价格法可以产生一个反映整合程度的指标，能为进一步研究影响因素打下坚实的基础。如桂琦寒等(2006)、杨先明和刘岩(2010)构建的相对价格指数：

$$\Delta Q_{i,j,t} = \ln\left(\frac{P_{i,t}}{P_{j,t}}\right) - \ln\left(\frac{P_{i,t-1}}{P_{j,t-1}}\right) = \ln\left(\frac{P_{i,t}}{P_{i,t-1}}\right) - \ln\left(\frac{P_{j,t}}{P_{j,t-1}}\right)$$

其中，t 表示时间，$t=1,2,\cdots,T$；$P_{i,t}$ 为 i 地在 t 时期的价格水平，$P_{j,t}$ 为 j 地在 t 时期的价格水平。如果 i 地和 j 地的一体化程度不断提高，那么相对价格指数的绝对值理论上应当趋于收敛；反之，如果两地的一体化程度在不断降低，则相对价格指数的绝对值应当是趋于发散的。所以测度 i 地和 j 地的一体化程度的指数可以用相对价格指数的绝对值加以表示，指数值越小说明一体化程度越高，而指数值越大则说明一体化程度越低。在 t 时期，某地的一体化水平可以用该地和所有感兴趣的地区之间的相对价格指数绝对值的平均数来表示。

第二节　高铁的经济效应研究

交通基础设施一直被视作经济效应研究中的重要变量之一，在经济地理学和空间经济学中更是举足轻重的因素。随着高铁在现实中的蓬勃发展，学术界对于交通基础设施经济效应的研究也进入了实现新一轮腾飞的高铁时代(郭进和白俊红，2019)。目前，关于高铁的影响研究主要集中于便利性、通勤行为、区域发展、空间结构，以及在国际层面、区域层面和城市层面与其他交通方式的竞争和合作。从高铁建设阶段来看:在主干道形成期,高铁以虹吸效应为主导,加剧了市场发展的不均衡,促进了经济带的形成;在支线完善期,高铁以扩散效应为主导,均衡式发展格局开始日益凸显。高铁经济伴随着高铁的建设发展而产生,紧随着高铁的建设发展而丰富、完善。

高铁经济学是研究高铁在各个发展阶段的各种经济活动和各种相应的经济关系及其运行、发展规律的学科。高铁经济学的研究对象涉及多个行业和领域,研究范围十分广泛,具体包括但不限于高铁政治经济学(研究高铁发展与政策法规和改革发展之间的相关关系)、高铁国民经济学(研究高铁发展与国民经济发展的关系)、高铁社会经济(研究高铁经济与社会发展的关系)、高铁生态经济(研究高铁与自然资源、生态环境间的关系)、高铁地理经济(研究高铁发展与国土开发、区位经济活动、资源配置利用等方面的关系)、高铁区域经济(研究高铁与区域经济发展的关系)、高铁产业经济(研究高铁产业内部各企业之间关系的规律)、高铁劳动经济(研究高铁全产业链劳动关系及其发展规律)、高铁数量经济(利用数学方法和计算技术研究高铁经济数量关系及其变化规律)、高铁运输经济(研究旅客和货物运输通过高铁进行位置转移的经济问题)、高铁旅游经济(研究高铁发展对旅游流及旅游产业的影响)等。

一、关于高铁经济效应的研究

(一)因果关系识别

自 1964 年日本建造第一条高速铁路后,其他国家也逐渐掀起了高速铁路建设浪潮。高速铁路对经济增长的影响研究也逐渐受到学术界的关注。现有研究从不同方面对高铁开通的经济效应进行了大量的探讨,但得到的研究结论并不一致。相比普通铁路或者长途客运,高铁不仅能够优化区域原有的交通网络,缩小区域之间的时间距离,具有显著的时空压缩效应(Vickerman & Ulied,2006),而且其所具有的载客量大、速度快、准点率高、安全性好等优势(杜兴强和彭妙薇,2017),使其能够满足劳动力等生产要素流动的需求。这无疑对重塑要素空间分布格局以及引导要素优化配置具有至关重要的影响。然而,学者们对于高铁的开通是否改善了空间上的资源配置这一问题虽然达成了一定的共识,但是目前尚缺少严谨的实证研究和经验证据。表 2-1 是对国内外有关高铁(日本新干线、法国超高铁、中国高铁)与区域经济发展的相关研究的汇总。

关于高铁与铁路系统运能的关系究竟是否能有效释放原有铁路的货运能力,学界对此仍存争论。新的交通线路修建虽然能带来新的通行能力,但也会产生新的运输量,因此不一定能够释放原有铁路的货运能力。Duranton 和 Turner(2011)认为,新产生的交通需求导致美国新建的城市内部道路和州际公路都不能缓解交通拥堵的问题。支持高铁对传统运输存在替代效应的文献,如李建明和罗能生(2020)发现,高铁开通的雾霾减缓效应主要是通过对公路客运量进行替代和促进产业结构调整实现的。李超等(2021)发现,高铁开通能够减少沿线企业库存量,他们认为这是由于高铁释放了传统货运能力,企业没有必要再进行大规模的库存储备。

但是不少研究也指出,高铁对传统运输能力的替代作用并不存在。如唐宜红等(2019)发现,高铁只与航空运输之间存在替代关系,对其余传统交通的客运与货运都没有显著的替代作用,该观点与 Lin(2017)的结论相一致。何凌云和陶东杰(2020)的研究发现,高铁对各种传统运输方式的客运与货运都没有显著影响。Chen 等(2016)发现,铁路投资的经济影响主要是通过诱导需求和扩大产出来实现的,而降低铁路运输成本和提高铁路生产率的贡献不大。

表 2-1 高铁代表性研究文献汇总

作者和年份	期刊名称	实证样本窗口	实证样本国家或地区	对高铁的量化	计量方法	主要研究结论
Sasaki 等（1997）	The Annals of Regional Science	1975—1986 年	日本	通过高铁线路长度构造的区域可达性指数	构建供给驱动的计量经济模型	促进当地发展，没有导致区域不平衡
Behrens 和 Pels（2011）	Journal of Urban Economics	2003—2009 年	欧洲	准时度、旅行时间、每周频率和票价	混合多项 Logit 模型	高铁连通会与机场产生竞争
Zheng 和 Kahn（2013）	Proceedings of the National Academy of Sciences	2006—2010 年	中国	根据高铁连通构造的市场潜力指数	工具变量法	高铁开通促进了房价上涨
Lin（2017）	Journal of Urban Economics	2000—2014 年	中国	虚拟变量 0-1	双重差分法	高铁连通提高了市场准入，促进了地区就业
Ke 等（2017）	China Economic Review	1990—2013 年	中国	虚拟变量 0-1	反事实模拟	修建高铁的实验组关于选址、路线和区域具有异质性，只有当地城市具有较好的工业基础，高铁才会有利于当地经济的发展

续表

作者和年份	期刊名称	实证样本窗口	实证样本国家或地区	对高铁的量化	计量方法	主要研究结论
张克中和陶东杰（2016）	经济学动态	2001—2012 年	中国	虚拟变量0-1	普通最小二乘法＋两阶段最小二乘法	证实了高铁的虹吸效应，高铁开通沿途地级市向中心城市的经济集聚。使得经济要素由沿途地级市向中心城市发生集聚，区由此可知，高铁开通降低了沿途地级市经济增长率。此外，高铁开通促使地级市经济集聚，主要作用渠道是域间交通基础设施改善增强了经济集聚，越靠近中心城市负向影响越大固定资产投资。此外，越靠近中心城市负向影响越大
Ahlfeldt 和 Feddersen（2015）	Journal of Economic Geography	1992—2006 年	德国	乘高铁到其他城市的时间加权城市生产总值	双重差分法	通高铁促进了当地生产总值的增长，提高了城市的可达性
黄张凯等（2016）	世界经济	2008—2012 年	中国	公司所在地 50 公里以内有高铁站则取值为 1，否则取值为 0	普通最小二乘法	高铁带来的信息沟通便利弥补了地理距离对首次公开募股定价的影响，降低了发行价折价的扭曲，提高了资本市场的定价效率
张俊（2017）	经济学（季刊）	2008—2013 年	中国	虚拟变量0-1	双重差分法	高铁给县级市经济发展带来不同影响，对有高铁的县级市经济增长贡献为 34.64%，而对县级单位经济增长的影响不明显；高铁开通促进了高铁县城投资的增加，平均而言增加了 37%

续表

作者和年份	期刊名称	实证样本窗口	实证样本国家或地区	对高铁的量化	计量方法	主要研究结论
Qin（2017）	Journal of Economic Geography	1996—2009 年	中国	计划修建高铁为 1，否则为 0	双重差分法	高铁计划修建通过减少固定资产投资从而负向影响国内生产总值的发展
Bernard 等（2019）	Journal of Political Economy	2005—2010 年	日本	虚拟变量 0-1	三重差分法	通过对比铁路竣工前后，靠近和远离新干线车站的企业，以及要素密集型企业和非要素密集型企业可以发现，靠近新干线车站的企业在九州新干线运营后，生产绩效得到显著提升
Heuermann 和 Schmieder（2019）	Journal of Economic Geography	1994—2010 年	德国	高铁开通作为旅行时间的工具变量	引力模型＋工具变量法	高铁修建可以减少旅行时间，提高人员流动率，使居住在大城市的劳动力可以到小城市工作
Charnoz 等（2018）	The Economic Journal	1993—2011 年	法国	高铁开通作为旅行时间的工具变量	工具变量法	高铁开通使得母公司和子公司之间的交流成本下降，促进了距母公司较远的子公司发展和功能性生产活动的专业化
Dong 等（2018）	NBER Working Paper	2006—2015 年	中国	虚拟变量 0-1	工具变量法	高铁开通有利于两个城市之间的学者交流与互动，并且对社会科学的影响更大
Yu 等（2019）	Journal of Regional Science	1999—2013 年	中国	虚拟变量 0-1	工具变量法	高铁开通负向影响了外围城市的生产总值，主要是减少了那些城市的固定资产投资

续表

作者和年份	期刊名称	实证样本窗口	实证样本国家或地区	对高铁的量化	计量方法	主要研究结论
龙玉等(2017)	经济研究	2006—2012年	中国	通高铁为1,否则为0	双重差分法	高铁通车后,与非高铁城市相比,对高铁城市的新增风险投资显著增加
刘勇政和李岩(2017)	金融研究	2000—2013年	中国	通高铁为1,否则为0	双重差分法	高铁建设不仅带动了本地的经济增长,同时也促进了相邻城市的经济增长。高铁开通城市的年均经济增速高于未开通城市2.7个百分点
赵静等(2018)	管理世界	2005—2014年	中国	通高铁为1,否则为0	双重差分法	高铁的开通带来了所在地上市公司股价崩盘风险的降低,这一关系在只开通非城际高铁和同时开通城际与非城际高铁的年度更为显著
张梦婷等(2018)	中国工业经济	1999—2011年	中国	通高铁为1,否则为0	工具变量法(最小生成树)	高铁的开通产生了显著的虹吸效应,因而对外围城市内的企业生产率反而有显著的负向影响
陈丰龙等(2018)	经济评论	1992—2013年	中国	通高铁为1,否则为0	空间滞后模型和空间误差模型	基于空间溢出的学习效应、分享效应、竞争效应等是不同城市实现经济收敛的内在机制
周玉龙等(2018)	中国工业经济	2007—2014年	中国	通高铁为1,否则为0	双重差分法和三重差分法	设有高铁车站的城市比未设站的城市地价平均提高约7.0%,且每多开设一个高铁车站,城市地价还会提高约1.3%;高铁建设导致城市住宅用地和商业、服务业用地价格上涨22%与11%,但是工业用地价格下降约17%

续表

作者和年份	期刊名称	实证样本窗口	实证样本国家或地区	对高铁的量化	计量方法	主要研究结论
卞元超等（2018）	财贸经济	2004—2014年	中国	通高铁为1，否则为0	双重差分法	高铁能够通过要素流动对区域经济差距产生显著的正向影响，即扩大了省内经济差距、产生极化效应。高铁开通显著是对非省会城市的经济差距，但是对省会城市的影响效应是不显著的
龙玉等（2019）	经济学动态	2003—2012年	中国	通高铁为1，否则为0	双重差分法	在高铁通车之后，风险投资和被投资企业之间的交流便利性提升。软信息更易加距传递，异地投资（尤其是距风险投资所在地50~400千米距离内的投资项目）的绩效较之前明显提高
唐宜红等（2019）	经济研究	2000—2011年	中国	市场准入	双重差分法+工具变量法	开通高铁城市的企业出口提高了12.7%，高铁显著提高了企业出口的扩展边际，对资本或技术密集型行业、时间敏感性产品、东部地区城市和高铁直达港口促进作用更大，对企业出口的有效影响范围约是高铁站所在城市中心30千米的距离
王春杨等（2020）	中国工业经济	2001—2016年	中国	通高铁为1，否则为0	双重差分法+工具变量法（最小生成树、历史路线）	从人力资本迁移的视角对高铁影响区域创新的机制进行考察，结果显示，相比没有开通高铁的城市，高铁开通显著促进了开通高铁城市的人力资本迁入。通过促进人力资本迁移从而提高城市的创新水平，即人力资本迁移是高铁影响区域创新空间结构演变的重要机制
孙文浩和张杰（2020）	世界经济	2008—2014年	中国	通高铁为1，否则为0	双重差分方法+两阶段最小二乘法+工具变量法	高铁网络对沿线制造业企业创新存在正向溢出效应，在高铁站开通后，制造业企业创新水平均增加约3.12个单位

续表

作者和年份	期刊名称	实证样本窗口	实证样本国家或地区	对高铁的量化	计量方法	主要研究结论
何凌云和陶东杰(2020)	数量经济技术经济研究	2003—2016年	中国	通高铁为1，否则为0	双向固定效应模型+工具变量法	高铁开通显著提升了非节点城市的创新水平，高铁开通使得非中心城市的创新指数上升了2.343，相当于平均节点城市创新水平的34%。高铁开通通过增强知识溢出效应从而提高非节点城市的创新水平。对于非节点城市而言，与节点城市之间的距离越近，对应的创新水平越高，高铁开通的创新驱动作用也就越大，且主要发生在东部和中部地区，对西部地区的创新驱动作用并不显著
饶品贵等(2019)	中国工业经济	2008—2017年	中国	通高铁为1，否则为0	双重差分法	高铁开通影响企业主要供应商的分布距离，企业所在城市开通高铁后，与供应商之间的地理距离明显增加，供应商的分布会更为分散
吉赟和杨青(2020)	世界经济	2006—2016年	中国	通高铁为1，否则为0	双重差分法	高铁开通使沿线企业的专利授权和申请数量显著增加，且主要由发明专利驱动。高铁开通提升了本科及以上学历员工、技术人员工在沿线企业的占比。此外，异质性研究发现，高铁的影响主要体现在位于大中型城市的企业和属于高创新强度行业的企业
李超等(2021)	经济学(季刊)	2000—2006年	中国	到距离最近货运站的距离，小于30千米为1	三重差分法	高铁使常规铁路附近的企业垂直专业化水平显著提高，高铁的开通使更依赖铁路运输的企业垂直专业化水平提升，并且这种效应对非国有企业和运输成本较高行业的影响更显著

续表

作者和年份	期刊名称	实证样本窗口	实证样本国家或地区	对高铁的量化	计量方法	主要研究结论
易巍等(2021)	中国工业经济	2000—2015年	中国	构造12922个地级市配对面板数据	面板回归	高校专利的被引可能性与被引次数随地理距离的增大而减少。从全国范围看，高校知识越来越集中于东部地区，这也导致西部地区高校知识的"流失"。高铁开通过促进学术会议举办、科技服务提供以及技术转让等加速了高校技术知识的传播
王耀辉等(2021)	世界经济	2004—2017年	中国	省内高铁站数量或总里程数	双重差分法	高铁开通对流感发病率有显著的正向影响，每增加一个高铁站点，流感发病率会增加0.032个单位
路海艳等(2022)	地理科学进展	2010—2017年	中国	地级市中心到30千米以内高铁站距离倒数之和	空间计量	高铁站可达性显著正向影响城乡居民收入差异，并且存在显著的空间溢出效应，且呈现出上升趋势。对中西部地区城乡居民收入差异具有显著的正向影响
孙伟增等(2022)	管理世界	2005—2019年	中国	通高铁为1，否则为0（以G字头列车为依据）	双重固定效应模型＋工具变量法	与没有开通高铁的城市相比，高铁开通显著促进了城市产业结构的提升，其影响为总体结构变化的3.75%～4.84%。当高铁连通的城市之间产业结构不同而经济发展水平相近时，分工效应起主导作用，并且会导致产业结构的两极分化。当城市产业结构差异又存在发展水平差异时，趋同效应起主导作用，促进了产业结构的相似化

续表

作者和年份	期刊名称	实证样本窗口	实证样本或国家地区	对高铁的量化	计量方法	主要研究结论
吴嘉贤和刘修岩（2022）	世界经济文汇	2000—2013年	中国	通高铁为1，否则为0	双重差分法＋工具变量法	高铁开通有利于农村贫困的减少，这种减少效应与其距高铁站的地理距离呈负相关，即越靠近城市减贫越有利于提高农村贫困人口的收入
周申和倪何永乐（2022）	现代经济探讨	2003—2017年	中国	通高铁为1，否则为0	双重差分法	高铁开通有利于缩小线路沿途非节点城市间的收入差距。这种影响的机制在于高铁改善了省内中心城市对其外围城市的市场可达性，增强了其对省内中心城市经济辐射的承接能力
黄新飞等（2023）	国际经贸探索	2001—2019年	中国	通高铁为1，否则为0	双重差分法	高铁开通后，城市间专利引用次数显著提升，开通城市对国外专利的引用次数显著提升。高铁通过促进地区间人才的流动、学会会议的举办以及科技服务的提供等有效地促进了知识传播与国外知识的溢出
孙文浩和张杰（2023）	商业经济与管理	2010—2018年	中国	高铁站点和高铁线路数量	双重差分法	中国高铁网络非均衡增密格局导致中心城市要素资源的虹吸效应，扩大了中心城市与非中心城市之间的收入差距

总体来看,我国在高铁经济效应的研究方面取得了越来越多的成果。在定性认识上,高铁一般被认为具有扩大市场规模、便于技术和创新的传播、提高地区的外向度、促进经济发展、节省出行时间等影响。而定量分析能使决策者更加清楚地认识高铁潜在的经济影响和社会影响,使其不至于因缺乏信息而影响决策。

(二)作用渠道分析

有些研究表明,高铁通过降低交通成本,提升了城市可达性,加速了区域一体化发展和区域经济增长(Ahlfeldt & Feddersen,2015;董艳梅和朱英明,2016;王雨飞和倪鹏飞,2016);但也有研究认为,高铁是一把"双刃剑",其产生的虹吸效应和过道效应仅有利于中心城市发展,并不利于外围城市的发展(马光荣,2015;张克中和陶东杰,2016;Yu et al. ,2019)。

交通设施的虹吸效应在高铁经济效应研究中得到了广泛的印证。张克中和陶东杰(2016)研究了交通基础设施的空间分布效应,发现高铁降低了沿线城市的固定资产投资,进而抑制了经济增长,并且离中心城市越近,这种抑制越明显,从空间的角度来看,这种虹吸主要发生在东部地区。Qin(2017)研究发现,高铁的开通显著降低了县级行政单位的经济增长,并且认为这在很大程度上是由固定资产投资减少造成的,也即县城的固定资产投资被高等级城市虹吸。Wang 和 Cai(2020)使用专利数据对高铁与城市创新间的关系进行了细致的分析,研究发现,通勤成本的降低增强了创新能力差的城市和创新能力强的城市之间的比较优势。在创新能力强的城市,一些企业同时进行研发和生产。随着通勤成本的下降,企业可能倾向于将生产或基础研究活动外包到创新能力较差、成本较低的城市,从而促进城市之间的研究合作。渐进式科研协作机制可以使协同创新对双方都有利。高铁连接带来的渐进式科研协作主要发生在创新体系中的中心城市和外围城市之间,从而缩小了创新差距。毛琦梁和颜宇彤(2021)认为,高铁促使文化产业选址在高铁沿线,并且通过调节效应分析发现,开通高铁缩短了城市与风险投资中心城市的距离,进而导致企业弱化了对本地风险投资的依赖,但没有促进本地投资机构数量的增加,可以推断,调节效应只是单纯增加了对中心城市资本的吸收。

与虹吸效应不同,另外有一些文献发现了高铁普遍的经济增长促进效应,因而更多地从去中心和空间溢出等方面进行论证。如Hanson 等(2001)研究发现,在新的交通基础设施开通后中心城市的用工成本会显著增加,使得原本倾向于流入中心城市的企业重新选择位置。Baum-Snow(2007)使用美国高速公路数据揭示了交通基础设施与城市郊区化现象之间的关系,发现虽然 1950—1990 年大都会区的人口大幅上涨,但中心城市的人口在下降,高速公路能解释三分之一的这种人口变化,如果没有修建高速公路,中心城市的人口就会增加 8%。Baum-Snow 等(2017)以中国为样本研究了交通基础设施的空间异质性作用,研究指出,中国的国情与美国不同,在研究样本期间美国出现了逆城市化现象,而中国则处在城市化进程中。因此实证结果提示放射性高速公路和环形公路促进了中心城市的人口向外扩散,并且放射性铁路和环形公路促进了中心城市的工业迁出。刘生龙和胡鞍钢(2011)研究了交通设施对区域一体化的影响,认为经济对交通基础设施的期待应该更偏向于其能够促进跨边界的贸易。若交通基础设施仅能促进区域内部的贸易则只会造成"诸侯经济",不利于资源的流动与有效配置。实证结果显示,交通基础设施能够减少省际边界效应,促进跨省贸易增长,提高区域整体的一体化水平。刘生龙和郑世林(2013)发现,交通基础设施除了促进当地的经济增长,也促进了相邻省份的经济增长,当然,对相邻省份的促进效果不如当地。具体到交通种类上,公路的本地效应更明显,而铁路则对跨区域影响更大。

施震凯等(2018)将 2007 年铁路提速作为外生冲击,以 2001—2009 年 14 个省级行政区内 138 个城市的 2 万多家企业为样本集研究了交通基础设施改善与生产率间的关系,发现交通基础设施提速能够提高全要素生产率,不同于张克中和陶东杰(2016)研究中所提及的虹吸效应,他们认为距离技术中心 1 小时时间距离的城市受到的高铁促进作用最大。交通基础设施的外部性是其产生空间溢出效应的基本原因(张学良,2012)。具体来说,交通基础设施通过促进生产要素流动和知识溢出,使生产要素在空间上集聚和扩散,也因此产生了一定程度的外部性,并且会对其他地区的经济活动产生影响。

高铁压缩了时空,给要素跨区域流动带来了深刻影响,带动了信息、资本等的流动。高铁的开通极大地促进了信息流动,这一机制在企业金融层面研究中尤为重要。龙玉等(2017)认为,高铁之所以能够促进沿线风险投资,是因为高铁的开通促进了软信息的传递,使得风险投资在一定程度上打破了本地化的限制。黄张凯等(2016)研究了 A 股上市公司是否位于中心地带对公司 IPO 折价率的影响,研究发现,上市公司和三大中心城市的距离与 IPO 折价率正相关。这意味着高铁带来的信息沟通便利弥补了地理距离对 IPO 定价的影响,降低了发行价格相对于真实价值的扭曲,提高了资本市场定价效率。杨青等(2019)发现,高铁开通后,高铁城市内的上市公司经营指标的预测准确率得到了显著改善,但预测分歧度和乐观度显著下降。进一步的机制分析发现,位于高铁沿线的公司在开通高铁后因交通便利性提升而获得了更多的实地调研机会,由此对其分析师预测的结果产生了影响。Gao 和 Zheng(2020)使用浙江、江苏和广东这三个省份的县级制造业数据研究了高铁对企业创新的影响。机制分析显示,高铁对制造业企业创新的促进途径有三条,分别是提高企业家的创新意识、促进跨区域的合作创新、扩大规模效应。

关于高铁经济效应的作用机制,还有很多文献是从关于异质性的讨论中得出的。张俊(2017)发现,高铁对县级单位影响不大,对县级市单位影响显著。在解释高铁的差异性影响过程中,张俊(2017)认为:第一,高铁开通后大城市由于自身的发展优势,原本就具备对小城市劳动力的吸引力,而交通便利性的提升能够强化这种虹吸作用。第二,欠发达地区的小城市由于自身发展程度低,对劳动力的吸引力有限,便利的交通条件也会促使劳动力流出城市。这两个原因同时作用最终导致高铁带来的部分区域经济增长是以另一些城市的经济衰退为代价的。颜银根等(2020)认为:高铁开通加剧了特定要素贫瘠的边缘地区的衰落,同时也可能促进特定要素丰裕的边缘地区的崛起;高铁开通只是边缘地区崛起的必要非充分条件,若边缘地区相对规模越大、非农产业规模越大以及距离中心城市越远,则高铁的开通就越有可能改变边缘地区的发展轨迹。林善浪和邱雨歆(2020)将知识的吸收能力称作认知资本,在理论建模中纳入了城市知识存量。他们在实证分析中发现,认知资本对高铁促进创新能力的发挥有着显著的门槛效应。认知能力低的城市高铁开通对其创新能力提升的促进作用更显著,而认知能力高的城市高铁开通对其创新能力提升的促进作用并不显著。

二、高铁网络对资源错配影响的研究

(一)资源错配的概念及测算

资源错配是相对于有效配置的一个概念。能使有限资源获得最大产出的配置为有效配置,而错配是指偏离了这种理论最优的有效配置的状态。本书分析中提及的资源仅涉及用作生产要素的资源。资源错配的概念形成及其研究始于 Hsieh 和 Klenow(2009)的资源错配理论,其为全要素生产率增长研究提供了一个新的研究视角。近年来,国内外对资源错配给予了越来越多的关注。现有文献中对资源错配通常有以下两种定义。

第一,内涵型错配。这是 Hsieh 和 Klenow(2009)提出的概念。Hsieh 和 Klenow(2009)在 *Quarterly Journal of Economics* 上发表的关于资源错配影响全要素生产率的文章是目前资源错配领域最具影响力的研究成果之一。他们基于反事实假设估计对中国、印度和美国的微观数据进行比较分析的结果显示,如果与美国的配置效率程度一致,中国的总生产率预计增长 30%～50%,而印度预计将提高 40%～60%。由 Syverson(2004)、Hsieh 和 Klenow(2009)的研究可知,在完全竞争的市场环境中,高生产率企业将合并或挤出低生产率的企业,以市场竞争的方式提高整体的生产力水平,最终在均衡条件下所有企业的生产率水平都是相等的。假设企业的生产函数是柯布-道格拉斯型的,按照"所有生产者的生产技术都是凸型的"基本经济学理论分析的假定,如果资本市场不存在扭曲且运作良好,那么在有效配置状况下,每一个企业的资本边际产出 MPK 应该是相等的;反之则认为存在改善错配来提升生产总量的空间。

如图 2-1 所示,假设经济体中只有两家企业,在最有效的配置状态时,两家企业的要素边际产出曲线应该在 E 点相交,即企业 1 获得的要素量为 O_1A,企业 2 获得的要素量为 O_2A,整个经济体的产出为两个曲边梯形 MO_1AE 与 NO_2AE 之和。但是,当存在某种扭曲导致资源配置不在最有效状态时,企业 2 只能得到 O_2B 的要素量,企业 1 则获得了 O_1B 的要素量。此时,经济中的总产出损失的大小等于曲边三角形 ECD 的面积。

第二,外延型错配。这是由 Banerjee 和 Moll(2010)提出的,它指的是在所有企业的要素边际产出 MPK/MPL 都已经相等时,通过重

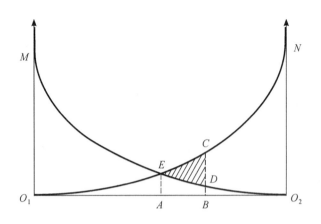

图 2-1 内涵型错配的图示

资料来源：陈永伟. 资源错配：问题、成因和对策[D]. 北京：北京大学，2013.

新分配要素依然可以提升经济总产量的情形。例如，一些高生产率的企业因为行业存在进入壁垒而无法进入其中，或者一些低生产率的企业因受益于政府的补贴而在应该被淘汰的情况下仍得以持续经营，无法及时地退出市场等。一旦企业进入与退出市场的经济行为存在扭曲，就可能导致资源在潜在进入企业、退出企业与在位企业之间的错配。Banerjee 和 Moll(2010)给出了两种可能的外延型错配的具体情况：第一种情况是当某些企业采用规模报酬递增的非凸生产技术时，继续以边际报酬递减的规律来配置资源并不会得出最优的产值，要获得更高的产值则是应该将所有资源集中到规模报酬递增的企业中。第二种情况是一些高生产率的潜在进入企业因存在进入门槛和壁垒而无法进行生产，但实际上这些潜在进入企业的生产率可能高于在位企业。

结合既往研究，本书给出的对资源错配的概念界定为：由于制度安排、政府监管、市场力量、信息不对称和地方保护主义造成的市场分割等因素的影响，生产要素的配置在行业内、地区间发生了相对于有效配置而言的偏离，在现实中体现为企业和地区生产效率低下的经济现象。

从 Hsieh 和 Klenow(2009)提出资源错配这一概念以来,学术界已经做了很多努力,但尚未形成能被广泛接受且较为完善的衡量资源错配程度的方法。既有研究中关于资源错配的测算方法可以笼统地概括为两种,即直接测算法和间接测算法。其中,直接测算法试图直接引入某类因素到一致性企业模型中(这些因素可能导致资源错配),并定量分析该因素导致的资源错配及其对全要素生产率的影响。使用直接测算法的研究,如 Moll(2014)、Midrigan 和 Xu(2014)将金融市场不完善与金融摩擦模型化为融资约束。但是实际中有大量难以直接量化和获取的、会导致资源错配的因素,例如企业使用政治关联得到包括税收、补贴和贷款在内的优惠政策,这也是直接测算方法的局限性所在。

间接测算法考察的是所有潜在因素对资源错配与全要素生产率的净影响(Restuccia & Rogerson,2013)。因此,在资源错配的成因错综复杂的情况下,相较于直接测算法,间接测算法更能测算出某一具体因素对资源错配的影响程度。例如政策性扭曲的影响,Restuccia 和 Rogerson(2008)尝试将其纳入新古典增长模型进行考察,并将这种扭曲模型化为产出补贴和征税。企业的利润函数为:

$$\pi(s,\tau) = \max_{n,k \geqslant 0}\{(1-\tau)sK^{\alpha}L^{\gamma} - wL - rK - c_f\} \qquad (2\text{-}1)$$

其中,τ 表示政策扭曲,$\tau > 0$ 表示政策扭曲在企业层面的体现是向企业征税,反之则是为企业提供补贴;$sK^{\alpha}L^{\gamma}$ 为生产函数,wL、rK 分别代表劳动支出和资本支出;c_f 为固定成本。较大数值的 τ 表示外部融资的难度越大或成本越高。因而企业的最优要素投入及总产出为:

$$\frac{K_{s,i}}{L_{s,i}} = \frac{\alpha_s}{1-\alpha_s}\frac{w}{R}\frac{1}{(1+\tau_{K_{s,i}})}, \quad L_{s,i} \propto \frac{A_{s,i}^{\sigma-1}(1-\tau_{Y_{s,i}})^{\sigma}}{(1+\tau_{K_{s,i}})^{\alpha_s(\sigma-1)}},$$

$$Y_{s,i} \propto \frac{A_{s,i}^{\sigma-1}(1-\tau_{Y_{s,i}})^{\sigma}}{(1+\tau_{K_{s,i}})^{\alpha_s\sigma}} \qquad (2\text{-}2)$$

在 Hsieh 和 Klenow(2009)构建的理论模型中,测度资源错配的重要依据就是企业边际收入产品分布的离散程度。在企业寻求利润最大化的目标函数下,可得:

$$MRPL_{s,i} = (1-\alpha_s)\frac{\sigma-1}{\sigma}\frac{(P_{s,i}Y_{s,i})}{L_{s,i}} = w\frac{1}{1-\tau_{Y_{s,i}}} \qquad (2\text{-}3)$$

$$MRPK_{s,i} = \alpha_s\frac{\sigma-1}{\sigma}\frac{P_{s,i}Y_{s,i}}{K_{s,i}} = r\frac{1+\tau_{K_{s,i}}}{1-\tau_{Y_{s,i}}} \qquad (2\text{-}4)$$

如果要素市场没有扭曲,那么理论上处于同一行业内的各个企业的边际产出应该是相等的。但在考虑存在扭曲的情况下,企业的边际产出则是会趋于差异化的离散状态。换而言之,因为存在资源错配,企业的可变生产成本不仅与企业的生产率水平高低密切相关,而且与企业所处经济环境的资源配置扭曲程度 $\tau(\omega)$ 紧密相连(Restuccia & Rogerson,2008;Hsieh & Klenow,2009)。引入要素市场扭曲因素后,企业的边际成本函数变为:

$$MC[A(\omega),\tau(\omega)] = \frac{1+\tau(\omega)}{A(\omega)}\cdot w \qquad (2\text{-}5)$$

同一行业内的企业间生产率分布的离散程度越大,就意味着许多低生产率企业依然存活在市场当中,大量的生产资源被低效率企业所占有,市场竞争机制受到极大限制,对应的资源错配程度也会越严重。

龚关和胡关亮(2013)采用放宽规模报酬假设的方式拓展了 Hsieh 和 Klenow(2009)的模型,通过分析和测算发现中国资源错配程度比后者研究所得到的小得多(改善将使制造业全要素生产率增长57.1%)。他们的研究结论为理解生产率差异提供了一个新的视角,同时也给我们留下了很多有待进一步探究的问题。因此,我们认为交通基础设施的改善可以打破原有企业生产要素来源的地理局限,使企业可以搜索到更多的资源,从而对上游和下游的供应与分销关系有更多的选择,企业所需要的生产要素被进一步盘活。Bernard 等(2019)

研究发现,随着日本新干线的开通,企业对于上下游合作企业的选择增多,并且提高了企业的绩效,这为本书研究提供了一个理论支撑。

同 Syverson(2004)和孙浦阳等(2011)的做法一致,本书采用行业内生产率分布的标准差、95-05 分位数差、90-10 分位数差、75-25 分位数差等指标来刻画资源错配程度,并以行业生产率均值对其进行了标准化处理。因为交通网络的数据与考察是城市层面的,所以资源错配指标最后也在城市层面进行加总。如前文所述,考虑到工业企业样本数据库中,企业的进入与退出现象较为频繁,为了更好地处理企业进入与退出所导致的样本选择性偏差的问题,本书主要采用 OP 方法(Olley & Pakes,1996)来计算在量化资源错配程度过程中涉及的生产率。

(二)资源错配的成因及影响研究

1. 资源错配的成因

随着工业化和城市化进程的推进,国家与国家之间的经济发展差距不断扩大,这使得西方主流经济学理论体系受到了诸多挑战,建立在完美市场条件下的假设被挑战,而基于要素市场不完善的研究逐渐受到重视(Bhagwati & Ramaswami,1963;Brandt et al.,2013;Kalemli-Ozcan et al.,2012)。如 Dollar 和 Wei(2007)研究发现,中国非国有企业的投资效率明显高于国有企业,这意味着若是能将国有企业利用政策优势获得的生产要素进行再配置,预计将大幅提升整体投资效率。

Buera 和 Kaboski(2011)则将资本配置扭曲归因于要素市场的摩擦,各地的金融发展差别能够在一定程度上说明地区间全要素生产率和产量差距产生的原因。因为他们研究发现,若金融市场存在摩擦,则不仅会扭曲市场内已有企业的资本配置效率,还会影响这些企业家的创新。Kalemli-Ozcan 等(2012)也发现金融可达性会显著地影响企业间的资本配置。具体而言,位于金融可达性高的国家内的企业资本边际产出 MPK 比那些金融可达性低的国家高出约 45%。

Hsieh 和 Klenow(2009)认为,引起资源错配的原因主要包括制度缺陷和交通基础设施的硬性扭曲。Dennis 和 Iscan(2011)基于对农业部门的考察分析,也认为针对这些部门出台并执行的那些偏向性政策在短期内会显著影响总体资源配置状况。此外,从长远的发展视角考察还揭示了其对收入水平、产业结构和经济增长的收敛程度均会产生影响。Restuccia 和 Rogerson(2017)总结认为,资源错配是理解生产率差距最主要的机制,但是具体边际作用的大小与研究情境有很大的关系。

中国是一个处于转型中的大国,特殊的制度环境和发展策略(例如政府对国有企业的保护和扶持)决定了其资源配置方式与其他各国的差异。因此,越来越多的学者开始以中国为样本和研究背景来系统考察资源错配问题。Dollar 和 Wei(2007)的分析样本覆盖了中国 120 个城市的 1 万多家企业,他们分析发现,资本错配现象普遍存在,其存在于所有制、部门和地区等层面。Brandt 等(2013)基于 1998—2006 年中国制造业企业的数据进行分析并得出结论:随着资源错配程度的有效降低,现有的资源从效率较低的国企向效率相对较高的民企流动,并且企业进入和退出市场没有障碍或门槛,中国企业的全要素生产率将会有一个明显的提升。

国内学者对中国资源错配现象的成因进行了探究。聂辉华和贾瑞雪(2011)利用中国工业企业数据库进行分析发现:国有企业是造成资源错配的主要原因,并且在市场经济越发达的地区资源错配的程度越低;在地区层面上,中国资源错配状况和地区全要素生产率均呈现出明显的收敛趋势。鄢萍(2012)考察了市场不完美性对资本错配的影响,结果发现企业间利率的差异是导致中国资本错配最主要的原因。利率在不同所有制的企业间存在显著差异,信贷市场对不同所有制的企业存在明显的歧视现象,利率在民营企业最高,外资企业次之,而在国有企业和集体企业中利率依次递减,这是造成中国企业间资本错配的一个重要原因。综上可知,虽然到目前为止资源错配的成因仍未明确,但可以确定的是其肯定不是单一的某个因素。

2. 资源错配的影响

资源错配对社会经济发展的负向影响在现实的经济运行中比比皆是。从微观角度来看,资源错配会使企业中的要素投入比例发生偏差,从而导致生产率水平的差异。从宏观角度来看,资源错配的结果往往会引起要素市场的扭曲和地区差异等现象。国内外既有文献中已经展开讨论的方面包括金融市场的扭曲(Ziebarth,2012)、劳动力市场的扭曲(Micco & Repetto,2012)、不恰当的产业政策(Guner et al.,2008;Barseghyan & Dicecio,2009)等。

袁志刚和解栋栋(2011)研究发现,中国户籍制度的存在使得大量的劳动力被错误地配置到了农业生产部门,这显著地负向影响了总的生产率水平(影响程度在$-18\%\sim-2\%$)。Dollar 和 Wei(2007)探究发现,如果能纠正资本错配,总产出预计将增加 5%,这一结果还是基于在不增加额外投入的情况下的。类似地,朱喜等(2011)考察了中国东部、中部、西部以及东北地区农村生产要素扭曲程度与总体全要素生产率的关系,分析发现,若能修正资本和劳动力配置的扭曲,那么即使是在技术水平固定不变的情况下,农业的全要素生产率也可以增长约 20%。罗德明等(2012)以随机动态一般均衡模型研究了中国偏向国有企业的政策扭曲导致的资源错配对生产率的影响。结果显示,政府对国有企业的保护使得一批本应该淘汰的低生产率企业得以继续留存于市场之上,甚至还保障着它们不断地进行无意义的扩张。政策扭曲所产生的资源错配使中国的生产率增长出现了较高的折损(以全要素生产率衡量,约为9%)。

    沿着 Hsieh 和 Klenow(2009)的研究路线,一些学者还利用其他国家的企业数据考察资源错配对总体全要素生产率的影响。Restuccia 和 Rogerson(2013)研究指出,严重的资源错配在一定程度上可以解释"经济与社会严重失衡,经济增长停滞不前,贫富差距扩大"的拉美现象,研究利用模型校准的方法计算发现,拉美国家由资源配置扭曲造成的全要素生产率损失高达30%~40%。基于其他调查数据的计算结果如表2-2所示。

表 2-2 拉美国家理想效率下的全要素生产率收益

国家	数据来源	时间范围	相较于理想状态的全要素生产率损失	跨时期错配变动
阿根廷	阿根廷制造业调查	1997—2002年	50%~80%,年均62%	2002年经济危机时,阿根廷制造业比之前的错配损失严重20%
玻利维亚	玻利维亚年度制造业调查	1988—2011年	31%~96%,年均58%	错配程度先恶化后改善,对全要素生产率增长几乎没有贡献
哥伦比亚	哥伦比亚年度制造业调查	1982—1998年	47%~55%,年均50%	隔年变化不大,但与政策变动密切相关
乌拉圭	乌拉圭经济活动调查(含制造业和服务业)	1997—2005年	50%~55%,年均53%	2002年经济危机造成更严重的错配
智利	智利制造业普查	1980—1996年	43%~85%,年均55%	1982年智利金融危机后,错配程度减轻了22%,贡献了1983—1996年全要素生产率增长的46%

    资料来源:张佩. 中国的资源错配与全要素生产率[D]. 北京:清华大学,2014.

(三)交通网络与资源错配

    林毅夫(2011)指出,发展中国家的交通基础设施、通信设施等硬性基础设施对改善资源配置效率具有重要影响。正如前文所述,本研究的逻辑起点是斯密定理关于市场规模和分工程度的阐述,交通基础设施发展可以降低运输成本,打破市场分割,从而扩大市场范围,促使经济集聚,获得规模效应,并进一步促进分工程度的提升,为有效配置资源奠定物质基础。

第一,随着交通基础设施建设的推进,生产地与消费地间的时空距离被压缩,产品需求量与需求结构均会受到正向激励,促使产业结构优化升级,以提升资源配置效率。没有完善的交通基础设施,就难以实现需求多样化和需求结构变动下产业结构的调整与升级。Rodan(1966)认为,对交通基础设施建设的投资应当先于那些能够更快产生收益且具有直接生产性的投资,从而为其他经济生产活动提供必要的支撑。同时需要注意的是,交通基础设施建设本身也是产业结构的一个组成部分,交通基础设施建设在政府的公共财政支出范畴之内,对它的投资增加意味着服务业产值增加,三产间的比例关系会因此受到影响,进而促进资源配置效率的提升。陈曦等(2015)利用中国2001—2011年的省级面板数据进行实证研究发现,交通基础设施的改善(研究用省市辖区道路面积占市辖区总面积的比重来反映)与制造业空间分布间存在相关关系。换而言之,交通要素是制造业企业进行选址和产业布局的重要决定因素之一,进而会对产业结构产生显著影响。交通基础设施的发展意味着企业可以拥有更加良好的外部生产环境,这对企业而言是生产成本有望得到有效节约的积极信号,因此能促进企业之间的联系(包括改善供应关系等)。

第二,交通基础设施的改善可以降低运输成本,改善地方保护主义导致的市场分割情况,从而纠正资源错配。运输成本会随着交通基础设施水平的提升而降低,使本地企业原来因市场分割而形成的市场势力的影响不断缩小直至抹平,进而纠正资源在地区间的错配。从理论上讲,受益于交通基础设施建设,地区间的贸易成本将会降低,同时贸易强度和质量都将得到提高。刘生龙和胡鞍钢(2011)在引力模型和边际效应模型中纳入交通基础设施变量,实证考察发现,交通基础设施越发达,区域间边界效应越低,区域间的贸易就越繁荣,对贸易总量的促进作用也就越显著。从历史发展经验来看,一国之内(尤其是幅员辽阔的大国)统一市场的建立能促使资源配置到最有效率的位置。

第三,市场范围会随着交通基础设施建设的推进而扩大,促进经济的集聚和规模经济的形成,提高分工的深度(斯密定理),使财富加速累积,为资源有效配置奠定重要的物质基础。从实际情况来看,不难发现交通基础设施的建设会带来要素流动成本的降低,即增大了要素的流动性,而要素具备较高的空间流动性是实现集聚经济的本地市场效应的必要条件。Jofre-Monseny 等(2011)、周海波等(2017)的研究中均提到交通基础设施建设有利于提升基于各地区比较优势的分工深度。除此之外,由交通基础设施的发展衍生而来的投资机会会在一系列未知的分工领域中产生,这种间接的生产性活动活跃度的提升也会给资源配置带来积极影响。

综上所述,交通基础设施建设的发展对资源错配的影响机制为:第一,促进地区产业结构的优化与升级,在市场的作用下进一步引导资源流向生产力高、产出高的地方,即改善错配,促进资源的有效配置。第二,降低地区之间的运输成本,改善市场分割情况,促进市场经济的健康发展和企业间的有效竞争,从而提升企业生产率以纠正资源错配。第三,随着市场范围的扩大,经济的规模效应不断发挥和体现,分工深度的提升会促进生产效率的提高,以减轻或消除资源错配。基于此,本书将交通基础设施带来的资源配置的变化作为其影响港口腹地经济一体化的重要机制之一。

三、高铁影响资源配置的作用机理

(一)促进要素跨区域流动

生产要素的跨区域自由流动使得各个区域可以根据自身的要素禀赋结构来配置资源,以改善地区间的资源错配,实现资源配置效率最优(蔡昉和王德文,2002)。具体而言,一方面,生产要素的跨区域流动通过降低要素价格扭曲来促进资源错配的改善。中国的要素市场化改革的滞后性导致要素供需结构不匹配,使要素价格存在扭曲,降低了市场对要素的配置效率(王磊和朱帆,2018;黄赜琳和姚婷婷,2020)。生产要素在区域间的自由流动会影响各地区生产要素的配置,其能通过改善各区域生产要素的供给结构,减少各区域生产要素的供给和需求对最优配置水平的偏离,从而缓解区域间生产要素的价格扭曲,有利于资源错配的改善。另一方面,生产要素具有追求高回报率的趋优性特征,其在"用脚投票"机制的驱动下,会由低生产效率的地区流向高生产效率的地区,这本质上属于一种帕累托改进的过程。这一过程使低效率地区流出的要素的边际产出提高,同时也使流入地由于缺少某一要素而无法最大化利用的要素参与到生产活动中,进而使生产要素实现在区域间的最优配置状态(周加来和李刚,2008)。对中国这样一个幅员辽阔、东西南北跨度大且地形地貌复杂的大国而言,空间上的距离、地形和气候差异形成了较大的自然性市场分割,阻碍了要素在地区间的流动。中国高速铁路网络对于地理分割导致的市场分割有明显的缓解作用,进而能促进生产要素的跨区域流动(潘爽和叶德珠,2021)。

对于劳动力而言,一方面,高速铁路优化了区域的交通网络,大大缓解了传统交通设施的运输压力,有利于提高劳动力流动的速度和规模(Vickerman & Ulied,2006)。有研究表明,中国高速铁路建设使得站点城市的人口流动数量增加了10%(Lin,2017)。另一方面,高速铁路比公路和航空客运的载客量大,且安全性更高,比普通火车的速度快、准点率高,更加能够满足劳动力等生产要素流动的需求。高铁带来的虹吸效应促使劳动力由生产率高的中心城市流向生产率低的外围城市,实现了帕累托改进,提高了劳动力的配置效率。

同时,劳动力作为知识和技术的载体,高铁通过提高技术人员面对面交流的频率和深度,能促进城市间的知识和技术溢出,减少地区之间的技术水平差异。另外,企业所在城市开通高铁会增强城市对高级人才的吸引力(杜兴强和彭妙薇,2017;王春杨等,2020),有利于缩小城市间劳动力素质差距,进而降低由技术性市场分割带来的资源配置效率损失。

对于资本流动而言,高铁的作用机制主要体现在两个方面:第一,改善了投资环境。城市基础设施的完备性是吸引投资者和人才的重要指标。高铁站的建设提升了其区位竞争优势,改善了投资硬环境,增强了城市对资本的吸引力。第二,高铁开通方便风险投资者到企业所在地进行实地考察,降低了空间距离带来的信息不对称问题,进而拓展了风险投资的选择范围(龙玉等,2017;文雯等,2019)。马光荣等(2020)的研究表明,高铁通过降低异地子公司与母公司之间的信息传递成本和沟通成本,增加了本地区上市公司的异地投资数量,并表明由于大城市的市场规模更大,资本的流动方向是从中小城市流入大城市,即流到了生产率更高的地方,从而促进了要素配置效率提升,进而推动全国总体的经济增长。

(二)促进专业化分工

完善的交通基础设施降低了要素和产品的运输成本,有利于促进市场一体化、市场竞争和专业化分工,从而提高资源配置的效率

(Redding & Turner,2015)。参考杨小凯(1998)和陈春生(2009)的研究,可以将生产方式分为自给自足、局部分工、完全分工三种。假设一个经济中有甲、乙两个地区,每个地区需要消费 A、B、C 三种产品,图2-2(a)表明在自给自足的生产方式下,两个地区仅使用自己的资源生产三种产品,然后供自己消费。两个地区间没有资源的交流和互换,生产率水平较低。图 2-2(b)展示了局部分工方式下,甲地区生产 A产品,乙地区生产 B产品,两个地区通过交易分别获取各自需要的产品,但 C产品仍然由各地区自给自足。相对于自给自足的生产方式,各地区利用自身的优势资源生产商品,通过交易获取各自需要的产品,使资源配置效率得到提高,生产率也相应得到提升。图 2-2(c)展示的是全局分工的方式,在局部分工的基础上,两个地区合作生产 C产品,最大限度地优化了资源在空间上的配置。

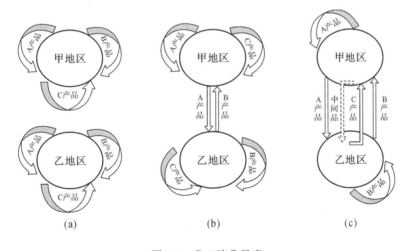

图 2-2 分工演化示意

这三种方式展示了资源在空间上的三种配置形态,也很容易说明交通运输在资源配置中的作用。中国不同地区间存在的自然地理条件和经济发展水平的差异使各地区形成了比较优势。在交通基础设施不发达的时代,市场供需关系受到高昂的运输费用的阻碍,导致经济主体只能在极为狭小的地理空间内进行生产,这属于一种自给自足的生产方式。随着交通的发展,区域间的运输成本降低,产品和市场的中间环节被打通,地区间资源交换的能力得到提升,出现了专业化分工(徐枭和欧国立,2016;史梦昱等,2022;Yan et al.,2022)。随后,交通运输技术的进步带动资源在城市之间流动,产生了分工协作模式,进而实现了资源的优化配置。

高速铁路的建设打破了自然性市场分割和技术性市场分割,扩大了市场范围,使城市与城市之间的分工深化。一方面,高速铁路的建设使得不同产业可以在特定城市集聚,享受产业分工的规模化优势,进而提高资源配置效率。例如,长三角城市群融合的一个典型特征就是上海主要发展金融业等生产性服务业,上海周边城市重点发展制造业。另一方面,高速铁路的建设产生了劳动力蓄水池效应,使劳动力和就业岗位之间能够实现更加有效的匹配,纠正地区间的资源错配。同时,高速铁路建设规模的扩大会产生更多新的就业种类,可以做到人尽其才和物尽其用。

(三)削弱地方保护下的市场分割

开通高铁降低了市场准入门槛,可以减少地方政府利用行政权力阻碍要素流动的市场分割行为(Chen & Wei,2018;He et al.,2022)。中国地区间以邻为壑的地方保护主义导致的制度性市场分割限制了资源在地区间的自由流动,降低了资源空间配置效率(毛琦梁和王菲,2020)。虽然只有改革制度体系才能从根本上解决此问题,但是地方利益至上的原则使得以邻为壑的现象不可能在短期内消失。而交通基础设施建设加强了市场的一体化,在一定程度上能削弱区域间的边界效应。换句话说,当要素通过跨区域流动获得的收益大于牺牲地方保护的沉没成本时,制度性的市场分割将被削弱。

一方面,高铁降低了区域间的运输成本和交易成本,加速了市场一体化的进程,这会使地方政府采取地方保护主义政策的成本越来越高,并且会倒逼地方政府放弃地方保护政策以缓解制度性市场分割带来的资源错配。另一方面,地方政府主要对国有企业保护力度较大,但随着区域间可及性水平的提高和市场进入成本的降低,大量的非国有企业在市场活动中发挥着越来越突出的作用,有更多的机会进行跨区域的资源配置。同时,国有企业在交通基础设施完备的地区更能发挥其规模经济优势,提高资源配置效率。

第三节 港口腹地经济一体化及其影响因素研究

一、港口与腹地关系研究

(一)港口和腹地

近代的开放口岸是西方先进生产力首先登陆的地方。如果我们将西方先进生产力的进入视作近代中国社会变迁的重要拉力的话,口岸的带动作用便是腹地经济变迁的重要原因,但是腹地对来自口岸的拉动并不是简单地被动接受,其具有很强的能动性,腹地的自然环境和发展的历史基础对其经济变迁所起的作用也是不能忽视的。腹地经济变迁是外力(口岸辐射)与内力(腹地区域特征)共同作用的结果。

通商口岸的开放标志着中国开始进入世界经济体系。通商口岸开放后对中国经济所产生的深远影响始终是经济史学界关注的核心问题之一。中华人民共和国成立前,已经有学者对海关贸易资料进行了一些整理和研究,其中大多数是对贸易史的研究。这些研究多数集中在口岸贸易本身,是口岸贸易研究比较基础的部分。中华人民共和国成立后,中国对于口岸贸易的研究除了少数较为客观地研究了一些口岸的贸易发展状况,其余更多的是指责通商口岸是外国侵略中国的据点。

腹地指位于港口城市背后的吞吐货物和集散旅客,以及大型机场、铁路与公路交通中心所在的空间范围。在通常情况下,这一范围内的客货经由海港、机场、公路、铁路枢纽进出,在人和物的运输方面比较经济与便捷。港口城市的对内联系范围与海港、机场、公路和铁路的腹地范围在空间上十分接近,因此,港口、机场、公路和铁路枢纽进出的腹地范围几乎都可视作港口所在城市的腹地范围。《大英百科全书》对腹地的定义是港口所在城市的后方,向港口提供出口货源并疏散进口货物的内陆地区。我国学者吴松弟(2006)对腹地、港口腹地和港口城市进行了界定,他认为港口腹地是港口城市吞吐货物和旅客集散所涉及的地区范围。部分学者认为港口腹地就是港口进口物资的销售地和出口物资的来源地。港口是陆路和水路运输网络中的节点与枢纽,具有显著的衔接水陆运输、集散物流、推动国家和地区经济贸易发展等经济功能。港口腹地不仅与港口的区位有关系,同时也与港口同内陆地区之间的贸易和运输联系的紧密程度高度相关。

腹地是与门户相对的一个空间概念,两者是一对相互依存的空间术语。港口腹地又称为港口吸引范围、吸引地区或背后地,本义是海岸聚落和港口的背后陆地。腹地是港口的服务区域,具体是指港口集散旅客、货物所涉及的空间范围,或为港口提供出港物资和进港销售商品的空间范围。早期学者分析了许多影响腹地开发的因素,包括自然条件的限制和政治上的障碍。德国学者高兹以总体费用最小原则求出了港口选址的最优区位,创立了以港口与腹地关系为基础的海港区位理论。Patton(1958)、Mayer(1957)在相关研究中认识到在港口活动形成发展过程中腹地的作用和重要性。

港口是综合运输系统中水陆联运的重要枢纽,是各种交通方式的集结点,是工农业产品和外贸进出口货物的集散点与车船换装的场所,具体是指位居江河湖海沿岸,具有船舶进出、停泊、靠泊、旅客上下、货物装卸、驳运、储存及货物集散与变换运输方式等功能的场所。港口还能够为船舶提供安全靠泊和作业的设施,并为船舶提供补给、修理等技术和生活服务。港口的发展是腹地区域经济增长的重要因素,往往是国家和区域的政策重心。20世纪70年代以后,学者对港口与腹地之间的相互关系有了进一步的认识,如Mayer(1978)从交通路线、劳动力费用、空间可达性、土地利用等多个侧面出发,研究了港口之间的腹地竞争、港口与腹地之间的联系方式及模式等方面的内容。Taaffe等(1963)、Rimmer(1967)、Vance(1970)从历史演进的角度研究并提出了港口与腹地区域之间的相互关系的空间演化模式,在港口与腹地相互作用的过程中,腹地区域经历了几个扩张阶段,每一个阶段不仅反映了港口之间增长的差异,还反映了各个阶段中港口与内陆腹地联系的扩大和联系网的建立。

第一,港口按所在位置、自然条件、水文性质及气象条件,可分为海岸港、河口港、内河港、湖泊港和水库港。海岸港和河口港统称为海港,主要是指自然地理条件和水文气象具有海洋性质的港口。一是海岸港。主要是指位于有掩护的或平直的海岸的港口。前者多数位于海湾中或海岸前,有沙洲掩护,如旅顺军港、湛江港和榆林港等,有良好的天然掩护,不需要建筑防护建筑物。若天然掩护不够,则需加筑外堤防护,如烟台港。而位于开敞海面岸边或天然掩护不足的海湾内的港口,一般需要修建防波堤。供巨型油轮或矿石船靠泊的单点或多点系泊码头、岛式码头属于无掩护的外海海港。位于平直海岸的港口需要筑外堤掩护,如塘沽新港。二是河口港。主要是指位于河流入海口或受潮汐影响的河口段内的港口,多有近海的深水航道,同时为海船和河船提供服务。一方面,供海船出入,靠泊码头和沟通内河;另一方面,供内河船队进行装卸与编队作业。这类港口地理位置优越,发展条件优良,水陆交通便利,内河水道深入广阔的腹地,世界著名大港多属此类,包括广州港、上海港、鹿特丹港、纽约港、伦敦港和汉堡港等。但河口港也存在航道淤积等问题,因此港区在不断外迁。三是内河港。主要是指位于天然河流或人工运河沿岸,且具有河流水文特征的港口,可供内河船舶编解队、装卸作业、旅客上下和补给燃物料,如南京港、武汉港和重庆港。内河港直接受河道径流的影响,上游港口水位落差较大,装卸作业比较困难,而中下游港口一般有冲刷或淤积,需要护岸或疏导。四是湖泊港。主要是指位于内陆湖泊沿岸或江河入湖口处的港口。由于湖泊水位落差小,水面平稳,水域宽阔,是湖泊运输和湖上各种活动的基地。五是水库港。主要是指建于大型水库沿岸的港口。水库港水位受工农业用水和河道流量调节等的影响,变化较大。

第二,按进口货物是否办理报关手续,港口可分为报关港和自由港。自由港是指全部或多数外国商品可免税进出的港口,限定在一国的关税国境(即关境)以外。自由港又称为自由口岸、自由贸易区、对外贸易区,主要从事转口贸易,货物在港口内自由整装、加工、长期储存或销售,但须遵守所在国的政策法令。自由港依据贸易管制情况分为完全自由港和有限自由港,前者对所有商品进出口实行免税,后者对少数商品征收关税并存在贸易限制。为了扩大贸易,一些国家陆续将一些港口开辟为自由港,目前全球有 130 多个自由港。

第三,基于货源的港口分类,分为腹地型、中转型和复合型。一是腹地型港口。这类港口具有独立的陆向腹地,港口发展依赖陆向腹地的货源,通过发达、高效的陆路集疏运网络通向腹地。这类港口主要布局在腹地发展水平较高的地区,货物进出主要通过海陆联运。纽约港、洛杉矶港、鹿特丹港、汉堡港、上海港等是典型的腹地型港口,依赖强大的腹地经济和高效的内陆运输网络,有充足的货源和较大规模的吞吐量。二是中转型港口。这类港口没有明显的陆向腹地,直接的陆向货物喂给不足以支撑港口发展,需依靠喂给港的货物喂给才能形成规模。这类港口具有明显的区位优势,尤其是布局在全球航运网络的瓶颈区位或交通要冲的各类航线的衔接融合枢纽,其具有强大的海向腹地和喂给网络,能够通过干线的大型船舶和支线的小型船舶实现航班衔接与货物集散。新加坡是典型案例,中转量占吞吐量的80%,地中海和加勒比海也有大量的中转型港口。三是工业型港口。严格来讲,工业型港口属于腹地型港口的一种特殊类型,是就地提供货物喂给的腹地型港口。工业型港口主要以临港产业,尤其是重化企业布局为依托而形成的,重点发展临港工业(石化、火电、重型装备制造、钢铁)和加工出口业,临港工业成为港口经济的主导产业。四是复合型港口。这类港口具有中转型和腹地型的共同特征。早期发展具有明显的腹地型特征,陆向腹地的货物喂给是港口发展的基础动力,而随着港口的壮大,中转运输逐步发展,陆向和海向腹地的货物喂给共同发展。近年来,原以陆向腹地货源为支撑的港口积极发展中转运输,如鹿特丹港的中转比例已达43.7%,复合型成为大型腹地型港口的发展趋势。五是服务型港口。一般是指以发展航运服务业为主要任务的港口,这类港口重点发展金融业、高端航运服务业,兼顾少量的货物与旅客运输,港口的生活休闲职能突出。

随着全球物流资源的整合,港口不再仅是海运网络的节点,港口发展也不再局限于港区,物流配送成为航运业的重要环节,形成以港口为核心的国际贸易配送系统,物流链成为港口竞争的重要领域。港口竞争的核心从海岸向内陆转移,内陆形成多层级的物流配送中心。

港口和内陆地区配送系统的连接促进了综合运输走廊和内陆干港的发展,许多配送网络节点成为内陆干港,枢纽港和干港间形成了综合运输走廊。枢纽港的腹地因运输走廊和内陆干港的发展而得到扩张,并进一步争夺邻近甚至距离较远港口的腹地,枢纽港的发展跨越了传统边界,在邻近地区形成了物流园区或自由贸易区,并使其成为枢纽港的一部分;中小型港口因连接了内陆配送网络,使其腹地得到扩张。同时,离岸枢纽发展高附加值物流服务,形成自由贸易区,货箱中转比例有所下降。

(二)港口与腹地的关系及量化研究

港口与腹地的关系始终是港口地理研究的核心。腹地的存在和变化体现了港口与城市、区域之间的相互依存关系。从辐射方向的角度来看,港口的经济腹地有陆向腹地和海向腹地之分。港口的陆向腹地是指以某种运输方式与港口相连,为港口提供货源或者疏散经过该港口的进口货物的地理范围。从港口与其相联系的陆向腹地的紧密程度的角度分析,港口的陆向腹地又可以分为直接腹地、间接腹地及潜在腹地。直接腹地是指通过运输工具可以直达的地区范围。间接腹地,又叫中转腹地,是指由港口吞吐并经另一地点中转的货物和旅客所到达的地区范围。港口的海向腹地是相对于港口的陆向腹地而言的,是指通过海运船舶与某港口相连接的其他国家或者地区的一定地理范围。本书所研究讨论的腹地仅指港口的陆向腹地。

港口与腹地的关系日趋复杂,并呈现出多样化的趋势。国内学者从不同角度对港口经济腹地的划分进行了大量研究,形成了不同的划分标准。

第一,从贸易角度划分。学者们认为港口经济腹地必须同时满足"地理位置上位于港口城市背后"和"客货经由该港运输比较经济合理"两个条件。有些地区虽与港口之间存在客货联系,但并不是港口的经济腹地。例如,虽然宁波港与河南省之间存在客货联系,但是河南省并不位于宁波港后方,从运输成本来看,其货物到宁波港运输也不经济,因此河南省不属于宁波港的经济腹地。由此可见,港口的经济腹地大致可以等同于港口所在城市,但是这种观点在现代经济发展中显得比较狭隘。

第二,从货物集散角度划分。一般认为港口经济腹地是港口货物进行海外销售或国内分销的起点,港口集散的商品结构随着经济和贸易的不断发展而日趋复杂,因此货物在进行运输时不能只考虑地理邻近性,而是要综合考虑多维度的因素。由此可见,从货物集散角度进行划分的标准也存在不小的局限性。

第三,从运输成本角度划分。港口运输成本是影响港口经济腹地范围的重要因素,因而是否使运输成本最低曾被作为腹地划分的重要标准之一。但是,随着交通基础设施的不断建设、发展,运输成本在地区间的差异在不断缩小。而且,从运输成本角度划分的港口腹地范围理论上会不断发生变化,如港口数量增多、内陆交通路线增加、铁路运输速度改变,以及交通路线调整等都会造成港口经济腹地范围的变化。

综上所述,可以看出目前形成的港口划分标准均存在着局限性,特别是新开放港口数量的增加、内陆交通路线的增加以及铁路线技术的改造等都会造成港口经济腹地范围的变化。

每个港口在地理上都有能够辐射和覆盖的相对稳定的区域,就线路、便利性来看,如果涉及这个区域的贸易货物运输基本由该港口直接或者间接完成,那么该区域就是港口腹地,简而言之,港口腹地是指港口吞吐货物所涉及的地理范围。港口腹地的大小受自然条件、社会条件、政治条件、经济因素等诸多因素影响,与港口能力直接相关。港口腹地一般与其所处的经济区域相对应,但是一个港口的腹地范围不是一成不变的,它随着社会经济、港口与腹地区域的发展而改变。港口为腹地区域运输货源、提供进口商品,促进腹地的经济发展。同时,腹地贸易的提升带动了港口的健康、稳步发展,两者相辅相成,相互促进。港口腹地划分方法概括如表 2-3 所示。

表 2-3　港口腹地划分方法概括

使用指标与方法		主要含义
按空间范围	行政区域划分	以港口所在的行政区域作为主要依据
	圈层结构划分法	在空间上,按照一定距离范围由里向外分为内、中、外圈层
	点轴结构划分法	以道路交通基础设施为主轴,轴线所构成的区域为经济带,港口腹地以点轴为主要依据进行划分
	图表法	可分为平分角法和垂直线法
	图表分析法	图表分析法是在图表法的基础上引入一个修正系数
按经济联系	隶属度法	利用各地与港口的贸易额数量资料来计算隶属度,进而确定腹地范围
	区位商法	通过计算港口腹地货源的集中程度来反映港口的竞争力,进而确定腹地范围
空间计量模型	断裂点公式法	通过港口之间的断裂点确定腹地范围
	引力模型法	用万有引力模型模拟港口对腹地的吸引能力进行腹地范围划分
	电子云模型法	把电子云模型应用于港口腹地的划分
	威尔逊模型法	从数据统计学角度变换到事物原理角度,进而建立模型解决实际问题
	断点模型法	结合城市断裂点理论与电子云模型来确定港口的腹地范围

按经济联系进行划分的方法主要包括隶属度法和区位商法。隶属度法首先计算腹地与港口城市之间的贸易额,然后求出该贸易额与腹地的总贸易额之间的比例,用比例值来表示腹地与港口之间的密切程度,比例值越高表示关系密切程度越大。此方法主要是利用各地与

港口之间的贸易额来计算各地与港口之间的隶属度进而确定腹地范围的。区位商法计算的是某一产业的一个分支在特定领域内的相对集中程度,以此为基础判断出该地区对这一行业分支的吸引力。在港口腹地的划分中,通过计算港口腹地货源的集中程度来反映港口的竞争力,将吸引力大的地区划分为港口的腹地。

以往对港口腹地的研究大都采用定性分析法,而很少采用定量分析法。定量分析法侧重于考虑影响港口质量的因子的选取及优化,但因子的选择容易受主观因素的影响,使结果带有主观不确定性;同时,货物种类、数量等的不同都可能导致在途成本不同,进而出现在同一区域内,因货种不同,其所选择港口也不同的情况。这些都导致了定性分析法的局限性。而在腹地划分的相关研究中,基础性的研究多集中于服务区分析法上,主要有类比法、邻域法、重力法等,运用的模型主要有引力模型与哈夫模型。哈夫模型可用于多港口间的腹地划分,划分腹地时通常先按照行政区域将腹地划分成面积较小的单位(如以县为单位),然后将此单位近似为一个点,围绕多个以点形式出现的单位运用公式求得腹地范围。虽然可以通过减少行政单位(如以乡为单位)使计算结果更精确,但是这样做将导致数据量剧增,因此不具备实践意义;此外,同一行政单位由于货物种类不同也未必能成为同一个港口的货源地,甚至同一地区的同一种货物由于生产或运输的时间不同也可能选择不同的港口。在国内的相关研究中,有基于港口与腹地之间进出口货物的运输成本最小化模型(王文,2006),运用经济地理学知识基于图表分析法的圈层结构划分法和点轴结构划分法(王杰等,2005),运用基于区域经济学的区位商理论模式(刘魏巍等,2005),采用 O-D 物流与图论相结合(许云飞,2003),以及采用引力模型和模糊综合评判模型相结合(徐维祥和许言庆,2018)的方法,来确定港口对腹地的吸引力及其服务范围。

二、港口与腹地的关系机制研究

(一)空间分割:陆向和海向

港口反映了腹地的明显特征(Bird,1963),腹地是港口发展的生命线(Mayer,1957),由此形成了大量的研究成果。港口研究一直存在着"陆向腹地—港口—海向腹地"这样一种三分法(Weigend,1958)。部分学者认为,港口腹地系统是具有内在联系的经济地域系统,港口以腹地为依托,而腹地以港口为先导(Bichou & Gray,2005)。陆向腹地与海向腹地分别是港口的国内、国际两大市场腹地,对港口城市及区域的经济发展具有重要意义。

广义上,港口腹地分为海向腹地和陆向腹地。多数港口主要拥有陆向腹地,但大型港口,尤其是河口港因同时面向海外和内陆而具有双向腹地。

海向腹地,也称为外向腹地,主要是指在通过海运船舶与港口相连接的国家或地区形成的面向海洋并呈扇形拓展延伸的腹地范围。

陆向腹地,也称为背负型腹地,主要是指以港口为核心,通过集疏运系统向后方陆地延伸的地区。

关于陆向腹地的研究在早期曾占据主流。1934 年,高兹以陆向腹地为基础创建了港口区位论。Mayer(1957)强调了陆向腹地的铁路运输成本对港口竞争性的影响,奠定了此阶段的研究基调,即腹地决定港口。港口对城市的影响深远,港区工业化是其主要表现。Hoyle 和 Pinder(1980)主编的《城市港口工业化与区域发展》把港口发展、城市扩张、工业发展及区域开发之间的交互作用作为研究主题。Hoyle 和 Hilling(1984)所著的《海港体系与空间变化》探讨了港口、工业与城市、区域之间的相互作用。陈航(1984)认为,腹地的大小决定港口的性质及规模,尤以距离港口 300～500 千米范围的腹地影响最大,某些工业企业附近的岸线也可发展为工业港。港城关系定量化是现阶段港城关系研究的主要趋势,吴传钧和高小真(1989)将定量思维引入港城关系研究中,揭示了港口与城市之间的产业、功能变化关系。部分学者以个体港口为案例分析了港口与腹地之间的互动关系。20世纪 90 年代中期以来,研究重点转向了航运网络、航运企业等海向因素(Jacobs et al.,2010),考察航运活动如何影响港口发展(Lee et al.,2008),而围绕港口与腹地之间关系的研究则相对弱化(Ng & Ducruet,2014),但两者间的通达性一直是研究重点(吴威等,2009;姜晓丽和张平宇,2013)。

近年来,陆向腹地逐渐受到关注。Ducruet 等(2010)发现,港口的运输专业化与腹地的特殊类型货物紧密相关,腹地工业结构越复杂、产品规模越大,港口运输职能就越综合。曹卫东等(2007)、梁双波等(2011)提出了港口后勤区域,将腹地与物流链相集成。梁双波等(2007)以南京港为例,分析了腹地产业结构变化对港口主要货种变化的影响。部分学者从腹地经济格局的角度解释港口发展,认为港口发展的动力主要源于腹地产业的发展需求(Chan & Yip,2010)。Wang和 Ducruet(2013)探讨了港口发展与腹地产业之间的规模对应关系,发现农业区和工业化地区趋向于港口专业化运输,港口货物结构与腹地经济发展之间存在路径依赖,虽强调宏观模式但未深入分析。Deng等(2013)则从物流链视角对港口与腹地经济之间的相关性进行了定量分析。郭建科和韩增林(2013)提出了港区专业化带动产业依托专业港区形成工业集聚,强调了港口的运输职能与专业设施的建设。

(二)空间结构

空间尺度是界定空间系统边界与特征的重要标尺,对于港口或港口体系的分析须置于一定的空间尺度内。在不同的尺度内,港口间的空间关系、功能关系,以及港口内部与海向、陆向腹地的空间关系均有所不同。Robinson(1976)提出了港口研究的空间尺度结构,其大致可以分为五个层级。

第一,港口内部体系。主要是指港口内部各要素间的空间关系、功能关系及布局,包括所有发生在边界以内的生产活动与物流组织,这一层级强调单体港口的独立发展与内部职能结构。

第二,港口腹地体系。主要是指单一港口与腹地的空间关系、物流组织活动,重点考虑陆向腹地对港口发展的影响机制,这一层级强调单体港口同陆向腹地的联系。

第三,"港口腹地—前沿腹地"体系。主要是指港口与陆向、海向腹地的空间关系和功能关系,并拓展到了多个港口之间。这一层级强调了不同海岸港口之间的航运联系及港口与腹地的关系。

第四,区域性港口体系。主要是指同一海岸分布的港口之间的空间关系或功能组合。港口数量相对较多,而且位置较为接近。这一层级强调了港口间的航运联系和相互依赖性,由此形成了区域性港口体系。

第五,总体港口体系或 N 港口体系。主要是指由所有港口或多数港口联系在一起所形成的空间体系,可将其分为若干区域性港口体系。该层级强调了所有港口的有效运营及港口同陆地、海洋的关系。

根据港口与腹地的连通性及港口对腹地的吸引、辐射程度的差异,腹地又可分为直接腹地(单纯腹地)、混合腹地(重叠腹地/交叉腹地)和孤岛腹地。对于许多港口而言,腹地往往是交叉分布或重叠的,边界是模糊和不稳定的,尤其是随着港口吞吐能力、配套交通线改善,腹地会发生边界移动甚至争夺。

直接腹地主要是指港口通过运输工具或直接连通的交通线可以通达的腹地范围,为某港口所独有的腹地一般位居港口邻近地区,或直接连通铁路或高速公路两侧地区。该区域内的货物多经该港口进出。

混合腹地指由两个或两个以上的港口共同拥有的腹地,即多个港口吸引范围相互重叠的腹地。对于多数港口而言,竞争的焦点往往是混合腹地。

孤岛腹地是指通过某种途径侵入其他港口腹地范围的特殊腹地。

三、港口腹地经济一体化的影响因素研究

对港口与腹地关系的关注和考察,相对来说国外要早得多。早在20世纪50年代,Morgan(1958)就对港口与腹地的关系做了考察,主要对腹地在港口形成中的作用进行了讨论。Mayer(1978)在其基础之上进一步引入劳动力费用、铁路连通性、土地可得性等因素加以讨论。Hayuth(1988)、Slack(1990)等基于对铁路运输与港口运输协作的考虑,认为港口与腹地的关系趋于多样化。Hoyle和Hilling(1984)研究认为,港口设备、航运以及港口与陆地交通的发展水平都会对区域港口体系的形成和发展产生重要影响。

国内关于港口与腹地的研究是在20世纪80年代随着改革开放的进行而逐渐推进的,但主要集中在对港口史的梳理、港口城市以及相关区域经济史的探讨(陈航,1984;陈栋康,1985;杨学利等,1986;徐惠蓉,1990;王曙光,1993)。董洁霜和范炳全(2003)基于现代港口发展的区位优势理论分析认为,自然因素、社会经济因素和科学技术因素是港口经济发展及腹地范围的三大决定性因素。郎宇和黎鹏(2005)在理论上对港口腹地经济一体化问题进行了分析,认为港口和腹地的统一体是客观存在着的经济地域系统,范围由港口对腹地产品和要素的经济吸引半径决定。

港口腹地一方面为港口提供了大量的货源,另一方面又依赖着港

口为其提供的基础性的运输服务,双向作用的模式决定了影响港口腹地范围的因素是多种多样的。总体来说,既有研究主要从港口、腹地,以及港口与腹地间的联系这三个研究角度展开讨论。

(一)港口因素

影响港口腹地范围的港口因素主要包括港口的自然地理区位、基础设施状况、经营水平、所在城市的综合实力,以及城市的人口数量、经济发展水平、产业结构等因素。港口的基础设施,如港口泊位数量、泊位长度、堆场面积、港口集散货物的水平等因素决定了运力和成本,也直接影响着一个港口对其腹地的经济吸引力。此外,港口的经营水平,包括多样化、个性化的航线,便捷的通关手续,低廉的港口使用费和配套的金融、贸易、保险、信息服务平台等也是影响港口腹地范围的重要因素。良好、有序的经营管理可以大大提升货物在港口的流转效率,缩短车、货、船在港口的停留时间,从而为货主节省时间与费用,提升货主对某一港口的好感度,从宏观角度来说便是提升了对腹地货源的吸引力,扩大了港口腹地的空间范围,促进了港口的健康、可持续发展。

(二)腹地因素

腹地城市的经济贸易活动越频繁,随之产生的运输需求就越大,也就会有更多的货源。其中又以腹地经济实力、腹地产业结构、腹地行政归属三个方面的影响最为显著。第一,腹地的经济实力。在我国改革开放的大背景下,腹地的经济实力强大往往意味着对外贸易活动十分频繁,也意味着大量的货物运输需求。腹地的对外贸易同时也能给港口带来海外市场的资源,为港口海向腹地的拓展提供巨大的便利。第二,腹地的产业结构。主导产业会在很大程度上决定该腹地的进出口产品类型,因为海运的属性是与产品特性直接联系的,因此产品结构和类型是腹地与外部区域联系的重要动因。第三,腹地的行政归属。在市场化尚不充分和完善的情况下,地区性的贸易壁垒仍然存在,出于对交易成本的考虑,地区的行政归属会在很大程度上影响港口的腹地范围。随着市场经济的实施,行政区划对于港口腹地范围的影响虽在逐步减弱,但仍影响着区域内的货源走向,同一个行政区域内生成的运输需求仍然倾向于选择区域内的港口进行转运和出口。

(三)港口与腹地之间的联系因素

港口生存与发展的必要条件是要有足够的货源不断地为腹地提供货物运输和装卸服务,才会吸引更多的货主选择该港进行运输。货主往往倾向于选择离其发货地较近的港口,同时会以运输的经济性作为首要考量条件,以期达到运输总成本最小的目的。即使港口的设备先进、管理水平高,能够加快货物在港口的周转效率,但若港口与货源地的运输距离过长,则运输成本必定会增高,也会存在较高的内陆运输费用。因此,港口与腹地间的运输距离及运输的经济性都极大地限制了港口腹地经济一体化。

高额的运输费用会降低货主从该港口进出口货物的意向。港口与腹地之间良好的交通状况、发达的物流运输网络、畅通的货源渠道等可以有效降低货主的运输成本,从而强化港口与腹地之间的联系,增强对货主的吸引力。如果拥有较强的运输便利性,那么在吸引货源方面将具有很强的竞争优势。除了上述因素,货主的个人偏好、港口与腹地之间的历史文化背景、特殊需求和国家政策等因素也影响着港口腹地经济一体化。

各国在进行港口规划时最常使用的就是港口群这一概念,港口群是由地理位置彼此相邻或相近的一系列港口组合而成的。我国港口群的分布状况基本上与我国的经济布局状况相吻合,港口群内部各港口之间的竞争十分激烈,由于地理位置相邻,同一港口群内的港口间在发展规模和性质等方面呈现出相互依存但又相互制约的特点,通常会将同一个区域划分为自己的腹地范围,从而争夺来自同一腹地的货源,相互之间存在着普遍的竞争与合作关系。

第四节　小　结

总的来看,高铁作为一种新型的交通运输方式,能够带动整个人流、物流、信息流和资金流的流动,并提高区域福利。紧随着高铁的发展与建设,国内外学者对高铁的经济效应和作用机制进行了较为系统与深入的研究。可以看到,高铁作为重要的交通革命,深刻地影响了要素流动,尤其是劳动力要素的空间流动。高铁的开通提高了劳动力的流动频率,使得各种要素能够在区域间快速流动。国内外关于高铁对区域经济增长影响的研究已非常丰富,但研究结论仍然存在争议。综合来看,产生争议的点主要在于不少研究发现高铁开通对小城市经济发展不利,他们的基本逻辑都是高铁开通导致了虹吸效应的发生。

从局部区域的发展视角来看,虹吸效应确实会在短期内导致小城市的资本和劳动力等生产资源向大城市聚集,不利于小城市的经济增长。但从全局视角来看,虹吸效应提高了资源配置效率,可能对总体经济发展产生一定的影响。此外,高速铁路的建设打破了自然性市场分割和技术性市场分割,扩大了市场范围,促使城市与城市之间的分工深化,使不同产业可以在特定城市集聚,享受产业分工的规模化优势,提高资源配置效率。高铁降低了区域间的运输成本和交易成本,加速了市场一体化的进程,这会使地方政府采取地方保护主义政策的成本越来越高,倒逼地方政府放弃地方保护政策,进而缓解制度性市场分割带来的资源错配问题。中国高铁虽然起步较晚,但发展势头迅猛,这无疑使得对中国高铁相关效应的阐释在理论和实践方面都具有极其重要的意义。

港口在形成和发展过程中,不断与周围区域及腹地进行着信息、物质、能量的流动和交换,复杂的基础设施建设与物流流动对港口城市和腹地城市的发展产生了多元化的影响。目前关于港口经济和腹地经济之间关系的研究呈现出多样化的趋势,国外关于港口经济和腹地经济之间关系的研究已经形成了比较完整的体系,但由于各国的实际情况不同,国外的研究不能全部照搬到国内的研究当中。我国关于这方面的研究起步较晚,在研究思路上仍然还沿袭传统学者以港口研究为主、腹地研究为辅的分析思路,虽然近几年的研究越来越关注腹地经济的作用,但是这种研究现状并没有改变,仍缺乏对两者之间关系的全面系统分析。

关于资源错配的针对性探讨在近几年才兴起,尚未形成从微观基础向宏观演变的理论体系,亟待现实数据,特别是微观数据提供经验分析的必要支撑以构建起对资源错配问题的认知系统。随着中国综合经济实力的不断增强,中国的经济问题将成为经济学研究的核心问题。地方保护主义导致的市场分割在一定时期内加剧了国内资源错配的状况,因此以中国现阶段的发展状况为研究背景,紧密结合现实数据,构建模型对问题进行系统探究,并提供理论解释与经验分析证据,无疑会成为对现有研究的必要补充与有益完善。

通过上述文献梳理不难发现,在中国日益完善的交通基础设施网络的现实背景下,交通基础设施对打破市场分割的影响日益凸显,而相关的影响研究存在明显的不足,因此在数据可得的情况下,揭示和评估这一机制将是对现有研究的一个重要补充。我们认为,交通基础设施正是通过降低大国内部交通运输成本,即降低要素流动的成本来改善资源错配,对提高资源配置效率产生了显著的影响。资源配置得到有效改进后,则可以在要素投入量不变的情况下,使生产率得以提高,进而体现为比较优势的增强和国际竞争力的提升。所以,在本书研究过程中将把交通基础设施带来的资源配置的变化作为其影响区域间经济一体化的重要机制之一。

关于港口腹地经济一体化方向下的研究主要集中在对港口经济和腹地经济之间的发展关系的探索上,以理论研究居多,相对而言缺乏对这种理论关系的定量研究,虽然近几年也有学者尝试把这种关系量化,但只是运用了比较传统的回归分析法,并没有深入分析港口经济和腹地经济之间存在的关系及其受到外生冲击后的变化等。在研究维度上,尽管有一些进行地理研究的学者关注到了交通基础设施发展对港口腹地的影响,但从区域协调和加快一体化等角度出发的系统考察并不多。在交通强国的战略背景下,现实发展过程中已经逐渐显露出理论支撑的不足,研究的迫切性凸显。在研究视角上,区域经济学和空间经济学界对于交通网络会促进要素的空间流动性增强这一点已经达成了广泛的共识,以港口腹地经济一体化为切口,有效整合区域经济学和空间经济学两个学科的研究视角,预期能为高铁网络的发展和优化,以及港口腹地经济发展与全局经济效益提升等提供创新性的思路和启示。

第三章　高铁的发展

　　本章的主要内容包括高速铁路的概述、世界高速铁路的发展概况、中国高速铁路发展概述等,主要从世界和中国两个层面梳理了高速铁路的发展起源、发展过程、发展成就以及发展趋势。通过系统梳理日本、法国、德国和西班牙等国家高速铁路的发展历程,呈现世界范围内高铁的发展脉络和背景,为后文的高铁经济效应分析奠定基础。

第一节　世界高铁的发展

　　1814 年英国发明了世界上第一台蒸汽机车,1825 年英国修建了世界上第一条铁路,标志着近代铁路运输业的开端。铁路以其迅速、便利、经济等优点受到人们的关注,世界上的主要国家相继修建铁路,铁路在较短的时间内得到了较快的发展。第二次世界大战以后,随着公路和航空的强势崛起,铁路一度成为夕阳产业。到了 20 世纪 70 年代,由于能源危机、环境恶化、交通安全等问题,铁路重新进入人们的视野,尤其是高速铁路以其一系列技术经济综合优势满足了现代经济社会发展的需求。

　　国际上对于高速铁路的定义标准并不统一。世界上最早发展高铁的国家日本于 1970 年颁布的《全国干线铁路整备法》中将高速铁路定义为"列车在主要区间的运营速度达到 200km/h 及以上的干线铁路"。1985 年,欧洲经济委员会把客运专线运营速度达到 300km/h,以及在进行线路改造后运营速度达到 200 km/h 的铁路统称为高铁。2000 年,国际铁路联盟对高速铁路重新进行了定义,将运营速度达到 250km/h 的新建铁路,以及经过升级改造后运营速度达到 200km/h 的原有铁路统称为高铁。2008 年的世界高速铁路大会将高速铁路根据列车时速划分为中速或准高速铁路(120～160km/h)、快速铁路(160～200km/h)、高速铁路(200～400km/h)、超高速铁路(400km/h 以上)。2014 年,国家铁路局批准发布的《高速铁路设计规范》中将高铁定义为新建设计开行时速 250 公里以上(含预留)、初期运营时速 200 公里以上的客运列车专线铁路。

　　综上所述,虽然各国对高速铁路的定义不尽相同,但一致认定高速度是高速铁路的主要特征。因此,本书在综合了上述定义中共同的标准后,定义运营速度超过 200 km/h 的铁路为高速铁路。

一、发展历程

　　以 1964 年日本建成世界上第一条高速铁路为重要标志,铁路重新焕发了生机活力。归纳起来,世界高速铁路的发展里程可以划分为三个阶段。

　　第一,发展初期(20 世纪 60 年代至 80 年代)。1959 年 4 月 5 日,东海道新干线在日本破土动工,1964 年 7 月竣工,同年 10 月 1 日正式通车,新干线的建成通车标志着世界高铁新纪元的到来。此后,日本又修建了山阳新干线、上越新干线和东北新干线。与此同时,法国、德国、意大利也开始修建高速铁路。法国修建了 TGV(TGV 是法国高速铁路的简称)东南线、TGV 大西洋线;德国修建了汉诺威至维尔茨堡线、曼海姆至斯图加特线;意大利修建了罗马至佛罗伦萨线。

第二,快速发展期(20 世纪 90 年代至 2003 年)。受日本、法国等国家高速铁路建设取得的巨大成就影响,德国、意大利、西班牙、比利时、荷兰、瑞典、英国、韩国等对高速铁路极为重视,在深入研究的同时也积极付诸实践。这一时期新建成的高速铁路如表 3-1 所示。这一阶段,已建成高速铁路的国家和地区进入了高速铁路网规划和建设时期。从一开始就夹杂着社会发展因素在内的高速铁路的建设,显然不是单纯以铁路运输系统提高运能或效益为目的,其中还包含着国家政治、环境治理、宜居性、能源发展和交通政策等方面的多维需要,因而迅速得到了各国政府的大力支持。

表 3-1　20 世纪 90 年代至 2003 年建成的高速铁路线

国家或地区	运营范围	建设时期	线路长度/km
西班牙	马德里—塞维利亚	1987—1992 年	471
	马德里—莱里达	1998—2003 年	519
法国	TGV 北方线	1990—1991 年	346
	TGV 东南延伸线	1992—1994 年	121
	TGV 路网连接线	1994—1996 年	104
	地中海线	1995—2001 年	259
日本	北陆新干线(高崎—长野)	1989—1997 年	117
	东北新干线	1971—1991 年	465
	九州新干线(八代—鹿儿岛)	1998—2003 年	127
	东北新干线(盛冈—八户)	1998—2002 年	97
比利时	布鲁塞尔—里尔	1989—1998 年	88
德国	汉诺威—维尔茨堡	1973—1991 年	338
	曼海姆—斯图加特	1976—1991 年	109
	柏林—汉诺威	1992—1998 年	189
	科隆—迪伦	1995—2002 年	184
	科隆—法兰克福	1997—2002 年	184

续表

国家或地区	运营范围	建设时期	线路长度/km
意大利	罗马—佛罗伦萨	1970—1991 年	248
英国	海峡隧道连接线(一期)	1998—2003 年	69
韩国	汉城(现名首尔)—东大邱—釜山	1992—2003 年	345

第三,深化发展期(2004 年至今)。2004 年 1 月,中国公布了《中长期铁路网规划》,提出建设客运专线 1.2 万公里以上的目标。2004年至今,中国高速铁路实现了从无到有、从弱到强、从探索到突破、从追赶到领跑的崛起。

关于中国高速铁路规划建设的文件共有三个,2004 年的《中长期铁路网规划》是第一个文件。2008 年 10 月,国家发展和改革委员会(简称发改委)批准了《中长期铁路网规划(2008 年调整)》,文件将客运专线建设目标由 1.2 万公里以上调整为 1.6 万公里以上,这是第二个文件。2016 年 7 月,国家发展和改革委员会、交通运输部、中国铁路总公司联合发布的《中长期铁路网规划》(2016)中提出,到 2025 年高速铁路网规模达到 3.8 万公里左右,这是第三个文件。在"一带一路"倡议下,与中国铁路建设、装备、运输等相关的企业发挥优势,积极开拓国际市场,带动了如印度尼西亚、泰国、马来西亚、印度、俄罗斯、土耳其等国家建设高速铁路的热情(如土耳其安伊高铁、俄罗斯莫斯科—喀山高铁、印度尼西亚雅万高铁、中泰铁路等一批国际合作项目)。在这一阶段,世界各国加大科技创新力度,推进关键技术领域的研究,高速铁路在高精尖技术不断突破的保障下持续平稳地发展。高速铁路也将造福越来越多的人。

二、传统高铁大国

(一)日本高速铁路

早在 1946 年,日本就开始酝酿修建高速铁路。直至 20 世纪 50 年代中叶,日本国民经济在复苏后高速发展,面对运输能力与现实发展的严重不协调,日本于 1957 年成立了"日本国有铁路干线调查会",专门从事与新建新干线和发展铁路运输经济相关的工作。1958 年,正式确定了标准轨新干线的方案,并于 1959 年 4 月开始修建。1964 年 10 月 1 日,世界上正式诞生了第一条高速铁路——日本东海道新干线,日本高速铁路是世界上起步最早的。东海道新干线全长 515.4 千米,它的开通使得东京到大阪的运行时间从 6.5 小时缩短至 3.2 小时以内,而且所需费用低于飞机,因而迅速吸引了大量的客流,甚至间接导致东京到名古屋的飞机航班停运。

在东海道新干线之后,日本又陆续修建了山阳新干线、东北新干线、上越新干线、北陆新干线、九州新干线、秋田新干线、山形新干线等(见表 3-2)。

表 3-2　日本部分新干线的概况

新干线名称	经营范围	开通时间	起点站	终点站	里程/km	最高速度/(km/h)	营运机构
东海道	东京—大阪	1964 年 10 月 1 日	东京站	大阪站	515.4	270	东海旅客铁道
山阳	大阪—冈山;冈山—博多	1972 年 3 月 15 日	大阪站	博多站	553.7	270	西日本旅客铁道
东北	盛冈—大宫;盛冈—八户;八户—青森	1982 年 6 月 23 日	东京站	青森站	674.9	300	东日本旅客铁道
上越	大宫—新潟	1982 年 11 月 15 日	东京站	新潟站	269.5	240	东日本旅客铁道

续表

新干线名称	经营范围	开通时间	起点站	终点站	里程/km	最高速度/(km/h)	营运机构
北陆	高崎—金泽	1997 年10 月 1 日	东京站	金泽站	345.0	260	东日本旅客铁道;西日本旅客铁道
九州（鹿儿岛线）	新八代—博多	2004 年3 月 13 日	博多站	鹿儿岛中央站	256.8	260	九州旅客铁道
北海道	青森—函馆	2016 年3 月 26 日	青森站	函馆北斗站	148.9	260	北海道旅客铁道
秋田	盛冈—秋田	1997 年3 月 22 日	盛冈站	秋田站	127.3	130	东日本旅客铁道
山形	福岛—新庄	1992 年7 月 1 日	福岛站	新庄站	148.6	130	东日本旅客铁道

（二）法国高速铁路

法国高速铁路（简称 TGV）是由阿尔斯通公司和法国国家铁路公司设计建造，并由法国国家铁路公司负责运营的高速铁路系统。为了解决铁路饱和问题并获得显著的经济效益，法国在日本建成东海道新干线后，开始从更高的起点研究和开发高速铁路。

1971 年法国政府批准通过了修建 TGV 东南线的计划，1976 年 7 月开始修建，1981 年南段投入运营，1983 年 9 月全线通车，全程 419 千米，最高运营速度为 270km/h，将巴黎至里昂的出行时间从 3 小时 50 分钟缩短至 2 小时。在此之后，法国又陆续修建了大西洋线、北方（欧）线、东南延伸线、巴黎地区联络线、地中海线、东部线、法西高铁线（法国境内 24 千米）、莱茵河—罗纳河第一期工程等。在巴黎地区联络线建成后，北方线、东南线和大西洋线可以绕巴黎连接成为一个高速铁路网系统。截至 2018 年底，TGV 运营速度在 250km/h 及以上的高速铁路线路如表 3-3 所示。

表 3-3 法国运营速度在 250km/h 及以上的高速铁路线路概况

线路名称	运营范围	开通年份	里程/km	最高速度/(km/h)
TGV 东南线	巴黎—里昂	1981	419	270
TGV 大西洋线	巴黎—勒芒/图尔	1989	291	300
TGV 北方(欧)线	巴黎—里尔	1993	346	300
TGV 东南延伸线	巴黎—瓦朗斯	1994	121	300
TGV 巴黎地区联络线	环巴黎	1994	104	300
TGV 地中海线	瓦朗斯—马赛/蒙彼利埃	2001	259	300
TGV 东部线	巴黎—斯特拉斯堡	2007	438	320
TGV 法西高铁线	佩皮尼昂—菲格拉斯	2011	24	300
莱茵河—罗纳河第一期工程	第戎—米卢斯	2011	140	320

法国高速铁路一直以追求速度而闻名。自 TGV 通车以来,法国在很长一段时间内处于世界高速铁路发展前沿,其对速度目标值的追求和研究独具特色并且水平遥遥领先。1981 年,法国高速铁路在东南线的部分路段上的试验速度达到了 380km/h,打破了传统铁路运营速度的概念。2007 年 4 月,在 TGV 东南线上的一段经过特殊加固的铁路线上,列车速度达到了 574.8km/h,创造了新的纪录,令世界瞩目。

(三)德国高速铁路

德国高速铁路(Inter City Express,简称 ICE),也称城际高速铁路。德国也是世界上较早研究高速铁路的国家之一,其高铁技术储备不亚于法国,但因大力发展高速公路(因而形成了较完备的高速公路网),直到 20 世纪 80 年代中期,原联邦德国政府才意识到高速铁路的重要性,开始正式将高铁纳入交通基础设施建设项目中。在这个时期,高速铁路的修建已经不仅是出于扩大运输能力、改善运输质量、消除运输瓶颈区间的目的,更是受到了欧洲共同体(简称欧共体)统一市场的巨大吸引,彼时欧洲国家之间的联系已经越来越密切,这样的国际形势加速了德国高速铁路的落地及发展。1982 年 7 月,德国开始修建高速铁路;1991 年 6 月 2 日,第一代 ICE 正式投入运行,行驶在汉诺威至维尔茨堡之间,速度可达 280km/h 以上。截至 2018 年底,德国已建成由改造的旧线和新建的高速铁路线共同组成的高速铁路网,主要线路如表 3-4 所示。

表 3-4　德国运营速度在 250km/h 及以上的高速铁路主要线路概况

线路名称	运营范围	开通年份	里程/km	运营速度/(km/h)
H-WUE 线	汉诺威—维尔茨堡	1991	338	280
MA-S 线	曼海姆—斯图加特	1991	109	280
H-B 线	汉诺威—柏林	1998	189	250
K-D 线	科隆—迪伦	2002	42	250
K-F 线	科隆—法兰克福	2002	184	300
N-Y 线	纽伦堡—英戈尔施塔特	2006	89	300
A-L 线	埃尔福特—莱比锡	2015	123	300

作为一向注重节能环保的国家,德国 ICE 以不污染环境、快捷为突出优点。乘坐 ICE 从柏林出发,1~2 小时便可以到达德国的多数大城市,以及瑞士、奥地利、比利时、法国、荷兰和丹麦等国家。德国在高速铁路的发展过程中,制订了"21 路网"计划,细分将三年、五年等长远战略规划与中短期计划相结合的合理布局的路网系统。此外,德国高速铁路采用的是新建与改造结合(改造比重大)、新旧线联运、高快结合(开行 IC/ICE 等不同等级列车)、客货混跑的模式,这也使得高速铁路能够迅速发展。

(四)西班牙高速铁路

20 世纪 80 年代中期,西班牙加入欧洲联盟。欧洲联盟高速铁路网的建设和发展规划要求欧共体成员间相互协调、统一标准,采用现代化铁路技术来改造和建设本国铁路,使各成员国形成有机的整体,为建立欧洲统一大市场创造必要的条件。鉴于此,西班牙从国家经济发展实际需求出发,引进了法国、德国的技术,重新调整了国家交通运输发展政策。1992 年 4 月 16 日,西班牙建成并开通了首条高速铁路线——马德里至塞维利亚。随后,西班牙又陆续建成开通了马德里—巴塞罗那、马德里—托莱多等多条高速铁路线。截至 2018 年底,西班牙高速铁路运营速度在 250km/h 及以上的线路如表 3-5 所示。

表 3-5　西班牙运营速度在 250km/h 及以上的高速铁路概况

线路名称	运营范围	开通年份	里程/km	运营速度/(km/h)
M-T 线	马德里—托莱多	2005	21	250
K-A 线	科尔多瓦—安特克拉	2006	100	300
L-T 线	莱里达—塔拉戈纳	2006	82	300
M-S-B 线	马德里—塞戈维亚—巴利亚多利德	2007	184	300
A-M 线	安特克拉—马拉加	2007	55	300
T-B 线	塔拉戈纳—巴塞罗那	2008	88	300
M-B/A 线	马德里—瓦伦西亚/阿尔巴塞特	2010	432	300
F-P 线	菲格拉斯—佩皮尼昂	2011	20	300
A-S 线	奥伦赛—圣地亚哥	2011	88	250
B-F 线	巴塞罗那—菲格拉斯	2013	132	300
A-A 线	阿尔巴塞特—阿利坎特	2013	239	300

西班牙高速铁路所运行的 AVE 型动车组采用了法国高速列车先进技术。此外,由于山多、线路多弯道,西班牙还专门研发了由机动车牵引的、速度在 160～200km/h 的摆式列车。西班牙既有铁路网主要采用宽轨标准,部分采用窄轨,而高速铁路采用标准轨。不同轨距采用不同速度、不同类型的列车,为全世界提供了根据本国国情,借鉴国外经验,依靠自己的力量建设优质、高效的高速铁路的范例。

第二节　中国高铁的发展

一、发展历程

与传统交通运输方式相比,高铁的单位建设成本极高。中国是世界上第一个在人均国内生产总值低于 7500 美元就开始大规模建设高铁的国家,这主要得益于我国的社会制度、强大的综合国力以及对运输的巨大需求等。从 20 世纪 90 年代开始,中国高速铁路发展经历了从无到有、从弱到强、从"跟跑"到"并跑"再到"领跑"的过程,实现了从技术引进到中国制造再到中国创造的飞速赶超,开辟了一条具有中国特色的高速铁路自主创新之路。改革开放不仅揭开了中国经济社会发展的新篇章,也使交通基础设施建设进入了快速发展的崭新阶段。中国六次全国铁路大提速情况概述如表 3-6 所示。

表 3-6　中国六次全国铁路大提速情况概述

	第一次大提速	第二次大提速	第三次大提速	第四次大提速	第五次大提速	第六次大提速
时间	1997 年 4 月 1 日	1998 年 10 月 1 日	2000 年 10 月 21 日	2001 年 10 月 21 日	2004 年 4 月 18 日	2007 年 4 月 18 日
主要线路	京广、京沪、京哈三大干线	京广、京沪、京哈三大干线	陇海、兰新、京九和浙赣	京广南段、京九、武昌—成都、浙赣、哈大	主要城市间的城际线	京哈、京沪、京广、陇海、沪昆（浙赣段）、胶济等
最高速度 /(km/h)	160	160	160	160	200	250
提速里程 /km	1398	6449	9581	13166	16500	22000
主要特点	列车最高运行速度达到 160km/h	列车最高运行速度达到 160km/h	列车调整为三个等级,即特快旅客列车、快速旅客列车和普通旅客列车	覆盖全国大部分省区市;优化"夕发朝至"列车运输模式	推出直达特快旅客列车,主要实现大城市间的快捷运输	形成三大系列客运产品:动车组列车、"一站直达"或"夕发朝至"列车、普通旅客列车

改革开放以来,以交通基础设施投资为主的中国基础设施建设实现了跨越式增长,并取得了令人瞩目的成就。尤其是 1998 年以来,我国不断实施积极的财政政策以增加公共基础设施的投资,其中公路和铁路作为我国最主要的交通基础设施,发展最为迅猛。2019 年,中共中央、国务院印发了《交通强国建设纲要》,其中明确指出,从 2021 年到 21 世纪中叶,分两个阶段推进交通强国建设:第一个阶段,到 2035 年,基本建成交通强国,即基本形成"全国 123 出行交通圈"(都市区 1 小时通勤、城市群 2 小时通达、全国主要城市 3 小时覆盖)和"全球 123 快货物流圈"(国内 1 天送达、周边国家 2 天送达、全球主要城市 3 天送达);第二个阶段,到 21 世纪中叶,全面建成人民满意、保障有力、世界前列的交通强国。伴随着交通基础设施的不断完善,运输成本大大降低,区域间的要素流动更加便利,地区经济也得到了飞速发展。中国已经迅速成长为世界公认的高铁大国,高铁技术得到了国际认可,在短时间内发展起来的高速铁路建造能力也促使高铁行业的业务范围不断向世界扩张。中国中车股份有限公司(简称中国中车)与中国铁建股份有限公司(简称中国铁建)等高铁领域的顶尖公司纷纷与美日等国的高铁公司在国际订单上展开竞争。目前,已有美国、俄罗斯、巴西等十多个国家同中国达成合作建设高铁和发展铁路的意愿与共识,部分项目已经取得重要进展。中国企业在境外承揽的铁路项目涉及 50 多个国家和地区,铁路技术装备已出口到 30 多个国家。复兴号动车组是我国具有完全自主知识产权并且达到世界先进水平的动车组列车,目前已经量产出时速 350 千米、250 千米、160 千米等不同速度的动车。

2004 年 1 月,国务院审议通过了《中长期铁路网规划》,这是中国铁路历史上第一个中长期发展规划。这一规划确定的发展目标为:到

2020 年,全国铁路营业里程达到 10 万公里,建设客运专线达到 1.2 万公里以上,客车速度目标值达到每小时 200 公里及以上。2007 年 4 月,全国铁路第六次提速完成,提速后具备速度 200km/h 能力的既有线路和国产"和谐号"动车组列车同时写进了中国铁路发展史。2008 年 8 月,中国第一条具有完全自主知识产权、世界一流水平的高速铁路——京津城际铁路投入运营,标志着国内企业具备了自主设计、制造时速 300~350 千米级别高速列车的能力。这也意味着中国高铁在轮轨动力学、气动力学控制、车体结构等关键技术上实现了重大突破。构筑高速铁路网络的目的是在人力资源集中的省会城市与其他分布广阔的、有着丰富自然资源和多样社会经济结构的主要城市之间形成联系。《中长期铁路网规划》(2016)中将铁路网的扩展目标定为:到 2025 年,铁路网规模达到 17.5 万公里左右,其中高速铁路 3.8 万公里左右,网络覆盖进一步扩大,路网结构更加优化,骨干作用更加显著,更好发挥铁路对经济社会发展的保障作用;连接 20 万人口以上的城市、资源富集区、货物主要集散地、主要港口及口岸,基本覆盖县级以上行政区,形成便捷高效的现代铁路物流网络,构建全方位的开发开放通道,提供覆盖广泛的铁路运输公共服务。

　　党的十八大以来,我国交通运输发展取得重大成就,网络化运行达到新水平,无论是投产规模还是投资规模,均达到历史最高位(见表 3-7),"八纵八横"高铁网络已基本建成,中国拥有了世界上最大规模的高铁运输网络。

表 3-7　2003—2022 年中国部分高铁的建设概况

线路名称	通车时间	途经的地级及以上城市
秦沈客运专线	2003 年 7 月 1 日	秦皇岛、葫芦岛、锦州、盘锦、鞍山、沈阳
宁蓉铁路合宁段:合肥—南京	2008 年 4 月 19 日	南京、滁州、合肥

续表

线路名称	通车时间	途经的地级及以上城市
京津城际铁路	2008 年 8 月 1 日	北京、天津
胶济客运专线	2008 年 12 月 20 日	济南、淄博、潍坊、青岛
石太客运专线	2009 年 4 月 1 日	石家庄、阳泉、晋中、太原
宁蓉铁路合武段：合肥—武汉	2009 年 4 月 1 日	合肥、六安、黄冈、武汉
达成铁路	2009 年 7 月 7 日	达州、南充、遂宁、德阳、成都
甬台温铁路	2009 年 9 月 28 日	宁波、台州、温州
温福铁路	2009 年 9 月 28 日	温州、宁德、福州
京广高速铁路武广段：武汉—广州	2009 年 12 月 26 日	武汉、咸宁、岳阳、长沙、株洲、衡阳、郴州、韶关、清远、广州
郑西高速铁路	2010 年 1 月 6 日	郑州、洛阳、三门峡、渭南、西安
福厦高速铁路	2010 年 4 月 26 日	福州、莆田、泉州、厦门
成灌铁路	2010 年 5 月 12 日	成都
沪宁高速铁路	2010 年 7 月 1 日	上海、苏州、无锡、常州、镇江、南京
昌九城际铁路	2010 年 9 月 20 日	南昌、九江
沪杭高速铁路	2010 年 11 月 26 日	上海、嘉兴、杭州
海南东环高速铁路	2010 年 12 月 30 日	海口、三亚
长吉城际铁路	2010 年 12 月 30 日	长春、吉林
京沪高速铁路	2011 年 6 月 30 日	北京、廊坊、天津、沧州、德州、济南、泰安、济宁、枣庄、徐州、宿州、蚌埠、滁州、南京、镇江、常州、无锡、苏州、上海
广深港高速铁路广深段	2011 年 12 月 26 日	广州、东莞、深圳
龙厦铁路	2012 年 6 月 29 日	龙岩、漳州、厦门
汉宜铁路	2012 年 7 月 1 日	武汉、孝感、荆州、宜昌
京广高速铁路郑武段：郑州—武汉	2012 年 9 月 28 日	郑州、许昌、漯河、驻马店、信阳、孝感、武汉
合蚌客运专线	2012 年 10 月 16 日	合肥、淮南、蚌埠
哈大高速铁路	2012 年 12 月 1 日	大连、营口、鞍山、辽阳、沈阳、铁岭、四平、长春、松原、哈尔滨

续表

线路名称	通车时间	途经的地级及以上城市
京广高速铁路京郑段:北京—郑州	2012 年 12 月 26 日	北京、保定、石家庄、邢台、邯郸、安阳、鹤壁、新乡、郑州
宁杭高速铁路	2013 年 7 月 1 日	南京、镇江、常州、无锡、湖州、杭州
杭甬高速铁路	2013 年 7 月 1 日	杭州、绍兴、宁波
盘营高速铁路	2013 年 9 月 12 日	盘锦、锦州、鞍山、营口
津秦高速铁路	2013 年 12 月 1 日	天津、唐山、秦皇岛
厦深铁路(含汕头联络线)	2013 年 12 月 28 日	厦门、漳州、潮州、汕头、揭阳、汕尾、惠州、深圳
西宝客运专线	2013 年 12 月 28 日	西安、咸阳、宝鸡
广西沿海城际铁路	2013 年 12 月 28 日	南宁、钦州、北海、防城港
衡柳高速铁路	2013 年 12 月 28 日	衡阳、永州、桂林、柳州
柳南城际铁路	2013 年 12 月 28 日	柳州、来宾、南宁
武咸城际铁路	2013 年 12 月 28 日	武汉、咸宁
大西客运专线：太原—西安	2014 年 7 月 1 日	太原、晋中、临汾、运城、渭南、西安
武石城际铁路	2014 年 6 月 18 日	武汉、鄂州、黄石
武冈城际铁路	2014 年 6 月 18 日	武汉、鄂州、黄冈
沪昆高速铁路：南昌—长沙	2014 年 9 月 16 日	南昌、新余、宜春、萍乡、长沙
沪昆高速铁路：杭州—南昌	2014 年 12 月 10 日	杭州、绍兴、金华、衢州、上饶、鹰潭、抚州、南昌
沪昆高速铁路：长沙—怀化	2014 年 12 月 16 日	长沙、湘潭、娄底、邵阳、怀化
成绵乐客运专线	2014 年 12 月 20 日	成都、德阳、绵阳、眉山、乐山
兰新高速铁路	2014 年 12 月 26 日	兰州、海东、西宁、海北藏族自治州、张掖、酒泉、嘉峪关、哈密、吐鲁番、乌鲁木齐
贵广高速铁路	2014 年 12 月 26 日	贵阳、黔南布依族苗族自治州、黔东南苗族侗族自治州、柳州、桂林、贺州、肇庆、佛山、广州

续表

线路名称	通车时间	途经的地级及以上城市
南广快速铁路	2014 年 12 月 26 日	南宁、贵港、梧州、云浮、肇庆、佛山、广州
郑开城际铁路	2014 年 12 月 28 日	郑州、开封
青荣城际铁路	2014 年 12 月 28 日	青岛、烟台、威海
沪昆高速铁路贵州东段	2015 年 6 月 18 日	铜仁、黔东南苗族侗族自治州、贵阳
郑焦城际铁路	2015 年 6 月 26 日	郑州、焦作
合福高速铁路	2015 年 6 月 28 日	合肥、芜湖、铜陵、宣城、黄山、上饶、南平、福州
哈齐高速铁路哈北齐南段	2015 年 8 月 17 日	哈尔滨、绥化、大庆、齐齐哈尔
沈丹高速铁路	2015 年 9 月 1 日	沈阳、本溪、丹东
吉图珲高速铁路	2015 年 9 月 20 日	长春、吉林、延边朝鲜族自治州
南昆客运专线：南宁—百色	2015 年 12 月 11 日	南宁、百色
成渝高速铁路	2015 年 12 月 26 日	成都、资阳、内江、重庆
兰渝铁路广元至重庆段	2015 年 12 月 26 日	重庆、广安、南充、广元
郑机城际铁路	2015 年 12 月 31 日	郑州
郑徐高速铁路	2016 年 9 月 10 日	郑州、开封、商丘、宿州、徐州
渝万高速铁路	2016 年 11 月 28 日	重庆
沪昆高速铁路：昆明—贵阳	2016 年 12 月 28 日	贵阳、安顺、黔西南布依族苗族自治州、六盘水、曲靖、昆明
南昆高速铁路：百色—昆明	2016 年 12 月 28 日	百色、文山壮族苗族自治州、红河哈尼族彝族自治州、昆明
徐兰高速铁路宝兰段	2017 年 7 月 9 日	宝鸡、天水、定西、兰州
张呼高速铁路乌呼段	2017 年 8 月 3 日	乌兰察布、呼和浩特
武九高速铁路	2017 年 9 月 21 日	武汉、鄂州、黄石、九江
西成高速铁路	2017 年 12 月 6 日	西安、汉中、广元、绵阳、德阳、成都
莞惠城际轨道东莞段	2017 年 12 月 28 日	东莞、惠州

续表

线路名称	通车时间	途经的地级及以上城市
萧淮客运联络线	2017 年 12 月 28 日	淮北
石济高速铁路	2017 年 12 月 28 日	石家庄、衡水、德州、济南
衢九铁路	2017 年 12 月 28 日	九江、上饶、景德镇、衢州
京哈高速铁路京沈段（辽宁段）	2018 年 12 月 29 日	沈阳、阜新、朝阳
深茂铁路江茂段	2018 年 7 月 1 日	江门、阳江、茂名
广深港高速铁路香港段	2018 年 9 月 23 日	深圳、香港
哈佳快速铁路	2018 年 9 月 30 日	哈尔滨、佳木斯
杭黄高速铁路	2018 年 12 月 25 日	杭州、黄山、宣城
哈牡高速铁路	2018 年 12 月 25 日	哈尔滨、牡丹江
济青高速铁路	2018 年 12 月 26 日	济南、淄博、潍坊、青岛
青盐铁路	2018 年 12 月 26 日	青岛、日照、连云港、盐城
新通高速铁路	2018 年 12 月 29 日	沈阳、阜新、通辽
京雄城际铁路北京段	2019 年 9 月 26 日	北京
梅汕铁路	2019 年 10 月 11 日	梅州、揭阳、潮州
郑万高速铁路郑州至邓州段	2019 年 11 月 20 日	郑州、南阳、平顶山
日兰高速铁路日曲段	2019 年 11 月 26 日	日照、临沂、济宁
成贵高速铁路宜宾至贵阳段	2019 年 11 月 27 日	宜宾、昭通、毕节、贵阳
汉十高速铁路	2019 年 11 月 29 日	武汉、孝感、随州、襄阳、十堰
商合杭高速铁路商丘至合肥段	2019 年 12 月 1 日	合肥、淮南、阜阳、亳州、商丘
郑阜高速铁路	2019 年 12 月 1 日	郑州、许昌、周口、阜阳
郑渝高速铁路郑州至襄阳段	2019 年 12 月 1 日	郑州、许昌、平顶山、南阳、襄阳
徐盐高速铁路	2019 年 12 月 16 日	徐州、宿迁、淮安、盐城
连镇高速铁路连云港至淮安段	2019 年 12 月 16 日	连云港、淮安

续表

线路名称	通车时间	途经的地级及以上城市
昌赣高速铁路	2019 年 12 月 26 日	南昌、宜春、吉安、赣州
黔常铁路	2019 年 12 月 26 日	重庆、恩施土家族苗族自治州、湘西土家族苗族自治州、张家界、常德
银兰高速铁路银川至中卫段	2019 年 12 月 29 日	银川、吴忠、中卫
张呼高速铁路张家口至乌兰察布段	2019 年 12 月 30 日	张家口、乌兰察布
京张高速铁路	2019 年 12 月 30 日	北京、张家口
合杭高速铁路	2020 年 6 月 28 日	合肥、马鞍山、芜湖、宣城、湖州、杭州
喀赤高速铁路	2020 年 6 月 30 日	朝阳、赤峰
沪苏通铁路	2020 年 7 月 1 日	南通、苏州、上海
安六高速铁路	2020 年 7 月 8 日	安顺、六盘水
潍荣高速铁路潍莱段	2020 年 11 月 26 日	潍坊、青岛
广清城际铁路	2020 年 11 月 30 日	广州、清远
广州东环城际铁路	2020 年 11 月 30 日	广州
连镇高速铁路淮丹段	2020 年 12 月 11 日	淮安、扬州、镇江
郑太高速铁路太焦段	2020 年 12 月 12 日	太原、晋中、长治、晋城、焦作
郑机城际铁路新郑机场至郑州南段	2020 年 12 月 13 日	郑州
京港高速铁路合安段	2020 年 12 月 22 日	合肥、安庆
银西高速铁路	2020 年 12 月 26 日	西安、咸阳、庆阳、吴忠、银川
福平铁路	2020 年 12 月 26 日	福州
仙桃城际铁路	2020 年 12 月 26 日	武汉
京雄城际铁路大兴机场至雄安段	2020 年 12 月 27 日	北京、廊坊
盐通高速铁路	2020 年 12 月 30 日	盐城、南通
京哈高速铁路京承段	2021 年 1 月 22 日	北京、承德
徐连高速铁路	2021 年 2 月 8 日	徐州、连云港

续表

线路名称	通车时间	途经的地级及以上城市
绵泸高速铁路内自泸段	2021 年 6 月 28 日	内江、自贡、泸州
朝凌高速铁路	2021 年 8 月 3 日	朝阳、锦州
沈佳高速铁路牡佳段	2021 年 12 月 6 日	牡丹江、鸡西、七台河、双鸭山、佳木斯
张吉怀高速铁路	2021 年 12 月 6 日	张家界、湘西土家族苗族自治州、怀化
赣深高速铁路	2021 年 12 月 10 日	赣州、河源、惠州、东莞、深圳
沈佳高速铁路白敦段	2021 年 12 月 24 日	延边朝鲜族自治州
日兰高速铁路曲庄段	2021 年 12 月 26 日	济宁、菏泽
安九高速铁路	2021 年 12 月 30 日	安庆、黄冈、九江
杭台高速铁路	2022 年 1 月 8 日	杭州、绍兴、台州
济郑高速铁路濮郑段	2022 年 6 月 20 日	濮阳、安阳、新乡、郑州
郑渝高速铁路襄万段	2022 年 6 月 20 日	襄阳、宜昌、恩施土家族苗族自治州、重庆
京广高速铁路京武段	2022 年 6 月 20 日	北京、保定、石家庄、邢台、邯郸、安阳、鹤壁、新乡、郑州、许昌、漯河、驻马店、信阳、孝感、武汉
渝厦高速铁路益阳至长沙段	2022 年 9 月 6 日	益阳、长沙

高速铁路的快速、便捷与舒适等特点吸引了较多的客流量,也显著提升了铁路的运输服务水平。2008—2019 年,高铁客运量从 734 万人次增长到 23.6 亿人次,占铁路客运量的 64.4%。2020 年,尽管受到新冠疫情的影响,高铁客运量也达到了 15.6 亿人次,占铁路客运量的 70%。此外,除了客运量增加,高铁的客运周转量也呈现出爆发式增长。2020 年,高铁客运周转量占铁路客运周转量的 58.6%。据 2015 年世界银行联合中国铁路总公司的调查发现,乘公共汽车转乘高铁的乘客占高铁客运周转量的 15%,而且多数乘客主要进行短途旅行。

"要想富,先修路"。交通运输的便利性自古以来都是促进我国经济发展的关键因素。作为一个幅员辽阔、人口众多的大国,中国东西南北跨度较大,地理特征复杂,资源分布较分散,其经济活动极易受到空间阻隔,因此,大容量、高效率、低能耗、长运距的铁路运输是保证国民经济活动有序运转的主导力量。但随着经济的发展和城市化进程的加快,低速度和低效率的传统铁路已不能适应我国经济社会发展的需要,因此,建设高速度和高效率的铁路网络是非常必要的(孙永福,2009)。20世纪80年代中期,国家有关部门开始对高速铁路建设的可行性进行论证和研究,随后经历了长期摸索阶段,直至2007年才正式进入高铁时代。中国高速铁路的发展主要经历了三个阶段。

第一,探索试验阶段(1991—2003年)。这一阶段是中国自主对高速铁路项目的试验与技术攻关阶段,其间经历了中国铁路的四次大提速,客运列车运行速度从48.1km/h提高到61.6km/h,为中国高铁技术的快速发展奠定了基础。2003年,中国成功建成了第一条总长度为400千米、运行速度达250km/h(但并没有高速运行)的高速铁路客运专线——秦沈客运专线。这是第一条由中国自己研究、设计、施工的高速铁路客运专线,它的建成表明我国铁路技术水平取得了重大突破。

第二,转型过渡阶段(2004—2007年)。这一阶段是中国铁路进入高速时代的转型过渡阶段。2003年之后,中国由自主创新转向引进、消化、吸收、再创新,与国外企业合作发展高速铁路技术,铁路技术发展取得了显著的进步。2004年,中国进行了第五次铁路大提速,此次提速线路较第四次提速线路增加了3400多千米,增开了19对最高速度可达160 km/h的直达特快列车。同年,中国制定了《中长期铁路网规划》,正式确立了高铁线路的建设目标。2007年,全国范围内的铁路开展了第六次大提速,首次开行了速度达200km/h的CRH(全称是China Railway High-speed)动车组列车。京哈、京广、京沪、陇海—兰新线、武广、胶济、浙赣、广深等铁路的部分线路上列车运行最高速度已经达到了200km/h。中国铁路开始进入高速时代。

第三,发展成熟阶段(2008年至今)。2008年,中国正式开通运营了第一条具有完全自主知识产权且运行速度高达350km/h的铁路——京津城际铁路,这条铁路实现了高速度、高密度和高可靠度的目标,标志着中国全面跨入高速铁路时代。随后,京广、宁杭、哈大等高速铁路也陆续投入使用。至2015年底,中国已提前完成了《中长期铁路网规划(2008年调整)》的规划目标,高速铁路营业里程已超过2万千米,"四纵四横"高速铁路网络也基本建设成型。

中国高速铁路事业虽然起步较晚,但发展迅速。在技术上,中国高铁技术水平已接近世界领先水平,经过短短十多年的发展,中国修建的高铁的运营速度已在世界排名第三,超过了法国TGV和日本新干线320km/h的运营速度。中国的高铁技术经历了从引进、消化到自主创新的过程,完成了从中国制造到中国创造的转变,成为中国"走出去"的金名片。在运营里程上,中国是世界上高铁网络规模最大的国家,超过了最早发展高铁的国家。图3-1显示了截至2020年底各国

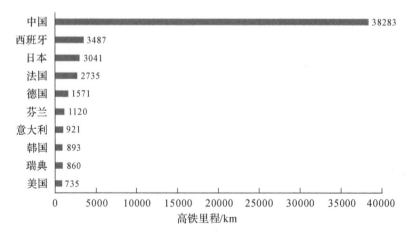

图3-1　2020年高速铁路运营里程数排名前十的国家

高铁的运营里程数。可以看到,2020 年,中国高速铁路运营里程已接近 4 万千米,是排名第二的国家高铁总里程数的十倍,约占世界高铁运营里程总量的三分之二。

二、空间特征

(一)空间网络

中国大规模高铁建设开始于 2004 年的《中长期铁路网规划》,其中规划了建设超过 1.2 万公里的"四纵四横"①快速铁运专线网。事实上,到 2016 年,全国基本上建成了以"四纵四横"为骨架的全国快速铁路客运网,目标是让运营速度达到每小时 200 公里以上,并以"四纵四横"客运专线为重点,加快构建快速铁路客运网的主骨架。"四纵"为京沪客运专线、京港客运专线、京哈客运专线、杭福深客运专线(东南沿海客运专线);"四横"为沪汉蓉快速客运通道、徐兰客运专线、沪昆客运专线、青太客运专线。各线路和站点主要分布在东部沿海地区,少数分布在中部以及西部地区,明显可以看出高铁在省份和城市之间的分布极不均匀,东部地区高铁线路较为稠密,各地区间的资源能很好地流通。然而,中西部地区由于铁路线路稀少,各地区间并不能很好地连通,以致发展受阻。

2003 年 7 月,国家发展和改革委员会在北京召开铁路网中长期规划方案综合论证会。2004 年 1 月,国务院审议通过的《中长期铁路网规划》中明确提出:到 2020 年,建设 1.2 万公里以上的客运专线;构建"四纵四横"的客运专线网络;到 2010 年,建成 5000 公里的客运专线。为了适应发展的客观变化,该规划分别于 2008 年和 2016 年进行了两

---

①　"四纵四横"客运专线是指连接直辖市、省会城市及大中城市间的四条纵贯南北和四条横贯东西的长途高速铁路。

次修改。在 2008 年的《中长期铁路网规划（2008 年调整）》中，将至 2010 年的高铁线路建设目标提高到 7000 公里，并将至 2020 年的客运专线建设目标调整为 1.6 万公里以上。在 2016 年修改的《中长期铁路网规划》(2016)中将高铁线路建设目标设为至 2020 年达到 3 万公里，至 2025 年达到 3.8 万公里左右，并将原先的"四纵四横"规划升级为"八纵八横"。2020 年 8 月发布的《新时代交通强国铁路先行规划纲要》中提出：到 2035 年，高铁达到 7 万公里左右，50 万人口以上的城市实现高铁通达；到 2050 年，全面建成更高水平的现代化铁路强国。

2016 年，发改委、交通运输部和中国铁路总公司联合发布了《中长期铁路网规划》(2016)，其中勾画了新时期"八纵八横"高速铁路主通道①的宏大蓝图。"八纵八横"高速铁路主通道是指以沿海、京沪等"八纵"通道和陆桥、沿江等"八横"通道为主干，城际铁路为补充的高速铁路网。此外，还补充修建了中西部城市的各大站点，比如在青海、新疆和西藏等比较偏远省份的城市和地区。但是从整体上看，东部地区的铁路线相较于中西部地区而言还是更为稠密，中部地区的铁路网相较于之前来说有一定的改善，西部地区受地形和气候方面的影响，建设高铁站相对来说难度更大，因此所规划的线路较为稀少。总体而言，中西部地区的铁路线正在不断地加设，中国铁路网的分布将更加稠密，但东中西部地区之间的差距依然客观存在。

高速铁路线路的布局是一个综合对经济发展、人口、资源分配、国土安全、环境以及社会稳定等多方面考量的结果。同时，高铁线路又需要承担尽可能完善已有交通系统的责任。中国高铁建设呈现出典型的东密西疏特征。高铁建设明显是分段建设，首先以连接中心城市

---

① 在"八纵八横"高速铁路主通道中，"八纵"通道包括沿海通道、京沪通道、京港（台）通道、京哈—京港澳通道、呼南通道、京昆通道、包（银）海通道、兰（西）广通道，"八横"通道包括绥满通道、京兰通道、青银通道、陆桥通道、沿江通道、沪昆通道、厦渝通道、广昆通道。

为目标,然后再不断串联这些分段以形成完整的高铁网络。构筑高速铁路网络的目的是在人力资源集中的省会城市与其他分布广阔的、有着丰富自然资源和多样社会经济结构的主要城市之间形成联系。从空间上来看,中心城市的 1 小时交通圈促使长三角地区、珠三角地区和京津冀地区形成相对连续的发展区域,为其提供了安全、可靠、高质量、高效、舒适、方便的客运服务。中国城市间能够实现最短出行时间的空间模式呈现出了"中心—外围"结构。

中国高铁的演化模式在全国层面呈现出的是网络模式,区域层面呈现出的是通道模式,在一些城市群内呈现出的是混合模式。关于中国高速铁路演化的网络模式、通道模式、混合模式,在 Perl 和 Goetz(2015)的研究中也有类似论述。第一,网络模式。受民族地区影响,以及出于对交通设施布局的平衡性、国家战略等的考虑,高铁线路有逐渐形成完备网络的倾向。尽管中国西部地区高铁的建造成本高、旅客出行需求低、经济相对落后、人口密度不高,但是高铁线路仍然会在那里布局。第二,通道模式。按通道模式演化的高速铁路一般先在人口较密集的地区布点,然后不断拓展干线通道。高速铁路线路的演化大多是因日益增长的核心城市之间的出行需求刺激而产生的,郑州—西安、石家庄—太原、武汉—广州、北京—上海等线路是这一模式的实例。在高铁开通运营之后,这些高速铁路沿线的更小的城市由于交通便利性的不断提高,逐步成为新的经济枢纽。第三,混合模式。按这一模式演化的高速铁路往往是将核心城市和周边的其他城市连接起来,并且其线路大多分布于都市集聚区,如长三角地区、珠三角地区和武汉城市圈等,高铁线路加深了区域间的联系,促进了这些区域的整合。

(二)站点布局

在中国高铁的建设过程中,由于存在地方财政和中央财政两个口径,围绕高铁站建设的博弈在高铁建设过程中显得尤为复杂。赵倩和陈国伟(2015)发现,高铁站相对中心城市的区位关系主要有三种,分别是机场飞地型、城市边缘型和城市中心型(见图3-2)。

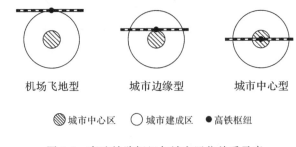

机场飞地型　　　城市边缘型　　　城市中心型

◎ 城市中心区　　○ 城市建成区　　● 高铁枢纽

图 3-2　高速铁路枢纽与城市区位关系示意

第一类,机场飞地型。这一类属于飞地式或卫星城式,区位选择较其他两种类型距离旧城区更远,往往要跳开主城区,规划建设一个新的边缘城市。在中国的高铁建设中这一类以南京为典型,2009年南京前郊县制造业产值约占全市总产值的30.84%,然而绝大多数人口主要居住在原有的主城区。南京高铁站选址于南京主城区与江宁区的交界处,高铁站的建成推进了产业经济与江宁区的一体化进程,该高铁站点附近已经逐渐形成南京的一个城市级中心,引导了整个城市空间结构的重组与产业升级。

第二类,城市边缘型。这一类型的高铁站点选址位于与老城区相邻但不分隔的地区,通过站点开发引导新城市副中心的发展。这些次级城市中心虽然没有与老城区的中心重合,但由于选址在相邻地块,其土地和空间发展与老城区并没有完全分开。

第三类,城市中心型。这一类型的高铁站点选址通常位于主要城市的中心区,也就是位于旧中心区或者商业区的边缘地带等商业投资的热点地区。这一类型站点的选取与设置属于强强联合型,往往会进一步强化原有城市中心的极化效应。由于中国城市具有人口密度较大、交通压力较大、城市发展阶段较为初期等特征,国内新建高铁站的选址很少采取这一类型，城市中心型高铁站一般是由旧站改造而来的。

中国城市高铁站选址基本上在距离城市中心 4～12 千米的区间范围内，尤其在特大城市，由于其人口、环境、交通、地价等方面的压力过大，新建高铁站点往往不在城市中心，且与城市中心相距甚远。此外，考虑到大城市城市化水平较高，中心城区面积过大，集聚效应往往处于集聚经济转化为集聚不经济的临界点，为了合理平衡空间结构布局，同时也加强城市内部的联系，其高铁站点的选址一般均位于城市中心的内部边缘。目前除北京和上海两个国际化大都市外，其他城市的中心区范围一般会为长远发展保留空间。因此，参照上述第一种类型的思路，高铁的选址应该位于远离中心区的建成区边缘或者更加偏远的郊区，并预留给该地区未来发展的用地。在采取第一种类型的选址方式的同时需要加强连接主城区的高速公路、轨道交通以及其他高速衔接的交通体系建设，这样才能辅助主城区与高铁站点实现共同发展。

第一种和第二种类型的高铁选址方式对城市规划提出了更高的要求，但同时也能够促进城市空间结构转型升级，推动城市边缘地区的空间发展、产业升级、经济集聚和功能区建设。通过城市道路网络和公共服务设施等基础设施网络的整合，建设新的城市节点和中心区域，并最终促进单中心、摊大饼式的简单城市体系向多中心组团的复合式城市结构体系发展。

城市结构决定着高铁站的区位选择和功能定位，影响高铁站选址的内部因素主要包括所在城市的产业发展基础、产业布局、区位条件，而外部因素则有车站规模、综合交通体系建设基础、站点周边交通网密度和质量等。目前，中国大部分城市采用的是前两种选址方案，因此在规划和发展的过程中要保持理性期望，结合短期和长期的发展规划,注意与周边产业、经济、文化、自然以及社会环境的融合,形成集聚效应,并与原有的城市中心有机结合,形成高效合作,避免重复建设。

三、运营情况

交通运输是区域发展、国土开发及经济社会运行的基础。综合运输体系由铁路、公路、水运、航空和管道等各种方式及其线路、站场等组成,按照各种方式的技术经济特点,建立合理的综合运输结构,使各种方式实现优势互补。从空间网络的角度来看,综合运输体系由交通设施网络、物流运输网络、客货流网络及运输管理网络组成。如表 3-8 所示,每种运输方式有不同的技术经济特点,对应着不同的合理使用范围,所采用的运输设备、装卸工艺、适用货物种类,以及经济效益、安全性等都有明显的不同,能够适应不同的自然地理条件和运输需求。

表 3-8　各种运输方式的技术经济属性比较

交通方式	优势	缺点
铁路(含高铁)	适用于长距离运输,运能大、速度快,运输连续性强,运输成本较低,通用性能好,安全准时,能耗较低	灵活性差,投资高,路径固定,需要其他手段配合衔接,建设周期长
公路	机动灵活,投资低,建设期短,门到门运输	仅适用于短途、小批量运输,运能小,能耗高,运输成本高
水运	运能大、运距长,运输成本低,建设成本低	速度慢,受自然条件限制
航空	速度快,不受地形地貌限制	成本高,货物适用范围小,能耗大,运能小
管道	密封运输,货损小,运量大,连续运输,能耗小,安全可靠,几乎不受天气等自然因素影响	灵活性差,专用性强,运输货物单一,前期投资大

资料来源:王成金. 港口运输与腹地产业发展[M]. 北京:科学出版社,2020.

（一）建设规模

自 2008 年京津城际高速铁路开通以来，高速铁路建设受到了各级政府的高度重视。在国家产业政策的重点支持以及投资市场高位运行的条件下，中国的高速铁路进入了快速发展期，运营里程呈逐年增长态势。国家铁路局统计数据显示，截至 2021 年 12 月，全国高铁运营里程已超过 4 万千米。其中，东部地区高铁运营里程达 18209 千米，中西部高铁经过几年的追赶也均超过了 1 万千米。图 3-3 展示了我国历年高速铁路运营里程数，从图中可以看出，中国高速铁路实现了从无到有的跨越式发展过程。

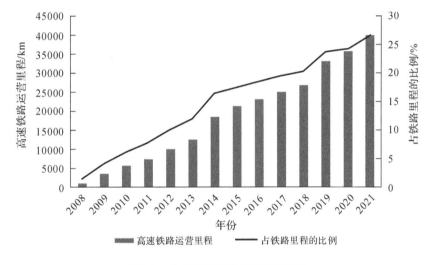

图 3-3　中国历年高速铁路运营状况

（二）高铁线路布局

2004 年，第一个《中长期铁路网规划》首次制定了中国高铁网络"四纵四横"的布局，主要聚焦于各经济区的中心城市周边的中短途线路，目的在于缓解超负荷铁路网的运输压力。2008 年，以扩大路网密度，完善"四纵四横"的高铁网络布局为目标，相关部门对 2004 年的《中长期铁路网规划》进行了修订。2016 年，考虑到东部和中西部地区铁路网的发展差异以及跨区域交通不畅的问题,发改委、交通运输部、中国铁路总公司修订了《中长期铁路网规划》(2016),提出了中长期"八纵八横"高铁网络规划布局,通过延伸长途线路将东部发达地区与中西部地区相连接,以改善区际的连通性。中国"四纵四横"高铁客运专线网络已经全面建成,正在向"八纵八横"高速铁路网时代迈进。截至2020年,中国高铁网覆盖了80%以上的大中型城市,形成了相邻大中型城市间1~4小时交通圈,以及城市群内0.5~2小时交通圈。中国高铁网络已逐步完善,基本实现了"人畅其通,物畅其流"的目标。

(三)高铁客运量

由图3-4中普通铁路的客运量变化趋势可以发现,在2017年之前,高铁的运行并未导致普速列车总体客流量减少,甚至还促进了铁路客运总量的增长。结合图3-3中的铁路里程占比数据可以看到,2019年占全国铁路网25%的高速铁路承载了约60%的铁路客运压力。这意味着高速铁路分担了大部分的客流量,弥补了原有交通运力不足的缺陷。

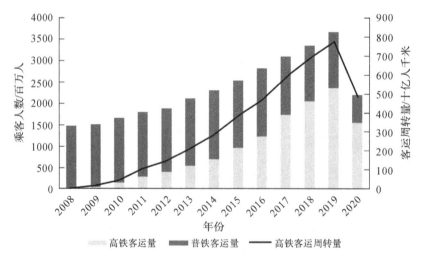

图3-4 中国历年铁路客运量与周转量

(四)时速与票价

时速与票价是高速铁路区别于其他交通基础设施的最大的两个方面。目前,中国高速铁路的线路分为干线、区域连接线和城际铁路线,不同高铁线路上的时速存在差异。速度为350km/h的高铁主要连接省会及大城市群的主干线,如京沪高铁和京广高铁。次干线或区域连接线的高铁速度为250km/h。用来运送短途旅客的城际铁路线一般速度为200km/h。至2021年底,速度为250km/h和350km/h的高铁的运营里程均超过1万千米。

2016年以前,高铁的票价由国务院根据速度决定,长期保持在一个较低的水平,具体票价如表3-9所示。2016年之后,国家将高铁定价权下放给中国铁路总公司,随后部分沿海高铁线路的票价有所上浮,但由于调整的线路所在的地区经济发展水平较高,所以价格上浮对需求并没有显著影响。

表 3-9　高速铁路的速度与票价

	速度/(km/h)	票价/(元/km)			
		一等座	二等座	三等座	其他
高速铁路	200~250	0.35	0.29	—	—
	300~350	0.74	0.46	—	—

资料来源:Lawrence M,Bullock R,Liu Z. China's High-Speed Rail Development [R]. World Bank Group,2019.

较高的时速与较低的票价使高铁在一定范围内对高速公路和民航具有替代效应。世界银行数据显示,在150千米以下的短途行程中,高铁的低运输费用优势不显著,与高速公路之间的竞争比较激烈。但在150~800千米的中距离旅行中,高铁在时间和价格上都比高速公路与民航更具优势,而且会对两者产生替代作用。在800~1200千米的距离内,速度为350km/h的高铁与民航相互竞争。当行程超过

1200 千米时,高铁相对于民航的竞争力消失。中国民用航空局的研究也表明:在 500 千米以内,高铁对民航的冲击达到 50% 以上;行程在 500~800 千米的冲击则是 30% 以上;行程在 800~1000 千米时的冲击大约是 20%;行程在 1000~1500 千米时的冲击大约是 10%;而当行程在 1500 千米以上时,高铁对民航没有影响。

第四章　港口的发展

　　港口是水陆交通和物流的枢纽,是一个国家对外贸易最前沿的"窗口",是综合运输大通道的节点,是国内与国际经济往来的重要枢纽。本章主要梳理港口的发展历程,从时间和空间两个维度分析各国港口,综合刻画港口的经济价值和发展格局,为进一步的实证考察打下认知基础,同时也为学理考察提供现实与逻辑支撑。

第一节　世界港口的发展

一、港口的经济性

　　港口是人类活动由陆到水的转换点。作为大型基础设施,港口是贸易活动展开和各区域发展的"门户"。在不同的历史时期,围绕港口形成了不同的研究主题或焦点。全球贸易推动着世界经济全球化,由此也不断推动着世界经济格局的变化。在农业文明时代,世界经济发展的重心往往集中在一些气候较适宜农业发展的地区。而随着经济全球化的发展,世界经济发展的重心不断向沿海移动。当前,世界经济发展最快的区域主要集中在沿海岸带 300 千米之内的地区。改革开放以来,中国东南沿海地区成了经济发展最快的地方,也是世界经济发展最快的区域。因此可以说,世界范围内沿海地区的迅速发展和世界经济全球化互为支撑,以此实现循环发展。在这种循环发展的背后有两方面的动力:一方面,世界各国持续进行制度性变革,不断提高全球贸易的自由化和便利化水平;另一方面,远洋运输技术的进步不但降低了运输成本和贸易成本,还让更多的国家参与到全球分工、全球贸易中来。对世界上的绝大多数国家而言,港口是国家基础设施的一部分,但港口的战略意义远远超过了一般的基础设施,因此成为一个国家综合国力的重要组成部分。

　　港口是一个国家对外贸易最前沿的"窗口",是综合运输大通道的节点,是国内与国际经济往来的重要枢纽。港口就像一支温度计,在一定程度上反映着一个国家对外贸易的热度。港口也像一张风云图,港口排名的变化勾勒出世界经济重心转移的路线图。伴随着世界经济格局的演变,全球的港口也经历着各自的兴衰变迁。从 19 世纪末开始,美国的崛起使世界航运的中心逐渐从西欧转移到美国,大西洋两岸的航线是全球最繁忙的贸易路线。自 20 世纪五六十年代起,日本经济复苏,亚洲四小龙经济腾飞,全球的生产基地逐渐向东亚转移,使该地区涌现出了一批可与欧美传统大港比肩的国际性港口。

　　地理位置和地形虽然可以决定一个港口的优秀程度,但是一个国家的经济实力更是决定一个港口能否成为国际性港口的重要因素。港口集装箱的吞吐量反映了一国对外贸易的规模,作为世界上最大的制造业国家和货物贸易国,中国已经连续数十年位居世界港口集装箱吞吐量第一。2014 年,中国港口集装箱吞吐量首次突破 2 亿标准箱大关,全国港口完成货物吞吐量 124.52 亿吨。2016—2020 年全球前 50 大集装箱港口及年吞吐量情况如表 4-1 所示。

表 4-1 2016—2020 年全球前 50 大集装箱港口及年吞吐量

单位:百万标准箱

位次	港口	2016 年	2017 年	2018 年	2019 年	2020 年
1	上海港	37.13	40.23	42.01	43.30	43.50
2	新加坡港	30.90	33.67	36.60	37.20	36.60
3	宁波舟山港	21.60	24.61	26.35	27.49	28.72
4	深圳港	23.97	25.21	27.74	25.77	26.55
5	广州港	18.85	20.37	21.87	23.23	23.19
6	釜山港	19.85	20.49	21.66	21.99	21.59
7	青岛港	18.01	18.3	18.26	21.01	22.00
8	香港港	19.81	20.76	19.6	18.30	17.95
9	天津港	14.49	15.07	16.00	17.30	18.35
10	鹿特丹港	12.38	13.73	14.51	14.82	14.35
11	杰见阿里港	15.73	15.37	14.95	14.11	13.50
12	巴生港	13.20	13.73	12.32	13.58	13.24
13	厦门港	9.61	10.38	10.00	11.12	11.41
14	安特卫普港	10.04	10.45	11.10	11.10	12.04
15	高雄港	10.46	10.27	10.45	10.42	9.62
16	大连港	9.61	9.70	9.77	10.21	6.54
17	洛杉矶港	8.86	9.43	9.46	9.30	9.20
18	汉堡港	8.91	8.86	8.73	9.30	8.70
19	丹戎帕拉帕斯港	8.28	8.38	8.96	9.10	9.85
20	林查班港	7.22	7.78	8.07	8.10	7.55
21	横滨港	7.61	7.98	—	8.00	
22	长滩港	6.8	7.54	8.09	7.63	8.11
23	雅加达港	5.51	6.09	7.64	7.60,6.81**	6.17
24	纽约·新泽西港	6.25	6.71	7.20	7.40	7.59
25	科伦坡港	5.73	6.21	7.05	7.23	6.85
26	胡志明港	5.99	6.16	6.33	7.22	7.20
27	苏州港	—	—	—	6.27	—
28	比雷埃夫斯港	3.73	4.15	4.91	5.67	5.44

续表

位次	港口	2016 年	2017 年	2018 年	2019 年	2020 年
29	营口港	5.67	5.48	6.50	6.28	6.08
30	瓦伦西亚港	5.43	5.44	—	—	—
31	马尼拉港	4.43	5.31	5.05	4.82	4.52
32	太仓港	—	5.15			
33	海防港	—	5.13,4.94**	—	—	—
34	阿尔赫西拉斯港	5.11	5.12	4.77	4.39	4.76
35	加瓦拉尔·尼赫鲁港	4.68	5.03	5.05	4.83	4.51
36	不来梅港/不来梅哈芬港	—	4.87	5.42	5.51	5.49
37	丹吉尔地中海港	5.77	4.80	3.47	3.31	2.96
38	连云港港	—	4.78	4.75	4.72	4.70
39	蒙德拉港	—	4.73	4.44	4.24	4.80
40	萨凡纳港	4.68	4.59	4.35	4.05	3.64
41	东京港	—	4.51	4.57	4.50	4.25
42	日照港	4.86	4.50	4.00	3.24	3.01
43	佛山港	—	4.44	—	—	—
44	吉达港	—	4.43	4.12	4.15	3.96
45	科隆港	4.43	4.38	3.89	3.89	3.26
46	桑托斯港	—	4.17	4.12	3.85	3.60
47	塞拉莱港	—	4.11	3.39	3.94	3.32
48	东莞港	—	4.00	3.50	3.91	3.64
49	北部湾港	—	3.82	—	—	—

注:数据来自世界航运理事会 https://www.worldshipping.org/top-50-ports,排名基于 2019 年的数据。** 表示资料来源不一致。

特别值得注意的是,集装箱改变了全球的贸易流,如果没有集装箱,就不会有全球化。1801 年,安德申博士首先提出集装箱的概念,19 世纪 50 年代开始出现现代集装箱运输的雏形。20 世纪上半叶,美国、德国、法国开始进行这方面的实验性运输,紧随其后的是意大利、日本,这也为之后集装箱的发展奠定了很多理论基础。20 世纪下半叶,特别是 1956 年,是集装箱发展创世纪的一个时期,理想 X 号运送集装箱从纽约港到休斯敦港,开创了现代集装箱运输的先河。1966 年,美国海陆公司运送集装箱从美国东海岸到鹿特丹港和不来梅港,开始了跨大西洋航线的集装箱班轮运输。1956—1966 年是现代集装箱运输的创立时期,在此之后便开始了在全球范围内的推广和快速增长。

　　按照国际标准,以 20 英尺(1 英尺＝0.3048 米)的集装箱作为标准箱单位来计量不同尺寸的集装箱,例如 1 个 40 英尺的普通集装箱可计算为 2 个标准箱。集装箱的发明与使用堪称运输业的一次革命,它将工业化的思维带入运输领域,大大提高了运输效率,降低了物流成本,使得全球经济和贸易一体化真正成为可能。国家工业化的一个重要特征就是实现标准化,过去杂货运输基本上依靠人工装卸,效率低、事故多,并且质量也得不到保证,集装箱的采用使效率大大提高,集装箱运输不但要求箱体本身有标准,而且对于集装箱船、车、堆场和装卸设备等也有相应的标准化要求。过去一条杂货船需要上百个工人和一周时间来完成装卸,而现在用集装箱来装卸的话则只要几个人用几个小时就能完成。以服装出口为例,以前服装出口由于运输当中的挤压,服装质量受到影响,价格就不得不大打折扣,而现在采用集装箱运输,衣物是挂在衣架上的,对于质量不会有任何的影响。由此可见,采用集装箱运输不但提高了效率,降低了物流成本,也保证了货物质量。一个 40 英尺的集装箱能够放进 3000 套西装或者 200 台 50 英寸的平板电视。

　　港口结构与港口体系是交通运输地理学的重要研究内容。陈航(1991,1996)提出了港口地域组合与港口运输体系的概念,认为后者是前者的高级形态。港口体系不是孤立的空间实体,而是由一组港口根据其等级、功能和空间关系形成的体系,且随着时间推移会不断改变其形态、功能和地位。严格来讲,港口体系属于地理要素的一种空间系统,反映了地理要素的空间分异现象和相互联系,其内涵范围同空间尺度密切相关(王成金,2020)。

港口结构是港口体系在单体港口内部的空间体现,是特定港口的各类要素在一定地域范围内的空间反映,是各种港口生产活动、基础设施在港口地域上汇集的结果,是各港口要素相互联系和相互作用的形式与方式。港口结构包括货物结构、职能结构和空间结构。随着港口运输货物种类的增多,适用于规模化操作的专业化码头设施不断投入使用,港口内部出现了围绕石油、煤炭、集装箱、林木、粮食等运输货物种类而形成的运输职能区域的分异。

港口体系是指拥有紧密关系的港口组合,具体是指一定地域内为某一腹地或不同地区提供门户服务,由不同职能、类型、规模的港口组成的港口群体,是相互关联、能够发挥各种职能作用的港口分布与组合,各港口的规模与性质相互制约又相互补充。港口体系类似城市体系,根据城市地理研究范式,港口体系的具体内涵包括港口职能结构、港口规模结构、港口地域结构及港口航运网络,是港口空间关系、职能关系、规模关系和运输联系的综合反映。随着空间尺度的变化,港口体系的内涵有所不同,并且地域临近性的距离标准也存在差异。部分学者认为港口体系应是受海陆影响而形成的封闭或半封闭(或趋于封闭状态)的空间组合。

港口是组成港口体系的基本地理要素,因其存在空间分异特征,港口内部形成了不同的职能类型,这是形成港口体系的基础。港口职能结构分为内部职能结构和港口间职能结构两种类型。港口体系的职能结构则主要是指不同功能性质的港口数量、分布及组合特征。

港口规模结构主要是指不同规模港口的数量和组合结构,反映各港口的大小层次及配置规律。港口规模通常以港口能力或吞吐量大小来标识。

在港口和港口体系的发展过程中,各种功能和货物的日趋集中与分类运输、装卸促使港口形成了不同的区位选择。港口地域结构主要是指由各类各级港口的地理分布、区位选择及空间距离关系综合形成的空间结构。区位选择是产生港口地域结构的基础动力。

港口城市是港口功能和城市功能的结合体,它除了能够反映城市内在的一般特征,还有其特定的内涵和发展规律。一方面,港兴城兴,港口功能常常成为港口城市发展的主导因素,对外贸易成为港口城市的重要功能,同时还能带动和促进城市其他产业发展,并形成整座城市的综合性功能结构;另一方面,城市功能亦为港口发展提供了强大的支撑。港口城市为港口发展提供可容空间,港口城市的规模越大,港口发展的可容空间就越大,影响力也就越强,其覆盖范围也会随之不断拓宽。"建港兴城,城以港兴,港为城用,港以城兴,港城相长,衰荣共济"正是对港城关系的总结。

二、港口条件

"天然良港"并不是一个学术概念,每个人对这个词的理解也不尽相同。从字面意思来理解,这是利用大自然恩赐的良好条件建设的港口。一般来说,由陆到水的海岸是一个斜坡,这个斜坡可能舒缓,也可能陡峭,甚至还会出现断崖。现代港口进出的船舶越来越大,因此必须有深水泊位、深水航道。天然良港就是指那些由陆到水的海岸有陡坡甚至断层的港口,因为这样的地形能够形成一定的阶梯,并且陆地前沿的水较深,不需要大挖大填就能形成码头。同时,从码头出发到深海的距离较近,或者海底平缓,这样就不需要花太大的功夫去挖出航道。另外,天然良港还意味着有山或海岛遮掩保护港池和后方,为港口提供一个风平浪静的环境,既不会出现大规模的泥沙淤积,也不会在天气寒冷的时候出现冻结。在世界范围内,有很多地方的港口被称为天然良港,如美国旧金山港、巴西里约热内卢港、新加坡港、荷兰鹿特丹港、日本横滨港、韩国釜山港等。中国也有很多适合建设港口的地方,例如大连、青岛、日照、连云港、宁波、厦门、香港等地都有较好的自然条件可以用来建设港口。

建设条件主要是针对港口设施建设本身的资源条件而言的,是港口产生和发展的基础性条件,对港口发展和港口运输职能具有基础性的塑造作用。港口资源条件主要是指港口建设的自然条件,包括地形地貌、水域条件(水深与水文)、航道、岸线地质环境、气象条件、避风条件。各区域往往具有不同的自然条件,对港口建设具有基本的约束性,决定了港口建设的可行性、工程成本及技术要求,由此决定了港口建设与发展的基本适用性,同时也决定了港口建设的基本格局。这些条件只能在自然地理方面决定该地是否适合建设港口。

自然条件不仅决定了满载船舶的吨位大小和航行时间,也决定了企业的原料来源路径,并影响其运输成本和运输模式。复杂的水系网络促使二程、三程甚至多程水水中转模式形成,尤其是长江中上游港口,因其航道条件只能接卸下游港口减载、中转或江海直达船运输的原油、矿石、煤炭。长江航道水深有限,因此阻碍了进口铁矿砂船的通航,致使长江航道形成了独特的三程水水联运模式,中上游港口只能接卸下游港口或海港减载的大船和转载的小船。新余、娄底等地的钢铁企业因距离最近港口的自然条件与技术水平有限,无法满足原料接卸需求,所以选择距离较远但条件优良的大港作为接卸港。长江口、珠江口因其海域宽阔、径流量大、水域含沙量低,以及具有深水港区优势,便自然而然成为原油核心接卸港,但中上游水系复杂,水深有限且深浅不一,也阻碍了进口油轮的通航。2014 年,上海港和岳阳港的进港量全部源自内贸,主要是受航道水深限制,大型油轮无法直接进入,因此高桥石化、金山石化和岳阳石化主要承接来自宁波港中转的进口原油。江苏港口99.7%的原油进港量由内贸贡献,主要是来自宁波舟山港通过江海联运方式中转至江苏炼厂的进口原油。

港口由一定范围的水域和陆域组成,具有相应的码头设施。一般认为一座优秀的沿海港口具备以下四个特点。

第一,冬天沿海不能结冰。一个典型的例子就是俄罗斯,其虽有庞大的国土面积,且北面全部临海,但由于紧靠北冰洋,别说冬天,就连夏天有很多地方都是冰山雪地,根本没办法跑船。

第二,港口要有可以躲避风浪的地方,即避风港。香港就是一个典型的避风港。南部高耸的山峰可以抵挡海风;中部水域辽阔,海水很深,万吨级的远洋巨轮可以全天候进出港口。同样的还有宁波舟山港。

第三,港口与内陆之间最好有一条自然河流进行连通。上海之所以能成为世界龙头港口,一个重要原因就是背靠长江。沿着长江、湘江、赣江等,宜宾、衡阳、赣州的货物可以直接送到上海,然后运输到全世界。举一个反例,巴西第二大城市里约热内卢东西两侧有山,是一座优良的避风港,但是里约热内卢北面也是山,而且山上的河流大部分还是向北流的,在这种情况下,里约热内卢的经济影响力就会大打折扣。而在中国的珠三角地区,沿着珠江,珠三角众多城市之间的货物可以相互流通,向西最远可以到达南宁、柳州等地。

第四,靠近国际主要的航海线。世界海运航线的主轴线是一条环赤道走廊,通过苏伊士运河、马六甲海峡和巴拿马运河,连接欧洲、亚洲、太平洋、北美洲。离航海线越近,影响力就越强。例如,马六甲海峡是连接太平洋与印度洋的"咽喉要道",本身区位条件就极好,也因此成为全球商品贸易的连接点,所以位于马六甲海峡东南口的新加坡能成为世界第二大港也不足为奇了。

三、港口航运

航运网络主要是指各港口之间的航线组织、船舶运营与客货流所形成的空间网络,反映了港口之间直接的空间联系与相互作用,强调了航线的空间组织和船舶的港口挂靠系统及货物流向。航运网络的空间组织取决于多种因素的影响,包括港口数量、目的地分布与数量、贸易逆顺差、港口体系间及各港口间的距离、港口偏离主航线的距离以及运输能力,以上因素决定了航线网络的组织模式与运力配置。

在交通运输体系中,港口航运的表现形式主要有以下四种。

第一,沿海航运,是指使用船舶通过大陆附近的沿海航道运送旅客和货物的航运形式,主要是指本国沿海各港口之间的海上运输。沿海航运一般使用中小型船舶,承担内贸货物运输。

第二,近海航运,是指使用船舶通过大陆邻近国家的海上航道运送旅客和货物的航运形式,强调不同国家港口之间的近距离海洋运输,也称为近洋运输。根据具体航程,近海航运可使用中型船舶,也可使用小型船舶。在中国,近海航运指东至日本海,西至马六甲海峡,南至印度尼西亚沿海,北至鄂霍次克海各港口的海上运输。

第三,远洋航运,是指使用船舶跨海洋运送货物和旅客的长距离航运形式,强调本国港口与外国港口之间或外国港口之间的海洋运输。远洋航运主要是使用大型或超大型船舶,一般航行于国际航线和远洋航线,以集装箱和散货运输为主,尤其是集装箱运输形成班轮模式。远洋航运在中国对外贸易方面有重要地位,超过90%的对外贸易采用远洋航运。

第四,内河航运,是指使用船舶在内陆的江、河、湖、川等水道进行货物和旅客运输的航运形式,是河流流域综合开发和水资源综合利用的重要内容。内河航运是内陆腹地和沿海地区的联系纽带,通常也是

沿海港口和远洋航运的喂给系统与集疏运系统,主要使用中小型船舶
进行运输。

四、海运航线与主要港口

地理大发现掀起世界大航海浪潮。葡萄牙和西班牙作为欧洲的
边缘国家,国内山丘多、耕地少,加之高关税对其贸易发展的限制,促
使其不断思考新的贸易路径。1487 年 7 月,葡萄牙航海家迪亚士率队
一直向南航行,想寻找中国和印度。1488 年 2 月 5 日,迪亚士在非洲
最南端发现了一个伸入海洋很远的地方——好望角,由于位置特殊,
好望角经常掀起滔天巨浪,迪亚士被迫返回葡萄牙。1492 年 8 月 3
日,哥伦布在西班牙女王的资助下,也开始寻找海上贸易的路径。哥
伦布拿着西班牙女王给中国皇帝和印度君主的国书向西航行。两个
月后,哥伦布达到巴哈马群岛,随即又发现了美洲大陆,但是直到 1506
年逝世,哥伦布还一直认为他到达的是印度。哥伦布率领的西班牙船
队发现美洲新大陆的消息传遍了西欧,面对西班牙的挑战,葡萄牙王
室也加快了探索印度的海上活动。1497 年 7 月 8 日,葡萄牙航海家
达·伽马率领 170 多名水手,由首都里斯本启航;1497 年 12 月,绕过
好望角,于 16 日到达南非纳塔尔;1498 年 4 月 1 日到达肯尼亚的蒙巴
萨港,同年 5 月 20 日达·伽马的船队最终抵达印度西南海岸最大的
港口城市卡利卡特,为葡萄牙开拓了新的航线。1500 年 3 月 9 日,发
现好望角的迪亚士再次出航,指挥官是葡萄牙贵族卡布拉尔。由于基
督教和伊斯兰教的宗教矛盾,作为基督教教徒的指挥官卡布拉尔为了
避免冲突,要求船队绕行,向西南方向前进。1500 年 4 月 22 日,由于
绕行太远,他们无意间到达了南美洲东部,巴西被发现。1519 年 8 月
10 日,麦哲伦猜想地球是圆的,在西班牙的支持下,他准备做一次环
球航行,麦哲伦船队在大西洋中航行了 70 天到达巴西东海岸。1520

年 10 月 21 日,麦哲伦船队找到了一条通往太平洋的峡道,也就是今天的麦哲伦海峡。1521 年 3 月 16 日,船队到达今天的菲律宾群岛,并在苏禄群岛登陆。1522 年,船队抵达西班牙,出船时有 265 人,而回国时仅剩 18 人,历时 1082 天,麦哲伦船队完成了首次环球航行。

图 4-1 概括了世界主要航线和主要港口。世界主要航线和主要港口的情况如下。

(一)亚洲

俄罗斯在远东的两个主要港口为符拉迪沃斯托克港和东方港。朝鲜有两个常用港口,一个是南浦港,另一个是元山港。韩国的常用港口有两个,一个是仁川港,另一个是釜山港。日本的关西有两个主要港口,分别是大阪港和神户港;关东有东京港、横滨港和名古屋港三个主要港口,名古屋港在地理位置上属于关东,但距离关西较近;北九州还有门司港、福冈港。以上是日本的七个主要港口。

东南亚国家主要有菲律宾、泰国、缅甸、文莱、东帝汶、印度尼西亚、越南、老挝、柬埔寨、马来西亚和新加坡。菲律宾的主要港口有马尼拉港和宿务港两个。印度尼西亚本身是一个岛国,主要港口分布在不同的地方,包括勿拉湾、雅加达、三宝垄和泗水(也就是苏腊巴亚)等。越南的主要港口有两个,一个是胡志明港,另一个是海防港。柬埔寨有两个主要港口,金边港和西哈努克港。泰国的主要港口是兰乍邦港和曼谷港。缅甸的主要港口是仰光港。马来西亚的主要港口是巴生港、槟城港及巴西古当港。马来西亚的南边就是新加坡,新加坡的港口跟国家同名,即新加坡港。

亚洲的印巴线主要由印度、巴基斯坦、孟加拉国和斯里兰卡四个国家组成。印度的主要港口分布在三个区域,分别是印度的西部、东部和内陆。西部的主要港口有阿穆达巴港、孟买港、尼赫鲁港和柯钦港;东部的主要港口有钦奈港、维沙卡帕特南港和加尔各答港;内陆的

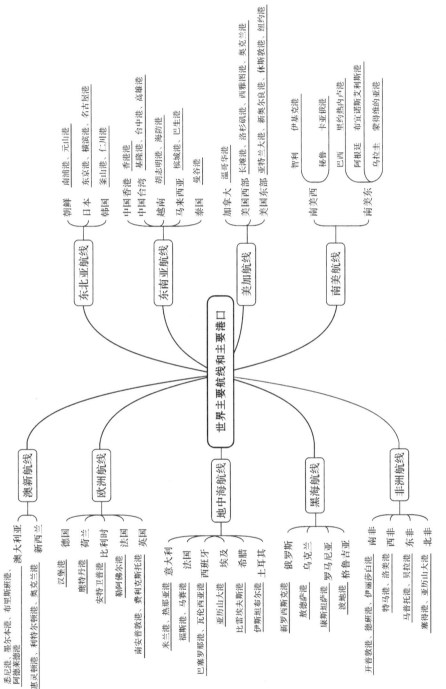

图 4-1　世界主要航线和主要港口

主要港口有新德里港、海得拉巴港和班加罗尔港。巴基斯坦的主要港口是卡拉奇港。孟加拉国主要有两个港口,分别是吉大港和达卡港。斯里兰卡的主要港口是科伦坡港。

中东航线主要有伊朗、伊拉克、科威特、沙特阿拉伯、巴林、卡塔尔、阿联酋、阿曼和也门。伊朗的主要港口是阿巴斯港。伊拉克的主要港口是乌姆盖斯尔港。科威特的主要港口就是科威特港。沙特阿拉伯的主要港口分别是吉达港、达曼港和利雅得港。巴林的主要港口就是巴林港。卡塔尔的主要港口是多哈港。阿联酋的主要港口是迪拜港、沙加港和阿布扎比港。阿曼的主要港口是马斯喀特港。也门的主要港口是艾顿港和荷台达港。

叙利亚、约旦、黎巴嫩和以色列也属于中东,但由于地理因素被划分到了其他航线。约旦的主要港口是亚喀巴港,因为到达亚喀巴需要经过红海,所以亚喀巴属于红海线。叙利亚、黎巴嫩和以色列位于地中海沿线,所以它们属于地中海航线。叙利亚的主要港口是拉塔基亚港。黎巴嫩的主要港口是贝鲁特港。以色列的主要港口是海法港、特拉维夫港和阿什杜德港。

中亚地区远离海洋,以陆路运输为主,主要国家有五个,分别是哈萨克斯坦、吉尔吉斯斯坦、塔吉克斯坦、乌兹别克斯坦和土库曼斯坦。

(二)大洋洲

大洋洲航线主要包含澳新航线和太平洋岛国,澳新航线主要涉及澳大利亚和新西兰两个国家。澳大利亚的经济主要集中在东海岸,主要港口也在东海岸,包括布里斯班港、悉尼港、阿德莱德港;此外,西海岸也有两个港口,分别是珀斯港和费里曼特尔港。新西兰的主要港口有三个:北部的奥克兰港、中部的惠灵顿港和基督城附近的利特尔顿港。在太平洋岛国中,巴布亚新几内亚的主要港口是莫尔兹比港和莱城港。其他太平洋岛国的主要港口有:瓦努阿图的维拉港,新喀里多尼亚的努美阿港,斐济的苏瓦港和劳托卡港,法属波利尼西亚的帕皮提港。

（三）非洲

一般把非洲分为四个区域：西非、南非、东非和北非。第一，西非地区。毛里塔尼亚主要港口是努瓦克肖特港，塞内加尔的主要港口是达喀尔港，冈比亚的主要港口是班珠尔港，几内亚比绍的主要港口是比绍港，几内亚的主要港口是科纳克里港，塞拉利昂的主要港口是弗里敦港，利比里亚的主要港口是蒙罗维亚港，科特迪瓦的主要港口是阿比让港，加纳的主要港口是特马港，多哥的主要港口是洛美港，贝宁的主要港口是科托努港，尼日利亚的主要港口是拉各斯港，喀麦隆的主要港口是杜阿拉港，赤道几内亚的主要港口是巴塔港和马拉博港，加蓬的主要港口是利博维尔港，刚果共和国的主要港口是黑角港，刚果民主共和国的主要港口是卡宾达港，安哥拉的主要港口是罗安达港，纳米比亚的主要港口是鲸湾港。第二，南非地区。非洲南部主要有南非、莱索托、斯威士兰、博茨瓦纳和津巴布韦这几个国家。南非的主要港口有开普敦港、德班港和伊丽莎白港，莱索托的主要港口是马塞卢港，斯威士兰的主要港口是马扎巴港，博茨瓦纳的主要港口是哈博罗内港，津巴布韦的主要港口是哈拉雷港。第三，东非地区。苏丹的主要港口是苏丹港，吉布提的主要港口是吉布提港，索马里的主要港口是柏培拉港，肯尼亚的主要港口是蒙巴萨港和内罗毕港，坦桑尼亚的主要港口是达累斯萨拉姆港，莫桑比克的主要港口是马普托港和贝拉港。中间还有赞比亚的卢萨卡港，马拉维的利隆圭港，马达加斯加的塔马塔夫港，留尼汪的留尼汪港，以及毛里求斯的路易港。第四，北非地区。北非地区的主要国家有埃及、利比亚、阿尔及利亚、突尼斯以及摩洛哥。这些国家的主要港口有：埃及的塞得港和亚历山大港，利比亚的米苏拉塔港和的黎波里港，突尼斯的突尼斯港，阿尔及利亚的阿尔及尔港、安纳巴港和奥兰港，摩洛哥的卡萨布兰卡港。北非地区的一些港口是属于地中海航线的。

（四）欧洲

地中海航线可分成地西航线和地东航线。地西航线主要涉及西班牙、法国和意大利三个国家，其中，西班牙的主要港口有巴塞罗那港、巴伦西亚港、毕尔巴鄂港、阿尔赫西拉斯港，法国在地中海航线的港口主要有福斯港和马赛港，意大利的主要港口是米兰港、热那亚港、拉斯佩齐亚港、里窝那港、那不勒斯港、巴里港、威尼斯港以及的里雅斯特港。地东航线的主要国家和主要港口有：斯洛文尼亚的科佩尔港，克罗地亚的里耶卡港，希腊的比雷埃夫斯港和塞萨洛尼基港，土耳其的伊斯坦布尔港、盖姆利克港、伊兹密尔港以及梅尔辛港。在地中海中间还有马耳他的马耳他港，以及塞浦路斯的利马索尔港。

黑海航线的主要国家和主要港口有：保加利亚的主要港口是瓦尔纳港，罗马尼亚的主要港口是康斯坦察港，乌克兰的主要港口是敖德萨港，俄罗斯的主要港口是新罗西斯克港，格鲁吉亚的主要港口是波季港。

欧洲航线。英国有两个基本港口，一个是南安普敦港，另一个是费利克斯托港，再加上德国的汉堡港，荷兰的鹿特丹港，比利时的安特卫普港，还有法国的勒哈弗尔港，这六个港口是欧洲的六个基本港，其他港口的货物基本都是从这六个港口转运过去的。此外，还有爱尔兰的都柏林港，英国的利物浦港和曼彻斯特港。往南的是葡萄牙的里斯本港，比利时的泽布吕赫港，荷兰的阿姆斯特丹港，德国的不来梅港和不来梅哈芬港。往东有波兰的两个主要港口，一个是格丁尼亚港，另一个是格但斯克港。接着是中部，捷克的主要港口是布拉格港，匈牙利的主要港口是布达佩斯港，奥地利的主要港口是维也纳港，瑞士的主要港口是巴塞尔港。在东欧地区，爱沙尼亚的主要港口是塔林港，拉脱维亚的主要港口是里加港，立陶宛的主要港口是克莱佩达港，白俄罗斯的主要港口是明斯克港。在北欧地区，芬兰的主要港口是赫尔辛基港,瑞典的两个主要港口为哥德堡港和斯德哥尔摩港,挪威的主要港口是奥斯陆港,丹麦的主要港口是奥胡斯港和哥本哈根港,冰岛的主要港口是雷克雅未克港。

(五)美洲

美国的港口可以分成东部和西部两个区域来讨论。美国西部的主要港口有西雅图港、塔科马港、波特兰港、旧金山港、奥克兰港、洛杉矶港和长滩港,这些港口一起组成了美西航线。美国东部的主要港口由北往南依次是波士顿港、纽约港、费城港、巴尔的摩港、诺福克港、查尔斯顿港、萨凡纳港、杰克逊维尔港、迈阿密港、坦帕港、新奥尔良港以及休斯敦港,这些港口构成了美国东部的沿海海港。美国内陆交通比较发达,基本实现了全国铁路联网,可以在七天内到达任何地方,它们主要是经由美国西部的洛杉矶和美国东部的纽约转运。加拿大可分为西海岸和东海岸,西海岸主要有温哥华港和鲁伯特王子港,东海岸的主要港口有哈利法克斯港、蒙特利尔港及多伦多港。墨西哥的主要港口有曼萨尼约港、墨西哥城港、维拉克鲁斯港以及坦皮科港。

加勒比航线沿线的国家与主要港口有:危地马拉,主要港口是危地马拉城港;伯利兹,主要港口是伯利兹城港;萨尔瓦多,主要港口是阿卡胡特拉港;洪都拉斯,主要港口是柯尔特斯港;尼加拉瓜,主要港口是马那瓜港;哥斯达黎加,主要港口是圣荷西港和利蒙港;巴拿马,主要港口是曼萨尼约港、巴拿马城港和科隆自贸区港;古巴,主要港口是哈瓦那港和圣地亚哥港;巴哈马,主要港口是拿骚港;牙买加,主要港口是金斯顿港;海地,主要港口是太子港;多米尼加共和国,主要港口是考塞多港和圣多明戈港;波多黎各,主要港口是圣胡安港;英属维尔京群岛,主要港口是托尔托拉港;美属维尔京群岛,主要港口是圣托马斯港;安圭拉,主要港口是路德湾港;委内瑞拉,主要港口是拉瓜伊拉港;圭亚那,主要港口是乔治敦港;苏里南,主要港口是帕拉马里博港。

南美主要分为南美西和南美东两条航线。南美西航线沿线主要有哥伦比亚、秘鲁、智利等国家。哥伦比亚的主要港口有布埃纳文图拉港和卡塔赫纳港,厄瓜多尔的主要港口是瓜亚基尔港,秘鲁的主要港口是卡亚俄港和利马港,智利的主要港口瓦尔帕莱索港、伊基克港和阿里卡港。南美东航线沿线面积最大的国家是巴西,巴西的主要港口有萨尔瓦多港、维多利亚港、里约热内卢港、桑托斯港以及里奥格兰德港,此外,沿线的其他国家港口有:巴拉圭的主要港口是亚松森港,乌拉圭的主要港口是蒙得维的亚港,阿根廷的主要港口是布宜诺斯艾利斯港。

综上所述,从全球航线来看,以货物由中国出口为例:往东去可以到达俄罗斯、朝鲜、韩国和日本,再穿过太平洋就可以到达北美西和南美西,然后经由巴拿马运河可以到达美洲东部。往南去可以到达东南亚国家,再往南能到达澳大利亚、新西兰及太平洋岛国;经由东南亚,穿过马六甲海峡就到达了印巴航线。沿着印巴航线就可以到达中东。在中东这里有两个分叉,往南可以到达东非,经由东非可以到达南非,往北经由红海,穿过苏伊士运河则可以到达地中海,地中海往北可以到达黑海。穿过地中海后可以到达欧洲,在欧洲进行转运便可以到达西非,再穿过大西洋就可以到达美洲东部。这是一个简单的全球航线情境,现实情况会更加复杂。

第二节　中国港口的发展

一、发展历程

中国是重视国土空间管理的国家,国土开发与区域发展一直是在政府的战略指导下逐步展开的。区域发展战略是指围绕一定区域内与经济、社会发展有关的全局性、长远性、关键性的问题所做的筹划和决策,是政府发展意志在区域发展框架中的体现。港口既是区域发展战略关注的重点,也是区域发展的核心资源,这体现在基础设施建设与临港产业布局上,许多区域(尤其是沿海地区与沿江地区)均将港口作为规划发展的主题,围绕港口建设推动区域各类要素的优化配置与功能的塑造和完善。

如表 4-2 所示,临港工业区和港口码头建设成为各区域规划与区域战略的核心,临港产业园区快速发展,每年审批的园区数量与新布局的企业不断增多,临港产业集中在石油化工、船舶制造、造纸、钢铁、化工与农产品加工等行业。这些区域规划的实施加快了港口设施建设,扩大了部分中型港口(如锦州港、黄骅港、温州港、盐城港)的腹地,专业化泊位得到建设,催生了部分港口(如滨州港、潍坊港、东营港、盐城港等),促使部分专业化港口向综合性港口升级(如曹妃甸港、黄骅港、盘锦港等),但运输职能会重叠。

表 4-2 沿海、沿江各省市重点区域发展规划

区域规划名称	编制年份	覆盖地域
长江经济带发展规划纲要	2016	长江流域
京津冀协同发展规划纲要	2015	北京、天津、河北
珠江—西江经济带发展规划	2014	西江流域
河北沿海地区发展规划	2011	秦皇岛、唐山、沧州
山东半岛蓝色经济区发展规划	2011	山东半岛
浙江海洋经济发展示范区规划	2011	浙江沿海城市
海峡西岸经济区发展规划	2011	福建全境,以及浙江、广东、江西部分城市
江苏沿海地区发展规划	2009	盐城、连云港、南通
辽宁沿海经济带发展规划	2009	丹东、大连、盘锦、营口、锦州、葫芦岛
黄河三角洲高效生态经济区发展规划	2009	黄河三角洲
珠江三角洲地区改革发展规划纲要	2008	珠江三角洲
广西北部湾经济区发展规划	2008	南宁、钦州、防城港、北海

　　新中国成立之初,中国便开始恢复港口建设,1978 年改革开放之后,特别是伴随着 14 个沿海港口城市的进一步对外开放,港口建设更是进入了高速发展期。21 世纪伊始,全国掀起了新一轮港口建设和发展热潮,港口的建设数量、规模、吞吐能力以惊人的速度增长,中国港口新的格局初步形成(见表 4-3),并跻身世界港口大国行列。中国重点港口按照从北往南的顺序排列,依次为大连港、秦皇岛港、天津港、青岛港、连云港港、上海港、宁波舟山港、福州港、泉州港、厦门港、广州港、深圳港。

表 4-3　中国重点港口的港区构成

地区	港口	港区
辽东半岛南端	大连港	大窑湾、鲇鱼湾、大孤山、和尚岛、普湾、大港、黑咀子、甘井子、大石华港区
辽东湾北岸	营口港	鲅鱼圈、仙人岛、老港区、盘锦
渤海湾西岸	天津港	北疆、东疆、南疆、大沽口、高沙岭、大港、北塘、海河
黄海西海岸	青岛港	前湾、黄岛、董家口、老港区、鳌山湾
渤海湾西南岸	黄骅港	河口、煤炭湾区、散货港区、综合港区
黄海海州湾	连云港港	连云港、赣榆、前三岛、徐圩、灌河
东南沿海	上海港	黄浦江、罗泾、外高桥、洋山、崇明岛
东南沿海	宁波舟山港	甬江、北仑、穿山、大榭、梅山、镇海、象山、石浦
东南沿海	福州港	罗源湾、闽江口内、江阴、平潭、松下
东南沿海	厦门港	东渡、海沧、翔安、招银、后石、石码
珠江口	广州港	黄埔、新沙、内港、南沙
珠江入海口西岸	珠海港	高栏、万山、九州、唐家、洪湾、斗门
珠江三角洲南部	深圳港	南山、大铲湾、大小铲岛、宝安、盐田、大鹏
雷州半岛东北部	湛江港	吴川、内港(调顺岛、霞海、霞山、宝满、东海岛、南三岛、坡头)、徐闻、雷江、廉江、遂溪
海南岛北岸中部	海口港	秀英、新海、马村

新中国成立之前,中国港口的建设与运营权大多被外国所掌控。新中国成立之后,政府对港口进行彻底改造。改革开放后,为支撑飞速增长的经济,以及容纳巨大的货物吞吐量,政府及企业加强了对港口的建设与管理。中国港口的发展历程大致分为五个阶段:早期发展阶段、恢复发展阶段、起步发展阶段、快速发展阶段和全面提升阶段。

(一)早期发展阶段

早在新石器时代,中国就已经在天然河流上广泛使用独木舟和排筏。2000多年前,东南沿海的渔民出海渔猎时已使用人力来驱动船舶。春秋战国时期,水上运输已十分频繁,港口应运而生,如渤海沿岸的碣石港(今秦皇岛港)。汉朝的广州、徐闻、合浦已与东南亚、印度洋等地区有频繁的贸易往来。后来,随着经济的发展,又建立了杭州港、温州港、泉州港和登州港等对外贸易港口。在唐朝,明州(今宁波)港和扬州港崛起。在宋朝,广州港、泉州港、杭州港、明州港成为当时的四大海港,福州港、厦门港和上海港等也开始发展。鸦片战争后,英国强迫清政府签订了《南京条约》,开放广州、福州、厦门、宁波、上海五处为通商口岸。此后,西方列强通过一个个不平等条约不断瓜分中国的土地。

(二)恢复发展阶段

从弱国敝港到改变面貌,该阶段经历了由新中国成立到20世纪70年代初的时间段。中国现代化港口建设在新中国成立之时起步,由于抗日战争、解放战争,多数港口遭到严重破坏,1949年新中国成立时,沿海港口仅有75个泊位,码头长度约为12万米,万吨级泊位有31个,除个别用于装卸成品油外,多数码头主要用于装卸件杂货,作业方式简单。新中国成立后,中国港口建设的主要任务是尽量恢复港口功能,提出了为恢复生产服务的航运工作方针。全国港口建立了

"集中统一、分级管理、政企合一"的管理体制，由国家主导，有计划、有重点地建设港口，以扩建、改造老码头为主。20世纪50年代，沿海地区建成投产107个泊位，码头长度达7639米，除件杂货外，建设了非专业化的矿石、煤炭散货码头和第一个多用途码头，例如建成有万吨级泊位的湛江港和有近代化煤码头的裕溪口港。60年代，各种指令性运输计划的实施，尤其是铁矿石、焦炭运量的急剧增长，给水运带来巨大压力，为缓解水运压力，沿海港口新建了一批多用途码头，原油、化工品专用码头和客运码头，共建成投产143个泊位，码头总长度达1万米，其中万吨级以上泊位有16个，第一次建成了5万吨级的客运浮码头。

(三)起步发展阶段

该阶段的时间范围为20世纪70年代初到70年代末。20世纪70年代，中国恢复了在联合国的席位，对外贸易逐年扩大，外贸海运量猛增，而沿海港口货物通过能力不足，船舶压港、压货、压车情况严重。1972年，中国对外经济贸易比上年增长了30%，1973年同比增长超过30%。但是这个时期中国港口吞吐能力严重不足，港口设施落后。1972年底，中国沿海15个港口只有36千米码头岸线、286个泊位，其中万吨级泊位仅有92个，数量尚不及发达国家的一个港口。而这仅有的92个万吨级泊位中，水深11米的只有4个，水深10米的只有24个。另外，港口的装卸机械数量少，进港航道淤浅，致使每天在港的轮船只有三分之一靠泊码头作业，而其余的三分之二则在港外锚地等待装卸。虽然平均每艘外轮停港时间已由1965年的5.8天延长到1972年的10.9天，但经常有20多艘外轮的停港时间在1个月以上。这种状况造成了较大的经济损失。其中，天津港是全国泊位最紧张的、外轮排队最多的港口。因此,加速港口建设已刻不容缓。[①]

1973 年,周恩来总理发出了"三年改变港口面貌"的号召,掀起了新中国成立后的第一次港口建设热潮。该时期以大力建设新码头、努力提高吞吐能力为主要特征,但建设主要基于港口原址。建成了一批机械化、半机械化的大型专业泊位和深水原油码头,扩建、新建了一批万吨级以上的散杂货和客运码头,建成大连港和湛江港 5 万吨级原油码头,以及其他沿海与沿长江港口的原油码头,原油吞吐能力净增3000 万吨。秦皇岛港一期煤炭码头形成 1000 万吨的装船能力,连云港港煤炭码头形成 275 万吨的装船能力,大连港、天津港、上海港、黄埔港、湛江港和八所港等还增加了散粮、矿石等散装货物的吞吐能力,宁波港建成了万吨级矿石码头。沿海港口共建成投产 553 个泊位,码头长度约为 4.71 万米,其中万吨级以上泊位有 79 个,1978 年吞吐量接近 3 亿吨。截至 1980 年,全国沿海港口有 327 个泊位,但万吨级深水泊位仅有 139 个。[②]

（四）快速发展阶段

20 世纪 80 年代到 90 年代,中国实施对外开放后,对外贸易和能源、原材料运输需求迅猛增长,因此国家加大了港口建设力度。1992年,在公路、水路交通"三主一支持"长远发展规划的指导下,我国积极发展港口主枢纽,建设专业化深水泊位,改革港口管理体制,实行"以港养港,以收抵支"的港口建设费征收制度,鼓励货主自建码头,鼓励各省市集资建港,因此形成了第二次港口建设热潮。在沿海 14 个开放城市和 5 个经济特区开辟了大量新港区,如大连大窑湾港、营口鲅鱼圈港、青岛前湾港、上海外高桥港、宁波北仑港等,新开发建设了锦

① 米金升,李群,赵妮娜. 经略陆海:中国港口[M]. 北京:外文出版社,2021.
② 王成金. 港口运输与腹地产业发展[M]. 北京:科学出版社,2020.

州港、唐山港、黄骅港、日照港、钦州港等,在秦皇岛港、青岛港、日照港、连云港港等建设了一批 10 万吨级以上的煤炭下水码头,在天津港、大连港、青岛港、上海港、宁波港、厦门港、深圳港等建设了一批大型集装箱码头;此外,还改扩建了一批进口原油、铁矿石码头,在茂名、舟山、宁波、惠州、大连等港口建设了一批 20 万吨级和 25 万吨级的原油码头,在上海宝钢港、宁波港、大连港、青岛港等建设了 10 万吨级以上的铁矿石码头,在长江下游的南通港、张家港港、南京港等建设了海轮港区。同时也建设了一批为地方发展服务的中小港口,改造和扩建了长江煤炭转运码头与客运码头及桂平航运枢纽。港口机械化、自动化水平大大提高,集疏运系统大为改善,全国新增吞吐能力 6 亿吨,年吞吐量达 22 亿吨,1997 年底,全国沿海港口拥有中级以上泊位 1446个,其中深水泊位有 553 个。[①]

(五)全面提升阶段

中国改革开放的进程在不断加快,而港口建设作为基础中的基础,在 21 世纪迎来了全面领先世界的建设时代。这一时期的港口建设就是一个不断创造世界纪录的过程。如果说,中国港口在 20 世纪努力建设 10 万吨级的标配只是达到世界港口的平均水平,那么 21 世纪以来,中国港口从 10 万吨级到 40 万吨级的建设则完全是走向世界巅峰的自我挑战、自我超越。这就是强国大港。

21 世纪以来,中国经济高速发展,临港工业兴起,中国港口建设进入了能力和水平全面提升的阶段。2003 年《中华人民共和国港口法》颁布实施,2006—2007 年先后颁布了《全国沿海港口布局规划》和《全国内河航道与港口布局规划》,各省市主管部门制定了港口规划,

---

① 吴松弟. 中国百年经济拼图——港口城市及其腹地与中国现代化[M]. 济南:山东画报出版社,2006.

形成了第三轮港口建设热潮。港口高等级码头及航道建设提速明显，水运通道形成"两纵三横"格局，中部港群建设集装箱、铁矿石和原油中转以及煤炭运输系统，华南地区建设集装箱、原油中转和煤炭运输系统，闽东南建设集装箱运输系统，环渤海地区重点建设集装箱、铁矿石和原油进口、煤炭中转系统。港口吞吐量、深水泊位数量增长迅猛，一批30万吨级的专业化原油和铁矿石码头、万吨级以上的煤炭装卸码头、10万吨级的集装箱码头和深水航道相继建成。2001—2005年，沿海港口建成10万吨级以上的泊位39个，码头长度达1.4万米，其中有26个10万吨级的集装箱、成品油、煤炭、矿石码头和一批30万吨级的原油矿石码头，码头水深多为20～25米。2001—2008年，港口年吞吐量从28亿吨提高到70亿吨。中国港口形成了围绕集装箱、煤炭、原油、矿石等货物运输的大型专业化码头与集疏运体系，专业化、机械化程度以及管理等方面都接近或达到国际水平。

二、发展现状

港口是新中国成立以来国家建设的重点，是改革开放以来创造经济奇迹的重要基础。这些沿海港口分布在中国长达1.8万千米的海岸线上，给城市带来了繁荣，并改变了国家的整体面貌。2020年，中国港口拥有万吨级及以上的泊位2592个，其中沿海港口万吨级及以上泊位2138个。2020年，全国港口货物吞吐量完成145.5亿吨，港口集装箱吞吐量完成2.6亿标准箱，港口货物吞吐量和集装箱吞吐量都位居世界第一。如果把这些集装箱头尾相连排列起来，可能会超过200万千米。

沿海城市发展的根本性条件是港口。近百年来，世界经济的发展基本可以看作是全球化发展的不断深化，全球分工和全球贸易是其具体的表现。无论是飞机、轮船、高铁，还是手机、电脑、家电，都离不开全球贸易和全球分工。在这样的链条中,每一个企业都希望有着国与国之间的物流运输,每个城市都希望能够直接参与全球贸易和全球分工。因此,每个企业都愿意在那些交通发达、辐射世界的城市安家落户,每个城市都希望拥有通往世界各地的港口,以便开展国际贸易。于是,港口作为基本平台,有了组织外贸以及发展工业和相关产业的功能。港口推动城市经济高速发展,也给中国沿海港口城市的发展带来机遇。

港口吞吐量是反映港口发展的重要指标。如图 4-2 和图 4-3 所示,新中国成立以来,中国港口的吞吐能力不断提高,有力地支撑了中国的经济发展和各地区的区域开发。20 世纪 90 年代之前,中国港口的年吞吐量较低,不足 5 亿吨;1998 年以来,港口的年吞吐量快速增长,尤其是 2008 年后,全国港口的年吞吐量急速增长。新中国成立之前,全国港口的年吞吐量较低,不足 1000 万吨。20 世纪 50 年代,沿海码头建设提高了港口的吞吐能力,全国的年吞吐量达到 2574 万吨。60 年代,沿海港口新建了一批码头泊位,全国形成年吞吐量 3623 万吨。至此,全国港口的年吞吐量仍然较低。70 年代初到 70 年代末,沿海港口的年吞吐量提升很快,达到 1.73 亿吨,为 1965 年的 5 倍左右。1980 年,沿海港口的年吞吐量进一步提高到 2.2 亿吨,1985 年达到 3.17 亿吨,比 1980 年增长 1 亿吨。经过 20 世纪 90 年代末的建设,沿海港口的年吞吐量迅速扩大,1997 年达到 9.58 亿吨,2003 年提高到 16.7 亿吨,2005 年增长到 25 亿吨,年均增长 4.2 亿吨。2005—2008 年,沿海港口的吞吐量年均增长 2.8 亿吨。2008 年世界金融危机的爆发与中国通过扩大基础设施建设拉动经济增长战略的实施,促使港口年吞吐量急速增长,2010 年达到 68.5 亿吨,年均增长 17 亿吨;2010—2013 年又增长了 1.5 亿吨的吞吐量,尤其是 2014—2021 年吞吐量又呈现出急速增长的态势,年均增长 9.2 亿吨,2021 年沿海港口的年吞吐量达 99.7 亿吨。

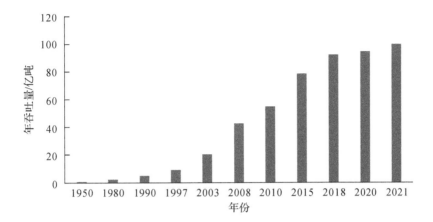

图 4-2 中国主要规模以上沿海港口主要年份货物年吞吐量

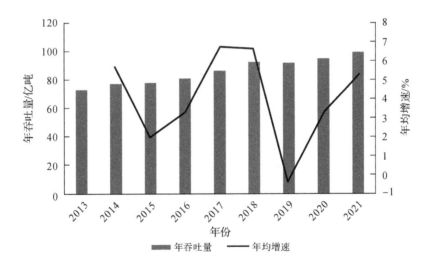

图 4-3 2013—2021 年中国主要规模以上沿海港口年吞吐量及增长率

表 4-4 显示了中国主要规模以上沿海港口主要年份货物吞吐量情况。以各主要年份货物吞吐量来衡量，目前中国沿海港口已经基本形成宁波舟山港、上海港、青岛港、广州港、日照港、天津港、烟台港和大连港的序列格局。

表 4-4　中国主要规模以上沿海港口主要年份货物吞吐量

单位:万吨

港口	1950 年	1990 年	2000 年	2010 年	2015 年	2017 年	2018 年	2019 年	2020 年	2021 年
大连港	182	4952	9084	31399	41482	45517	46784	36641	33401	31553
营口港	12	237	2268	22579	33849	36267	37001	23818	23821	22997
秦皇岛港	88	6945	9743	26297	25309	24520	23119	21880	20061	20053
天津港	89	2063	9566	41325	54051	50056	50774	49220	50290	52954
烟台港	17	668	1774	15033	25163	28816	44308	38632	39935	42337
青岛港	153	3034	8636	35012	48453	51031	54250	57736	60459	63029
日照港	—	925	2674	22597	33707	36136	43763	46377	49615	54117
上海港	217	13959	20440	56320	64906	70542	68392	66351	65105	69827
连云港港	11	1137	2708	12739	19756	20605	21443	23456	24182	26918
宁波舟山港	—	2554	11547	63300	88929	100933	108439	112009	117240	122405
汕头港	25	279	1284	3509	5181	4890	3963	3155	3351	4138
广州港	16	4163	11128	41095	50053	57003	59396	60616	61239	62367
湛江港	8	1557	2038	13638	22036	28209	30185	21570	23391	25555
海口港	10	288	808	5700	9204	11297	11883	12447	11781	12159
八所港	—	431	378	893	1767	1605	1396	1507	1501	1652

注:从 2006 年起,宁波舟山港包括原宁波港和舟山港,以往年度数据为原宁波港数据。从 2007 年起,烟台港包括原烟台港和龙口港,以往年度数据为原烟台港数据。从 2011 年起,厦门港统计范围包括原厦门港和漳州港,以往年度数据为原厦门港数据。从 2009 年起,沿海规模以上港口的统计范围为年吞吐量在 10000 万吨以上的沿海港口,内河规模以上港口的统计范围为年吞吐量在 200 万吨以上的内河港口。下文中的相关表格的统计口径解释同此处。

　　石油和钢铁是现代工业的骨架与血脉。近年来,中国逐渐成为一个石油进口大国,发展钢铁工业所需要的大量铁矿石也需要进口。来自中东国家和非洲国家的石油,来自巴西、澳大利亚、南非等国家的铁矿石首先被大型船舶运输到东部港口,进入石油工厂和钢铁工厂,工厂生产出的汽油、化工产品、钢铁产品在满足当地需求的同时,也会流通到内地。也就是说,港口在保障原油和铁矿石进口等方面发挥着不可替代的作用,由此也推动了中国港口的现代化发展。1980 年中国沿海港口的吞吐量是 2.6 亿吨,2000 年增加到 14.2 亿吨,2018 年接近

100 亿吨。从货物类型来看,由于水运相较于公路、铁路和航空而言具
有更明确的特征——运费相对低廉、运量大,因而煤炭及制品、金属矿
石、石油、天然气及制品、矿建材料在年吞吐量上占据了中国沿海主要规
模以上港口的最大比重(见表 4-5),且历年来这一占比的变化并不大。

表 4-5　2013—2021 年中国主要规模以上沿海港口分货类年吞吐量

单位:万吨

货物类别	2013 年	2014 年	2015 年	2016 年	2017 年	2018 年	2019 年	2020 年	2021 年
煤炭及制品	150401	148649	137870	138566	151640	163896	166171	164638	183178
石油、天然气及制品	64298	67207	72942	79954	85994	91356	106444	116956	116986
金属矿石	124328	133244	134412	140726	145304	149176	154788	159214	160718
钢铁	25848	28643	29421	29584	31768	32167	34206	37989	37945
矿建材料	52935	57082	61693	59932	62825	73480	79243	84443	94826
水泥	5513	6877	6913	6886	7112	8300	10597	12522	12150
木材	5111	5332	4948	5458	5649	6202	6149	6178	8123
非金属矿石	11697	11475	13516	14007	16679	20353	25028	27524	26146
化肥和农药	2336	3320	3510	2551	2374	2544	3243	3276	3484
盐	905	933	885	857	1179	1162	1150	984	1167
粮食	15835	16510	17336	17190	21393	21138	20035	21946	24379
其他货物	268891	290285	301132	315222	333547	352618	311720	264833	274067

表 4-6、表 4-7 和表 4-8 分别以码头长度、泊位数和万吨级泊位数
为指标,对中国港口主要规模以上沿海港口 2013—2021 年的发展状
况进行刻画。目前,中国已经形成了一定规模的港口设施体量,具有
较高的技术装备水平,并支撑着中国社会经济发展与对外贸易联系。
港口建设与发展的重要方面是港口设施的总量扩张和质量提升。港
口设施总量扩张主要表现为泊位数量的增长,而质量提升则主要表现
为万吨级泊位数量的增长。

表 4-6 2013—2021 年中国主要规模以上沿海港口码头长度

单位:米

用途	港口	2013 年	2014 年	2015 年	2016 年	2017 年	2018 年	2019 年	2020 年	2021 年
全部用途	大连港	42026	42607	43956	44642	44978	44978	44978	47095	47145
	营口港	17097	18166	18966	19709	19709	19709	19709	19709	19609
	秦皇岛港	16068	17246	17161	17161	17161	17161	17161	17246	17246
	天津港	35756	35954	38729	39389	37634	39509	40620	41776	45853
	烟台港	19041	19041	19041	20624	33680	34604	36588	39294	39981
	青岛港	21962	22714	25626	26762	29939	30429	30489	30625	31967
	日照港	13013	13504	13989	15440	18785	19203	21968	22806	24004
	上海港	123988	126044	126921	109222	106079	107234	107037	105814	109151
	连云港港	12012	14653	15608	15817	15867	16634	16634	17494	20400
	宁波舟山港	81269	83313	86789	91029	94452	96840	100152	100955	102924
	汕头港	9898	9898	9898	9898	9898	10223	10223	5013	6029
	广州港	49273	50654	51722	54508	54508	55285	56055	50011	40283
	湛江港	17243	17243	18419	18494	17388	17388	17388	22878	23577
	海口港	4563	7049	7049	8408	9576	9867	9867	9867	9867
	八所港	2324	2324	2223	2488	2488	2488	2488	2488	2488
生产用途	大连港	38149	38730	40079	40765	41101	41101	41101	43218	43268
	营口港	16363	17432	18232	18975	18975	18975	18975	18975	18875
	秦皇岛港	14750	15928	15928	15928	15928	15928	15928	16013	16013
	天津港	34408	34606	36473	37133	35478	36783	37157	37516	40973
	烟台港	17911	17911	17911	19494	32550	33474	35458	38164	38851
	青岛港	20944	21696	24608	25641	28818	29308	29368	29504	30846
	日照港	12707	13198	13683	15134	18479	18897	21662	22500	23698
	上海港	74487	75091	75161	74066	72473	75410	75818	75817	76480
	连云港港	11715	14356	15311	15520	15570	16337	16337	17197	20103
	宁波舟山港	78371	80125	82989	86089	89667	92503	95772	96543	98307
	汕头港	9627	9627	9627	9627	9627	9952	9952	5013	6029
	广州港	45477	46958	47746	49686	49686	50463	51233	45943	38069
	湛江港	15542	15542	16718	16793	16353	16353	16353	21843	22542
	海口港	4372	6858	6858	8217	9385	9676	9676	9676	9676
	八所港	2154	2154	2053	2488	2488	2488	2488	2488	2488

续表

用途	港口	2013 年	2014 年	2015 年	2016 年	2017 年	2018 年	2019 年	2020 年	2021 年
非生产用途	大连港	3877	3877	3877	3877	3877	3877	3877	3877	3877
	营口港	734	734	734	734	734	734	734	734	734
	秦皇岛港	1318	1318	1233	1233	1233	1233	1233	1233	1233
	天津港	1348	1348	2256	2256	2156	2726	3463	4260	4880
	烟台港	1130	1130	1130	1130	1130	1130	1130	1130	1130
	青岛港	1018	1018	1018	1121	1121	1121	1121	1121	1121
	日照港	306	306	306	306	306	306	306	306	306
	上海港	49501	50953	51760	35156	33606	31824	31219	29997	32671
	连云港港	297	297	297	297	297	297	297	297	297
	宁波舟山港	2898	3188	3800	4940	4785	4337	4380	4412	4617
	汕头港	271	271	271	271	271	271	271	—	—
	广州港	3796	3696	3976	4822	4822	4822	4822	4068	2214
	湛江港	1701	1701	1701	1701	1035	1035	1035	1035	1035
	海口港	191	191	191	191	191	191	191	191	191
	八所港	170	170	170	—	—	—	—	—	—

改革开放以来,中国港口的码头设施得到持续建设,各类码头设施快速扩张,这主要表现为高等级泊位的建设与扩张。如果将港口理解为在岸边供船舶进出停泊的枢纽,那么它必然要包括行船航道、停船泊位,还要包括旅客上下船、货物装卸的设施,并且要有相应的陆地运输的设施,如客货车道路、客车站台、货车装卸设施等。而码头泊位专指港口中让船停靠装卸货的建筑物。进一步可以理解为船舶停的地方叫港池,靠的地方叫码头。毫无疑问,码头泊位是港口的核心建筑物,是一个水陆结合点、转换点。

表 4-7　2012—2021 年中国主要规模以上沿海港口码头泊位数

单位:个

用途	港口	2012年	2013年	2014年	2015年	2016年	2017年	2018年	2019年	2020年	2021年
全部用途	大连港	231	237	240	247	247	248	248	248	256	254
	营口港	82	83	87	90	93	93	93	93	93	92
	秦皇岛港	86	86	92	92	92	92	92	92	93	93
	天津港	159	160	162	173	176	160	167	189	192	212
	烟台港	95	98	98	98	104	205	207	213	223	223
	青岛港	85	88	90	97	100	127	128	123	119	124
	日照港	53	51	52	54	59	74	75	83	85	89
	上海港	1183	1191	1220	1238	1152	1078	1054	1032	1024	1037
	连云港港	58	53	62	64	66	67	73	73	76	97
	宁波舟山港	665	683	687	703	697	701	707	718	699	712
	汕头港	91	92	92	92	92	92	91	91	34	37
	广州港	540	545	556	561	553	553	556	558	621	497
	湛江港	184	177	177	174	175	132	132	132	159	162
	海口港	37	32	52	52	61	69	70	70	70	70
	八所港	11	13	13	11	12	12	12	12	12	12
生产用途	大连港	206	212	215	222	222	223	223	223	231	229
	营口港	75	76	80	83	86	86	86	86	86	85
	秦皇岛港	66	66	72	72	72	72	72	72	73	73
	天津港	148	149	151	157	160	145	145	144	144	160
	烟台港	85	88	88	88	94	195	197	203	213	213
	青岛港	79	82	84	91	94	121	122	117	113	118
	日照港	52	50	51	53	58	73	74	82	84	88
	上海港	612	608	608	609	592	563	573	560	560	567
	连云港港	56	51	60	62	64	65	71	71	74	95
	宁波舟山港	601	613	615	624	606	613	619	627	608	619
	汕头港	86	87	87	87	87	87	86	86	34	37
	广州港	493	498	510	514	485	485	488	490	417	324
	湛江港	153	146	146	143	144	119	119	119	146	149
	海口港	36	31	51	51	60	68	69	69	69	69
	八所港	10	12	12	10	12	12	12	12	12	12

续表

用途	港口	2012 年	2013 年	2014 年	2015 年	2016 年	2017 年	2018 年	2019 年	2020 年	2021 年
非生产用途	大连港	25	25	25	25	25	25	25	25	25	25
	营口港	7	7	7	7	7	7	7	7	7	7
	秦皇岛港	20	20	20	20	20	20	20	20	20	20
	天津港	11	11	11	16	16	15	22	45	48	52
	烟台港	10	10	10	10	10	10	10	10	10	10
	青岛港	6	6	6	6	6	6	6	6	6	6
	日照港	1	1	1	1	1	1	1	1	1	1
	上海港	571	583	612	629	560	515	481	472	464	470
	连云港港	2	2	2	2	2	2	2	2	2	2
	宁波舟山港	64	70	72	79	91	88	88	91	91	93
	汕头港	5	5	5	5	5	5	5	5	—	—
	广州港	47	47	46	47	68	68	68	68	204	173
	湛江港	31	31	31	31	31	13	13	13	13	13
	海口港	1	1	1	1	1	1	1	1	1	1
	八所港	1	1	1	1	—	—	—	—	—	—

表 4-8　2012—2021 年中国主要规模以上沿海港口万吨级泊位数

单位：个

港口	2012 年	2013 年	2014 年	2015 年	2016 年	2017 年	2018 年	2019 年	2020 年	2021 年
大连港	93	96	98	103	103	104	104	104	111	109
营口港	49	50	54	57	61	61	61	61	61	61
秦皇岛港	42	42	44	44	44	44	44	44	44	44
天津港	101	102	106	118	121	122	120	118	117	127
烟台港	56	59	59	59	65	89	91	97	107	110
青岛港	63	66	68	75	78	84	85	87	89	93
日照港	45	44	45	47	52	63	64	71	73	77
上海港	152	170	170	188	182	181	224	185	185	185
连云港港	41	44	53	57	57	57	59	59	62	68

续表

港口	2012年	2013年	2014年	2015年	2016年	2017年	2018年	2019年	2020年	2021年
宁波舟山港	137	146	150	157	163	171	178	190	196	198
汕头港	18	19	19	19	19	19	19	19	11	14
广州港	66	68	71	74	76	76	96	75	80	80
湛江港	31	30	30	33	35	36	36	36	42	44
海口港	10	11	16	16	26	34	34	34	34	34
八所港	8	9	9	9	9	9	9	9	9	9

中国的港口分布很独特,从上海向西,沿着长江最远可以到达四川宜宾。这种沿着河流修建的港口又叫内河港,而作为世界最长河流的尼罗河却一个内河港也没有。这是因为要想在一条河流修建内河港的必要条件是河水一定要深,而且不能有淤泥。尼罗河虽然很长,但因地处沙漠,河水含沙量很高,水里的沙土容易沉积。即使修了港口,随着沙土沉积,河床不断抬高,船也容易搁浅。当然,沙土沉积也有好处,即会使两岸的土地松软、肥沃,适合用来当耕地。同样的,诞生出两河文明的幼发拉底河、底格里斯河也没有内河港,而中国黄河更不用说,由于含沙量太高,历史上曾多次对其进行改造,然而直至今天,黄河的出海口也没有办法修建港口。表 4-9、表 4-10 和表 4-11 分别以码头长度、泊位数和万吨级泊位数为指标,反映了中国主要规模以上内河港口 2013—2021 年的发展状况。

表 4-9　2013—2021 年中国主要规模以上内河港口码头长度

单位:米

用途	港口	2013年	2014年	2015年	2016年	2017年	2018年	2019年	2020年	2021年
全部用途	重庆港	94286	91322	90920	92013	88069	84771	81961	78878	54918
	宜昌港	7412	7412	7412	7412	24300	24676	23986	22924	22609
	武汉港	24015	24785	24910	22188	22188	16456	15834	19746	21575

续表

用途	港口	2013 年	2014 年	2015 年	2016 年	2017 年	2018 年	2019 年	2020 年	2021 年
全部用途	黄石港	8297	8412	10300	7662	7892	7892	4904	7336	6310
	九江港	13616	18828	18828	18311	16671	17516	16994	16204	4307
	安庆港	11231	11735	11735	10534	7775	7621	6183	3924	8990
	池州港	8752	10223	10359	9226	8395	8393	8129	8385	7192
	铜陵港	6716	6598	5726	8313	7934	7414	7414	7414	16263
	芜湖港	13527	13452	14076	14808	14186	13544	12515	12515	12741
	马鞍山港	9557	10749	10749	11389	9426	9027	9393	9793	9206
	南京港	34092	33307	32122	30359	29312	29958	26498	24263	24521
	镇江港	20623	21558	22187	22497	22602	22602	23546	24263	6884
	泰州港	16686	16926	17080	20849	19721	20989	21018	21158	21949
	扬州港	7308	7657	8029	7672	7603	7446	7446	9370	4423
	江阴港	12022	12022	12612	14756	14341	16692	16871	16514	17111
	常州港	4388	4388	3488	4134	4134	4134	4134	3746	3746
	南通港	17815	18095	18095	18774	19207	20165	20726	26515	25651
	上海（内河）港	88840	96671	97465	88904	44752	42005	42005	38745	36206
生产用途	重庆港	73204	70501	69984	70837	67078	63760	61659	59411	48370
	宜昌港	5708	5708	5708	5708	22799	23175	22685	22924	22609
	武汉港	21013	21783	21908	19436	19436	14114	13906	18078	19695
	黄石港	7867	7982	9870	7232	7462	7462	4904	7336	6310
	九江港	11591	16803	16803	16286	14466	15311	15600	15963	3865
	安庆港	9522	10026	10026	8962	6553	6549	5289	3485	8990
	池州港	8752	10223	10359	9226	8395	8393	8129	8385	7147
	铜陵港	6651	6533	5661	8087	7889	7369	7369	7369	16022
	芜湖港	13527	13452	14076	14808	14186	13544	12515	12515	12741
	马鞍山港	9507	10699	10699	11339	9376	8977	9393	9793	9206
	南京港	32500	32195	31151	29604	28672	29318	26498	24263	24521
	镇江港	20503	21438	22067	22377	22482	22482	23426	24143	6884
	泰州港	16686	16926	17080	20849	19721	20989	21018	21158	21949
	扬州港	7308	7657	7657	7672	7603	7446	7446	9370	4393
	江阴港	11872	11872	12462	14606	14191	16542	16721	16514	17111
	常州港	4388	4388	3488	4134	4134	4134	4134	3746	3746
	南通港	17260	17540	17540	18219	18652	19610	20171	25960	25096
	上海（内河）港	88133	95879	96673	88112	44447	41650	41650	38395	35856

续表

用途	港口	2013 年	2014 年	2015 年	2016 年	2017 年	2018 年	2019 年	2020 年	2021 年
非生产用途	重庆港	21082	20821	20936	21176	20991	21011	20302	19467	6548
	宜昌港	1704	1704	1704	1704	1501	1501	1301	—	—
	武汉港	3002	3002	3002	2752	2752	2342	1928	1668	1880
	黄石港	430	430	430	430	430	430	—	—	—
	九江港	2025	2025	2025	2025	2205	2205	1394	241	442
	安庆港	1709	1709	1709	1572	1222	1072	894	439	—
	池州港	—	—	—	—	—	—	—	—	45
	铜陵港	65	65	65	226	45	45	45	45	241
	马鞍山港	50	50	50	50	50	50	—	—	—
	南京港	1592	1112	971	755	640	640	—	—	—
	镇江港	120	120	120	120	120	120	120	120	—
	扬州港	—	—	372	—	—	—	—	—	30
	江阴港	150	150	150	150	150	150	150	—	—
	南通港	555	555	555	555	555	555	555	555	555
	上海(内河)港	707	792	792	792	305	355	355	350	350

表 4-10　2013—2021 年中国主要规模以上内河港口泊位数

单位:个

用途	港口	2013 年	2014 年	2015 年	2016 年	2017 年	2018 年	2019 年	2020 年	2021 年
全部用途	重庆港	1236	1185	1175	1176	1102	1024	968	927	591
	宜昌港	47	47	47	47	245	249	194	185	182
	武汉港	274	280	280	231	231	162	158	184	190
	黄石港	139	140	143	87	89	89	35	54	45
	九江港	146	191	191	189	167	176	161	146	40
	安庆港	163	168	168	134	94	90	68	39	85
	池州港	106	117	118	105	90	86	77	79	70
	铜陵港	104	88	69	102	83	74	74	74	145
	芜湖港	164	144	142	148	138	124	115	115	117

用途	港口	2013 年	2014 年	2015 年	2016 年	2017 年	2018 年	2019 年	2020 年	2021 年
全部用途	马鞍山港	150	161	161	167	123	110	113	117	110
	南京港	311	298	284	246	231	236	201	187	187
	镇江港	192	202	209	210	211	211	215	218	111
	泰州港	123	124	123	165	154	161	148	148	154
	扬州港	47	47	49	46	44	42	42	49	79
	江阴港	70	70	72	101	98	111	110	107	112
	常州港	31	31	28	32	32	32	32	27	27
	南通港	103	105	105	108	111	114	117	156	144
	上海(内河)港	1856	1978	1984	1786	919	839	839	759	771
生产用途	重庆港	869	824	812	813	742	664	632	610	478
	宜昌港	35	35	35	35	227	231	184	185	182
	武汉港	240	246	246	199	199	135	134	163	177
	黄石港	133	134	137	81	83	83	35	54	45
	九江港	118	163	163	161	137	146	141	144	36
	安庆港	135	140	140	111	75	73	55	33	85
	池州港	106	117	118	105	90	86	77	79	69
	铜陵港	103	87	68	98	82	73	73	73	143
	芜湖港	164	144	142	148	138	124	115	115	117
	马鞍山港	149	160	160	166	122	109	113	117	110
	南京港	288	281	269	234	221	226	201	187	187
	镇江港	190	200	207	208	209	209	213	216	111
	泰州港	123	124	123	165	154	161	148	148	154
	扬州港	47	47	47	46	44	42	42	49	78
	江阴港	68	68	70	99	96	109	108	107	112
	常州港	31	31	28	32	32	32	32	27	27
	南通港	97	99	99	102	105	108	111	150	138
	上海(内河)港	1842	1962	1968	1770	914	833	833	754	766

续表

用途	港口	2013年	2014年	2015年	2016年	2017年	2018年	2019年	2020年	2021年
非生产用途	重庆港	367	361	363	363	360	360	336	317	113
	宜昌港	12	12	12	12	18	18	10	—	—
	武汉港	34	34	34	32	32	27	24	21	13
	黄石港	6	6	6	6	6	6	—	—	—
	九江港	28	28	28	28	30	30	20	2	4
	安庆港	28	28	28	23	19	17	13	6	—
	池州港	—	—	—	—	—	—	—	—	1
	铜陵港	1	1	1	4	1	1	1	1	2
	马鞍山港	1	1	1	1	1	1	—	—	—
	南京港	23	17	15	12	10	10	—	—	—
	镇江港	2	2	2	2	2	2	2	2	—
	扬州港	—	—	2	—	—	—	—	—	1
	江阴港	2	2	2	2	2	2	2	—	—
	南通港	6	6	6	6	6	6	6	6	6
	上海(内河)港	14	16	16	16	5	6	6	5	5

表4-11　2013—2021年中国主要规模以上内河港口万吨级泊位数

单位:个

港口	2013年	2014年	2015年	2016年	2017年	2018年	2019年	2020年	2021年
池州港	—	—	—	—	—	—	—	—	3
铜陵港	1	1	1	3	3	3	3	3	—
芜湖港	6	11	13	13	13	13	12	12	12
马鞍山港	—	—	—	1	1	1	1	1	1
南京港	59	58	57	61	60	66	63	58	58
镇江港	42	44	44	45	42	42	46	49	—
泰州港	56	57	59	56	56	61	62	62	64
扬州港	21	23	25	23	23	23	23	29	—
江阴港	29	29	31	31	31	39	39	39	40
常州港	8	8	8	9	9	9	9	9	9
南通港	50	51	51	53	54	67	59	65	60

　　从运输结构的演变来看,各种运输方式具有不同的技术经济属性,适用于不同距离或类型的客货运输。如图 4-4 和图 4-5 所示,20世纪 50 年代以来,中国的货运量结构发生了重大变化,各种交通方式所承担的货运量比例和周转量比例均不断变化,其典型特征是:公路的货运量规模和比例均不断提高,地位日益重要;铁路的货运规模和比例均呈现出减少的趋势,地位有所弱化;水路货运功能总体弱化的同时略有稳定;航空的货运量和规模虽不断提高,但比例相对来说仍然较小。

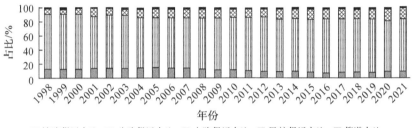

图 4-4　1998—2021 年中国货运量结构演变

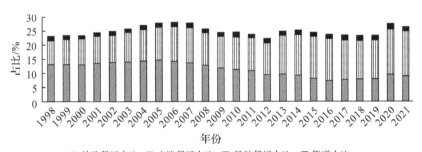

图 4-5　1998—2021 年中国货运量结构演变(除公路外)

　　铁路曾是货运的主要方式,尤其是 20 世纪 80 年代之前曾一度占据货运量的 40% 以上,周转量超过 70%。1952 年,铁路货运总量占比达 41.9%,周转量占比为 79%;1952—1978 年,铁路货运总量占比虽有波动,但仍在小幅度增长。改革开放以来,铁路货运比例迅速减少并逐步稳定。1980 年，铁路货运比例降到 20.6％，周转量占比降至 36.8％；至 20 世纪末一直在小幅度降低，1999 年铁路货运比例达 12.7％，周转量占比达 22.4％。2000 年开始，铁路货运比例呈小幅度增长的趋势，2004 年增长到 14.3％，而周转量占比仍持续下降。此后，铁路货运比例持续降低，2015 年铁路货运比例为 8％，周转量占比为 13.3％。铁路货运运距呈现出"先增长，后降低"的发展过程，从 1952 年的 455 千米增长到 1995 年的 786 千米，之后逐步降到 2021 年的 696.27 千米。

公路的运输地位不断提高，其货运规模也在不断扩大，并且货运比例不断提高，因此成为中国货运的主要方式。1952 年，公路的货运量和周转量比例分别为 41.8％与 1.9％，1952—1978 年整体呈现货运比例不断下降、周转量比例持续增长的特征，1978 年公路货运比例降为 35.2％，但周转量比例提高到 2.2％。改革开放以来，公路运输发展迅速，货运比例急剧增长，1980 年达到 70.7％，而周转量比例则以相对较低的速度增长，为 4.9％。1980 年开始，公路货运比例呈现出小幅度的持续增长，1994 年达 75.9％，此后又开始小幅度降低，2000 年降为 70.1％。2007 年，公路货运比例又开始小幅度增长，而周转量比例却呈现出快速增长的趋势，达 32.5％。公路货运运距持续增长，从 1994 年的 11 千米增长至 2021 年的 176 千米。

航空货运量比例虽不断提高，但所占比例甚小，周转量比例虽较低但一直呈现出增长态势，2015 年达 0.12％；货运运距一直持续增长，从 1975 年的 1200 千米增长到 2021 年的 3800 千米。20 世纪 90 年代中期开始，管道货运规模开始增长，并逐步成为重要的运输方式；1995 年，管道货运量比例达 1.2％，此后逐步增长，2015 年达 1.8％，周转量比例达 2.6％；管道货物运距呈现出增长态势，从 1994 年的 386 千米增长到 2021 年的 615 千米。

从水运的经济技术属性来看,其更适用于大宗货物运输。从水路货运比例来看,20世纪50年代以来呈现出的是一种"先持续下降,后持续提高"的发展过程,而周转量比例则呈现出一种相对稳定的增长过程。1952年,水运的货运量和周转量占比分别为16.3%与19.1%,1962年两者则提高到了50.4%和20.2%。20世纪60年代初至90年代末,水路货运比例持续下降,1998年降低至8.5%,而周转量比例却提高到了36.6%。此后,水路货运量和周转量比例呈现出持续的增长,2015年分别达到14.7%和51.5%。在远洋运输服务国际贸易方面,20世纪80年代开始一直持续增长,1980年的货运量比例仅为0.79%,2006年增长到2.6%,此后呈现出短期的下降趋势,2012年降至1.6%,近年来又出现了小幅增长,2021年远洋货物周转量达97842亿吨。水运运距呈现出"先增长,后降低"的发展过程,从1952年的284千米增长到2007年的2286千米,此后持续降低到2021年的1402千米;远洋货运运距的发展过程与之相似,1978年为6797千米,1990年达到8653千米,此后又波动式地降到2015年的7262千米。

三、空间格局

改革开放以来,中国在沿海和内河开辟了一系列新港口与新港区,并建成了大型深水专业化码头泊位,港口呈现出专业化、大型化、深水化的趋势。

中国港口发展已形成环渤海港口群、长江三角洲港口群、东南沿海港口群、珠江三角洲港口群、西南沿海港口群,以及长江港口群等,并形成了煤炭、石油、铁矿石、集装箱、粮食、商品汽车、陆岛滚装和旅客运输等八大运输系统。内河形成了长江干线、西江航运干线、京杭运河、长江三角洲高等级航道网、珠江三角洲高等级航道网、18条主要干支流高等级航道和28个主要港口的布局。

此外,汽车滚装、散粮、邮轮等各类专业化码头建设加快,为经济社会发展做出了突出贡献。中国主要港口的基础设施已经步入世界一流行列,港口建设技术、装卸设备能力和服务效率处于世界前列。共建"一带一路"倡议给沿海港口建设发展提供了重大机遇。国内港口一方面积极"走出去",扩大对外贸易,参与国外港口的建设与运营;另一方面将腹地向西部延伸,加快国内"无水港"的建设。"无水港"的合理规划布局和东西部海铁联运大通道的规划建设愈加重要。

沿海城市经济发展的主要驱动力是港口建设及相应的海上贸易往来。随着世界经济全球化发展,中国沿海各港口承担着更大的经济发展压力。

环渤海港口群由辽宁、津冀和山东沿海港口群组成,服务于我国北方沿海和内陆地区的社会经济发展。沿线亿吨级大港有大连港、天津港、青岛港、秦皇岛港、日照港,占全国沿海亿吨级大港的一半。其中,辽宁沿海港口群以大连东北亚国际航运中心和营口港为主,津冀沿海港口群以天津北方国际航运中心和秦皇岛港为主,山东沿海港口群以青岛港、烟台港、日照港为主。而在中国批准作为"试验田"的四个保税港区中,环渤海地区也占有两席——大连大窑湾保税港区和天津东疆保税港区。

长江三角洲港口群依托上海国际航运中心,以上海港、宁波舟山港、连云港港为主,服务于长江三角洲以及长江沿线地区的经济社会发展,是中国各大港口群中发展最快、实力最强的一个,已成为推动全国"经济列车"前进的重要引擎。上海港、宁波舟山港作为长三角港口群的代表,已成为长三角地区经济发展乃至全国经济发展的核心和重要支撑。

东南沿海港口群以厦门港、福州港为主,包括泉州港、莆田港、漳州港等,服务于福建和江西等省份部分地区的经济社会发展和对台

"三通"的需要。港口的发展带动了临港工业布局的变化,满足了福建对外贸易的需求,保障了海峡两岸的正常经贸交流。

珠江三角洲港口群由粤东和珠江三角洲地区港口组成。该地区港口群依托香港地区经济、贸易、金融、信息和国际航运中心的优势,在巩固香港地区国际航运中心地位的同时,以广州港、深圳港、珠海港、汕头港为主,相应发展汕尾、惠州、虎门、茂名、阳江等港口,加强广东省和内陆地区与港澳地区的交流。以港口为中心的现代物流业已成为珠三角港口群所在城市的重要支柱产业之一,在地区综合实力的提升、综合运输网的完善等方面发挥着越来越重要的作用。

在中国沿海港口群中,西南沿海港口群特色鲜明,以湛江港、防城港、海口港为主,相应发展北海、钦州、洋浦、三亚等港口。由于背靠腹地资源富集、发展潜力巨大的广西、贵州、云南、四川、重庆、西藏等省区市,同时面向东盟经济圈,港口在助推中国西部崛起,为海南省扩大与岛外的物资交流提供运输保障,已成为中国与东盟开展经济贸易交流的"黄金通道"。

长江港口群是长江经济带建设的重要支撑力量。根据《长江经济带综合立体交通走廊规划》,将建成横贯东西、沟通南北、通江达海、便捷高效的长江经济带综合立体交通走廊,形成以上海国际航运中心为龙头、长江干线为骨干、干支流网络衔接、集疏运体系完善的长江黄金水道。根据沿长江各主要港口的资源禀赋,长江沿线港口基本形成了下游以南京港为中心、中游以武汉港为中心、上游以重庆港为中心的"线三点"空间格局。

第五章 高铁区域整合效应的理论分析

古典经济学家亚当·斯密在其经典著作《国富论》中将劳动分工理论及其与市场的关系放在一起,系统地阐述了资源配置的思想。书中指出,人们出于私利动机与相互交易的倾向所从事的契约、交换、买卖等经济活动仿佛受一只"看不见的手"的指引,常常会导致行为人所不曾存心、也不曾预见的有利于社会福利的结果。换言之,在利己心的驱使下,经济活动的参与者为了寻求自身利益最大化,产生了交易的倾向,由交易倾向带来的交易活动导致了分工的出现。分工在交易双方必须相互满足各自的利己心和需求的利益机制约束下,会促进生产的专业化,提高生产效率,由此实现整个国民财富的增长。

但上述过程并不是没有阻碍的,因为分工受到市场范围的限制。而市场范围的大小受到人口集聚程度和交通运输条件的影响。分工来源于交易的倾向和行为,交易能力的大小决定了分工的程度,因此,分工受到市场的限制。若经济活动参与者所在的市场人烟稀少或者交通条件落后,那么即使他们有交易倾向,也很难实现交易。有时候尽管能进行交易活动,但可能无法交换到生产过程中所需的物质,进而限制了分工的发展。在"看不见的手"的指引下,资源会自动进入更有效的配置体系,但这种作用会受到人口集聚程度和交通运输条件的影响。由于集聚相对于分散的市场而言意味着更低的运输成本,斯密认为,在所有影响市场范围大小及劳动分工的因素中,以交通改良最为有效。

新古典经济学强调资源要素的有效配置是实现经济增长的根本途径[①],在影响经济增长的众多因素中,空间距离一直是人类力图克服的天然障碍。交通运输技术的不断发展与建设进程的持续推进对生产要素配置和经济社会生产产生了显著的影响。日益完善的现代交通网络能显著打破市场分割、增强要素的空间流动性,要素流动性的提高意味着地区间往来成本的降低。高铁作为交通基础设施领域最新的技术进步,在既有研究中已经验证和揭示了其显著的时空压缩效应,本章基于 Donaldson(2018)、Lin(2017)通过构建一个空间一般均衡模型对高铁的经济效应展开系统的理论分析,为研究提供理论支撑。

第一节　模型设置

我们引入一个包含个体迁移决策和劳动力市场的动态来拓展 Eaton 等(2022)在多地区背景下的"公司—公司"贸易模型,企业需要服务(例如公司管理)以及生产的投入来进行制造。服务只能由他们自己完成,而制造可以外包给在其他地方的企业[②]。最终产出用于消费或是用作其他企业制造环节的中间投入,这两个用途不可互相替代。企业随机地在各地找寻生产的投入,以此来建立与卖方的联系,

---

① 新古典经济学有别于先前的古典经济学,于 20 世纪 70 年代形成的学派把研究对象确立为稀缺性资源的配置,强调稀缺性资源的配置问题。

② 我们将通过"允许服务外包"来放松这一假设,服务外包的强度要小于制造外包。

这一过程取决于地区专业化匹配的效率。随着匹配效率的提高（由于连入高铁网络），企业会找到更多、更好的供应商，这会降低边际生产成本并提高整体生产率。这一模型的基本结果如图5-1所示。

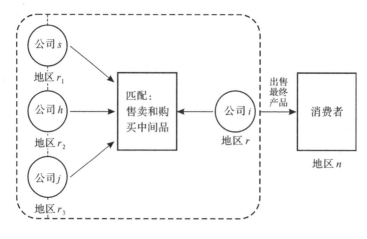

图 5-1　模型图解

各地区生产率有差异，而户籍制度限制了劳动力的流动性，所以我们假设各地区的异质性决定了生产率，并引入一个迁移决策来估计高铁在不同地区、不同劳动技能之间的再分配效应。考虑一个由 N 个地区组成的国家，标记为 $c=1,2,\cdots,N$。每一个地区 c 最初都有两类劳动力（高技能和低技能，白领和蓝领），劳动力的总数分别标记为 $\overline{L}_c^w$ 和 $\overline{L}_c^B$。允许地区之间的劳动力流动，但是存在流动摩擦，具体内容将在下文中详细论述。

一、生产者

（一）技术

位于 i 地的企业 j 可以通过整合两个中间生产（服务和制造，分别标记为 S 和 M）生产数量为 $Q_i(j)$ 的产品，其生产函数为：

$$Q_i(j) = z_i(j) \prod_{k \in \{S,M\}} b_k^{-1} \left[\frac{m_{k,i}(j)}{\beta_k} \right]^{\beta_k} \tag{5-1}$$

其中,$z_i(j)$ 代表企业 j 的规模报酬不变生产率,$m_{k,i}(j)$ 表示投入品 k 的量,b_k 为常数,β_k 是 k 在柯布-道格拉斯生产函数中的比重,满足 $\beta_k > 0$ 且 $\beta_s + \beta_m = 1$。

中间品既可以由相应比例的劳动力投入生成,也可以由生产要素投入经过公司生产而得。我们假设高技能劳动力可以完成服务性劳动,低技能劳动力则是完成制造性劳动。如果一个企业用劳动力来完成生产任务 k,那么企业向劳动者 $l(k) \in \{W,B\} (k \in \{S,M\})$ 所支付的工资为 $w_{k,i} \equiv w_i^{l(k)}$。劳动者完成生产任务的生产率假设是一个满足极值分布的随机变量,用 $q_{k,i}(j)$ 表示。同时,企业 j 也可以联系一系列中间品的供应商,使这些中间品最终被用于生产。为了找到中间品投入(由于搜寻摩擦的存在),买方需要与整数个供应商匹配。可变成本假定随着纳什议价而溢出,正如 Eaton 等(2022)的研究,为了简化处理,我们也假定所有的买方有议价能力。我们假定劳动力和中间品投入在完成生产任务的过程中是完全可替代的,企业可以选择最优的方式来生产以使成本最小化。

企业 j 支付生产任务 k 的单位成本取决于劳动者的工资和可获得的最低价格,用 $c_{k,i}(j)$ 来表示,有:

$$c_{k,i}(j) = \min \left\{ \frac{w_{k,i}}{q_{k,i}(j)}, c_{k,i}^{\min}(j) \right\} \tag{5-2}$$

其中,$c_{k,i}^{\min}(j)$ 是企业 j 能获得的中间品的最低价。因此,该企业将自己的产出运送到目的地 n 的边际成本为:

$$c_{n,i}(j) = \frac{d_{n,i}}{z_i(j)} \prod_{k \in \{S,M\}} \frac{c_{k,i}(j)^{\beta_k}}{b_k} \tag{5-3}$$

其中,$d_{n,i}$ 代表将一单位最终产品从 i 运送到 n 的冰山运输成本,对于所有的 i,都有 $d_{n,i} = 1$。为得出结果,我们遵循 Eaton 等(2022)关于生产率分布、完成一个生产任务的劳动生产率以及中间品投入价格的分布等的假设。

第一，我们假设测量每个地区 i 内生产率 z 的潜在生产者是给定的，并且 $z_i(j) \geqslant z$，可得：

$$\mu_i{}^z(z) = T_i z^{-\theta} \tag{5-4}$$

其中，T_i 表示地区 i 的技术禀赋，$\theta(\theta \geqslant 0)$ 为决定相似度的参数，值越大意味着有越高的相似性。

第二，企业 j 内劳动者完成生产任务 k 的生产率 $q_{k,i}(j)$ 被假设满足累积函数极值分布，即

$$F(q) = \exp(-q^{-\theta}) \tag{5-5}$$

其中，θ 反映的是劳动者在不同生产环节，以及不同企业间的生产率相似性。

第三，我们将测量边际成本低于 c 的最终产品销售到城市 i 的企业，测量公式如下：

$$\mu_i(c) = Y_i c^{\theta} \tag{5-6}$$

其中，Y_i 是外生变量，反映了地区 i 的总体能力，包括技术水平、劳动力市场条件、贸易壁垒以及搜寻供应商的效率。而式（5-4）和式（5-5）是模型的基本体（T_i 和 θ 是外生参数）。

（二）与中间品供应商匹配

买方和卖方之间的匹配是随机的[①]。有着单位成本 c 的卖方与 n 地的买方实现满足 k 意愿（买方的角度）相遇的强度为：

$$e_{k,n}(c) = \lambda_{k,n} \mu_n(c)^{-\gamma} \tag{5-7}$$

其中，$\mu_n(c)$ 是对边际成本低于 c 的企业的测度，如式（5-6）所示，γ 描

[①] 在 Eaton 等（2022）的研究中已经有详细的阐述，在此框架下的匹配可以被解释为与中间品供应商开始接触，它还与供应商产品和买方意愿之间的合适度成比例。

述的是受 $\gamma \in (0,1)$ 的耕地成本限制的买方的拥挤程度。新参数 $\lambda_{k,n}$ 决定了生产任务 k 的外包性，外包性受连入高铁网络与否的影响。更具体地，连入高铁网络使买方能更加方便地找到并监督卖方，以使协定的中间品更适合自己的生产用途。考虑到可解性和现实性，我们假设服务不可外包，即 $\lambda_{\text{service},n}=0$。买方就生产任务 k 能够得到的不高于 c 的报价数目满足泊松分布。泊松参数（每个买方所期望的报价数目）定义为 $\rho_{k,n}(c)$，这是将地区 n 在给定式（5-6）、式（5-7）的情况下的所有卖方加总之后推算而来的，即

$$\rho_{k,n}(c) = \int_0^c e_{k,n}(x) \, \mathrm{d}\mu_n(x) = \frac{1}{1-\gamma} \lambda_{k,n} Y_n^{1-\gamma} c^{\theta(1-\gamma)} \tag{5-8}$$

受 $\gamma \in (0,1)$ 的限制，低于 c 的报价数目随着 c 的增大而增大，即更多生产率较低的供应商能为给定的买方提供产品，也即增加了报价的期望数目。

若劳动力成本和中间品投入的最低报价都低于 c，那么企业 j 将可以以不高于 c 的成本完成生产任务 k。城市 i 的企业 j 就生产任务 k 不能找到任何一家价格低于 c 的供应商的概率为 $\exp[-\rho_{k,i}(c)]$，满足泊松分布。此外，若 $\frac{w_{k,i}}{q_{k,i}(j)} \geq c$，并且由式（5-5）可知其对应的概率为 $F\left(\frac{w_{k,i}}{c}\right)$，那么劳动力成本将不小于 c。因为这两个情况在假设中是相互独立的，所以城市 i 完成生产任务 k 的最低成本的分布为：

$$G_{k,i}(c) = 1 - \exp\left[-\rho_{k,i}(c) F\left(\frac{w_{k,i}}{c}\right)\right]$$

$$= 1 - \exp\left[1 - \left(\frac{1}{1-\gamma} \lambda_{k,i} Y_i^{1-\gamma} c^{\theta(1-\gamma)} + w_{k,i}^{-\phi} c^{\phi}\right)\right] \tag{5-9}$$

我们遵循 Eaton 等（2022）的做法，令 $\gamma \equiv \frac{\theta-\phi}{\theta}$（其中 ϕ 为外生参数，需要满足 $\phi \leq \theta$）。在此设定下，受劳动效率影响的成本异质性的

参数与给定生产任务、买方时受中间品投入影响的成本异质性的参数是一样的。生产任务 k 的成本分布可以进一步简化为：

$$G_{k,i}(c) = 1 - \exp(-\Xi_{k,i}c^{\phi}) \qquad (5\text{-}10)$$

其中

$$\Xi_{k,i} = v_{k,i} + w_{k,i}^{-\phi} \qquad (5\text{-}11)$$

以及

$$v_{k,i} = \frac{\theta}{\phi}\lambda_{k,i}Y_i^{\phi/\theta} \qquad (5\text{-}12)$$

$\Xi_{k,i}$ 反映的是完成生产任务 k 的技术效率，它既受劳动力成本 $w_{k,i}^{-\phi}$ 的影响，也受中间品投入效率 $v_{k,i}$ 的影响。越低的劳动力成本 $w_{k,i}$ 和地区 i 越高的总体能力 Y_i 意味着完成生产任务 k 的效率越高。需要注意的是，通高铁在提高地区 i 匹配效率 $\lambda_{k,i}$ 的同时，也会提高生产任务 k 的生产率。

命题一：通过雇用劳动力来完成生产任务 k 的可能性为 $w_{k,i}^{-\phi}/\Xi_{k,i}$，而企业外包给最低成本的供应商的可能性为 $v_{k,i}/\Xi_{k,i}$。

这一命题提示我们考虑比较静态。我们可以直接观察到，外包完成生产任务 k 的概率随着匹配效率 $\lambda_{k,i}$ 的提高或劳动力成本 $w_{k,i}$ 的提高而提高。一个重要的警示是，匹配效率的比较静态是在工资给定的情况下的，而不是一般均衡情况下的。由于服务不能外包，即 $\lambda_{S,i}=0$，服务环节的劳动力比重与预期相符。

注意到 $s_{k,i}^{-\phi}/\Xi_{k,i}$ 也是 i 地区完成生产任务 k 的总的劳动力比重。l 类型的劳动力总比重在 i 地区总生产成本中的比重为：

$$\beta_i^{l(k)} = \beta_k \times \frac{w_{k,i}^{-\phi}}{\Xi_{k,i}} \qquad (5\text{-}13)$$

因此，i 地区生产中总的劳动力比重为：

$$\beta_i^L = \sum_{k \in \{S,M\}} \beta_i^{l(k)} = \beta_S + \beta\frac{w_{M,i}^{-\phi}}{M\Xi_{M,i}} \qquad (5\text{-}14)$$

虽然生产函数的基本形式是柯布-道格拉斯形式的,但总的劳动力比重取决于制造的工资及其他因素。

(三)成本分布

我们现在研究地区 i 的企业 j 的成本分布,假定生产任务满足式(5-10)的分布,并且企业的边际成本取决于每一个生产任务的效率,如式(5-2)所示。对能从地区 i 以不高于 c 的成本将它们的产品运输到目的地 n 的企业的测度如下所示。

$$\mu_{n,i}(c) = T_i \Xi_i d_{n,i}^{-\theta} c^{\theta} \tag{5-15}$$

其中,Ξ_i 是技术参数,反映了由外包带来的效率增进。Ξ_i 的定义如下:

$$\Xi_i = \prod_{k \in \{S,M\}} (\Xi_{k,i})^{\frac{\theta \beta_k}{\phi}} \tag{5-16}$$

对 n 地能够以 c 的成本运输单位产品的潜在卖方的测度为:

$$\mu_n(c) = \sum_i \mu_{n,i}(c) = Y_n c^{\theta} \tag{5-17}$$

其中,$Y_n \equiv \sum_i T_i \Xi_i d_{n,i}^{-\theta}$。事实上,这一式子与式(5-6)的描述一致。我们还可以从这一定义中得到结论:地区 i 的总体能力取决于外生的技术效率 T_i、贸易成本 $d_{n,i}$、工资 $w_{k,i}$,以及匹配效率 $\lambda_{k,i}$。结合式(5-11)、式(5-12)以及 $Y_n \equiv \sum_i T_i \Xi_i d_{n,i}^{-\theta}$,我们也能通过求式(5-18)的固定点来解出 Y_n。

$$Y_n = \sum_i T_i d_{n,i}^{-\theta} \prod_{k \in \{S,M\}} \left(\frac{\theta}{\phi} \lambda_{k,i} Y_i^{\phi/\theta} + w_{k,i}^{-\phi} \right)^{\theta \beta_k / \phi} \tag{5-18}$$

地区 i 向 n 地寻求成本低于 c 的卖方为 $\mu_{n,i}(c)$,如式(5-15)和式(5-17)所示,其表示的是 n 地所有活跃企业数。因此,我们可以计算出 n 地以低于 c 的单位成本向地区 i 售卖的潜在卖方,即

$$\pi_{n,i} = \frac{T_i \Xi_i d_{n,i}^{-\theta}}{\sum_j T_j \Xi_j d_{n,j}^{-\theta}} \tag{5-19}$$

其中,$\pi_{n,i}$ 为地区 i 从 n 地购买的产品所占的比重。

我们注意到,当企业不能外包,即 $\lambda_{k,i}=0$ 时(此时对于所有的 k 而言,ϕ 会逐渐接近 θ),n 地所有活跃的企业数为:

$$\mu_n = \sum_i T_i (\overline{w}_i d_{n,i})^{-\theta} c^{\theta} \tag{5-20}$$

其中,$\overline{w}$ 为 i 地的平均工资,定义为 $\overline{w} = \prod_{k \in \{S,M\}} w_{k,i}^{\beta_i}$。地区 i 在 n 地的贸易份额为:

$$\pi_{n,i} = \frac{T_i (\overline{w}_i d_{n,i})^{-\theta}}{\sum_k T_j (\overline{w}_j d_{n,j})^{-\theta}} \tag{5-21}$$

式(5-20)和式(5-21)都与 Eaton 和 Kortum(2002)、Eaton 等(2022)的研究结果一致。

命题二:上述关于技术的假设与地区 i 总的生产函数相符,且满足以下函数形式:

$$Q_i = (L_{S,i})^{\beta_s} \big[\psi (L_{M,i})^{\phi/(\phi+1)} + (1-\psi)(I_{M,i})^{\phi/(\phi+1)} \big]^{\beta_M} \tag{5-22}$$

其中,$L_{k,i}$ 代表为完成 $k \in \{M,S\}$ 所雇用的所有劳动力,$I_{M,i}$ 为用于制造的中间品,$\psi \equiv 1/[1 + \Gamma(1+1/\phi)^{\phi/(1+\phi)}]$。

式(5-22)提供了一些关于高铁如何影响总的生产计划的启示。中间品投入的平均价格 $\overline{p}_{M,i}$ 与 $\frac{\theta}{\phi}\lambda_{k,i} Y_i^{\phi/\theta}$ 负相关。匹配效率 $\lambda_{k,i}$ 的提高会降低中间品投入的平均成本,这可以视作减少低技能劳动力需求的投入偏差技术冲击。因此,它会在不经意间提高劳动薪酬并扩大高技能劳动力与低技能劳动力之间的福利不平等。

二、消费

劳动者在消费上有着线性偏好,$U_{o,d,i}=C_{o,d,i}$,其中,$C_{o,d,i}$ 表示出生于 o 地(原始地)在 d 地(目的地)工作的劳动者 i 的消费指数,且其通常是风险中立者。消费束取决于服务产品的消费 $C_{S,o,d,i}$、制造产品

的消费 $C_{m,o,d,i}$,以及劳动者因出生和工作地点不同而具有的个体特性冲击 $z_{o,d,i}$。这一个体特性冲击涵盖了劳动者因个体原因而在不同地区间的迁移。特别地,我们假设服务产品和制造产品均有地区特性,即对于所有的 $k\in\{S,M\}$,都有 $C_{k,o,d,i}=C_{k,d,i}$。总的消费束假定具有柯布-道格拉斯形式,即

$$C_{o,d,i} = \kappa z_{o,d,i} C_{S,d,i}^{\alpha_S} C_{M,d,i}^{\alpha_M} \qquad (5\text{-}23)$$

其中,κ 为常数,α_k 表示需求 k 在柯布-道格拉斯函数中的份额,$\alpha_k>0$ 且 $\alpha_M+\alpha_S=1$。

不同于 Eaton 等(2022)的研究,我们假设消费者只能向当地活跃的企业进行购买以满足需求。企业与消费者的接触也会有摩擦,我们假设企业在 d 地遇到对 k 有需求的消费者,此时,企业可收取价格 p 的强度为:

$$\tilde{e}_{k,d}(p) = \tilde{\lambda}_{k,d\mu_d}(p)^{-\tilde{\gamma}} \qquad (5\text{-}24)$$

其中,$\tilde{\lambda}_{k,d}$ 决定了企业和在 d 地对 k 有需求的消费者之间的匹配效率,$\tilde{\gamma}$ 描述的是更低价格的企业为了与消费者匹配而降低能力的程度,μ_d 表示对 d 地活跃企业的测度,正如式(5-17)所定义的。我们将不同价格的潜在企业加总,关于消费者收到的对需求 k 低于价格 p 的潜在报价的数目满足泊松分布,这一情况与关于企业的假设很类似。泊松参数(报价的平均个数)是给定的,即

$$\tilde{\rho}_{k,d}(p) = \int_0^p \tilde{e}_{k,d}(x)\,\mathrm{d}\mu_d(x) = \frac{1}{1-\gamma}\tilde{\lambda}_{k,d}Y_d^{1-\tilde{\gamma}}p^{\theta(1-\tilde{\gamma})} \qquad (5\text{-}25)$$

其中,我们要求 $\tilde{\gamma}<1$,以使得期望收到的报价个数随着单位成本的增加而增加。根据泊松分布,消费者不能遇到价格低于 p 的企业的概率为 $\exp[-\tilde{\rho}_{k,d}(p)]$。因此,需求 k 的价格分布可以表达为:

$$\widetilde{G}(p) = 1 - \exp[-\tilde{v}_{k,d}p^{\theta(1-\tilde{\gamma})}] \qquad (5\text{-}26)$$

其中,$\tilde{v}_{k,d}\equiv\dfrac{1}{1-\tilde{\gamma}}\tilde{\lambda}_{k,d}Y_d^{1-\tilde{\gamma}}$ 与消费者能以低价格买到产品的难易程

度有关。

个体特性的检验 $z_{o,d,i}$，l 类型劳动力对每一个需求 k（P_S 和 P_M）的间接效用为：

$$V_{o,d,i}(l) = \frac{z_{o,d,i} w_d^l}{\prod_{k \in \{S,M\}} (\alpha_k \times p_k^{\alpha_k})} \tag{5-27}$$

其中，w_d^l 代表在 d 地类型 l（$l \in \{W, B\}$）的劳动力的工资，定义为 $w_d^l \equiv w_d^{l(k)} \equiv w_{d,k}$。参数 α_k 为常数，用于减少需求 k 对效用的影响。由于所有的价格是随机变量，在假设选择冲击 $z_{o,d,i}$ 后，消费者 i 关心他们的目的地 d 的特性在间接效用中的作用。我们定义其为 v_d^l，表达式如下：

$$v_d^l = B_d \times w_d^l \times Y_d^{\frac{1}{\theta}} \tag{5-28}$$

其中，第一项 B_d 反映了地区提供最终产品消费的总体能力，即消费者成功找到供应商来满足自己需求的难易程度。第二项 w_d^l 表示收入的影响，有着高收入的城市对两种类型的劳动力都会产生更高水平的效用。第三项 $Y_d^{\frac{1}{\theta}}$ 表示的是其他所有会影响地区舒适性的因素。在其他条件都相等的情况下，技术水平 T_d 越高，买方和卖方之间的匹配效率 $\lambda_{k,d}$ 越高，相应的 $Y_d^{\frac{1}{\theta}}$ 也就越大，因此会产生更多的福利。此外，工资高会因为降低 $Y_d^{\frac{1}{\theta}}$ 而减少地区的吸引力，这在一定程度上抵消了收入效应并降低了福利。特别地，如果我们进一步假设 $\tilde{\lambda}_{k,d}$ 在所有城市内是一样的，即 $\tilde{\lambda}_{k,d} = \tilde{\lambda}_k$，则有：

$$a_k = \tilde{\lambda}^{\frac{\alpha_k}{\theta(1-\gamma)}} \times (1-\tilde{\gamma})^{-\frac{\alpha_k}{\theta(1-\gamma)}} \times \Gamma\left[1 - \frac{\alpha_k}{\theta(1-\tilde{\gamma})}\right] \tag{5-29}$$

居住在 d 地的间接效用的期望值可以简化为：

$$v_d^l = w_d^l \times Y_d^{\frac{1}{\theta}} \tag{5-30}$$

这为福利提供了一个更加简洁的表达式。

地区间的迁移决策在模型化的过程中被当作一生一次的决定。

在模型化的过程中,我们将劳动力居住在不同地区所能得到的效用值的异质性按照 Ahlfeldt 和 Feddersen(2015)的研究方法来处理。从出生开始,劳动者逐渐形成各自在不同地区内生活的品位特性并决定到哪里工作,在探索间接效用时考虑他们所选目的地 d 的特性 v_d^l,以及需要承担的迁移成本。其中,迁移成本表示为 $e_{o,d}^l$,它取决于劳动者的类型 $l(l \in \{B, W\})$ 和"起点—目的地"组合对的特性。

将个体对不同地区的品位给定为 $\{z_{o,d,i} | d = 1, 2, \cdots, N\}$,出生于 o 地的劳动者 i 选择在 d 地定居的福利最大化公式可表示为:

$$\max_{d \in \{1,2,\cdots,N\}} \left\{ \frac{z_{o,d} v_d^l}{e_{o,d}^l} \right\} \tag{5-31}$$

其中,$v_d^l = B_d w_d^l Y_d^{\frac{1}{\tau}}$ 代表 d 地经舒适度调整后的劳动力类型 $l(l \in \{B, W\})$ 的期望真实工资,出生于 o 地而工作在 d 地。需要注意,迁移成本也可以理解为 l 类型的劳动力从目的地如何将工资打了折扣[①],这一成本与国际贸易研究中的关于冰山运输成本的假设很类似。为了便于符号化,设定类型 $l(l \in \{B, W\})$ 的劳动者 i 出生于 o 地,"要迁移至 d 地"这样的决策只有在最高效用的情况下才会发生,即

$$\frac{v_d^l z_{o,d,i}}{e_{o,d}^l} \geqslant \frac{v_g^l z_{o,g,i}}{e_{o,g}^l}, \forall g \in \{1, 2, \cdots, N\} \tag{5-32}$$

遵循 Ahlfeldt 和 Feddersen(2015)的研究路径,我们假设个体对不同地区的品位 $\{z_{o,d,i} | d = 1, 2, \cdots, N\}$ 是从弗雷歇分布中推导出来的,它与出生地 o 和个体 i 都无关。特别地,关于劳动者对不同地区的品位,我们允许个体特性的存在,即一些人可能比其他人更加喜欢一些城市。更准确地说,对于给定的劳动者而言,个体品位冲击的矢量是从以下弗雷歇分布的累积函数中得来的:

---

① 为了简化,在模型中我们将迁移成本处理为一个可变成本,而现实中在城市间发生迁移既有固定成本也有可变成本。

$$F(z_{1,i}, z_{2,i}, \cdots, z_{N,i}) = \exp\left[-\left(\sum_d z_{d,i}^{-\varepsilon_l}\right)^{1-\rho}\right] \tag{5-33}$$

其中,ε_l 测量的是 l 类型劳动力的品位分散程度(分散程度增大,则 ε_l 值减小),ρ 反映地区间的品位相关度。如果 $\rho=0$,则表明品位冲击在地区间没有相关性;如果 $\rho=1$,则表明品位冲击与个体完全相关。在这一假设之下,类型 l 的劳动力从 o 地迁移到 d 地的概率为:

$$\delta_{o,d}^l = \Pr\left(\frac{v_d^l z_{d,i}}{e_{o,d}^l} \geq \frac{v_g^l z_{g,i}}{e_{o,g}^l}\right), \forall\, g = \frac{\left(\frac{v_g^l}{e_{o,d}^l}\right)^{\varepsilon_l}}{\sum_g \left(\frac{v_g^l}{e_{o,g}^l}\right)^{\varepsilon_l}} \tag{5-34}$$

其中,L_d^l 表示在 d 地工作的类型 l 的劳动力数量,$\bar{L}_o^l$ 为出生在 o 地的类型 l 的劳动力数量。从 o 地迁移至 d 地的类型 l 的劳动力数量 $L_{o,d}^l=\delta_{o,d}^l\bar{L}_{o,d}^l$,我们可以推算得到 d 地类型 l 的劳动力供给为:

$$L_d^l = \sum_o L_{o,d}^l = \sum_o \delta_{o,d}^l \bar{L}_o^l \tag{5-35}$$

命题三: 对于任何设定的迁移成本 $e_{o,d}^l$,都存在一个特殊的 v_d^l(其取决于标准化程度),使每个城市雇用的劳动力数目与总的就业人数相等,即满足式(5-35),其中,$\bar{L}_o^l$ 代表来自 o 地的劳动力数量,L_d^l 代表 d 地雇用的劳动力数量,$\delta_{o,d}^l$ 代表来自 o 地的劳动力迁移到 d 地的概率,这是由模型推导出来的。

我们推导出出生于 o 地的类型 l 的劳动力的期望效用,用 $E(u_o^l)$ 来表示:

$$E(u_o^l) = (M_o^l)\Gamma\left[1 - \frac{1}{(1-\rho)\varepsilon_l}\right] \tag{5-36}$$

其中,$M_o^l \equiv \sum_g (v_g^l/e_{o,g}^l)^{\varepsilon_l}$ 测量的是出生于 o 地的福利。当 o 地与更多其他地区劳动力市场产生联系(更小的 $e_{o,g}^l$,对于所有的 g),其相邻城市的吸引力就越大(更大的 v_g^l,对于所有的 g),出生于 o 地的类型 l 劳动力就拥有更高的效用。不管他们的居住地在哪里,对来自平均工资相同的地区的劳动力,式(5-36)的期望效用并不取决于目的地 d。此外,更具吸引力的目的地会吸引有更低个体品位特性的劳动力,这会降低平均效用水平。对于出生在同一地方的劳动力而言,在满足弗雷歇分布的品位冲击下,更高的个体期望效用与更低的地区平均效用只能互相抵消,而这取决于原始地的特性。由于存在迁移的高成本,期望效用在地区间并不均等,这意味着我们也可以获得在此框架下的关于地区不平等的政策启示。因此,可以获知总的福利为:

$$w = \sum_{l \in \{B,M\}} \sum_{i=1}^{N} m_i^l \times (M_i^l)^{\frac{1}{\varepsilon_i}} \, \Gamma \Big[1 - \frac{1}{(1-\rho)\varepsilon_l} \Big] \tag{5-37}$$

其中, $m_i^l = \bar{L}_i^l / (\sum\limits_{l \in \{B,M\}} \sum\limits_{S=1}^{N} \bar{L}_S^l)$ 表示地区 i 的类型 l 的劳动力的原始比重。

三、均衡

在上述框架下解总体均衡。先在劳动力成本给定的情况下解中间品投入的均衡,然后再得到劳动力市场均衡。

(一)生产均衡

在均衡贸易下,因为模型中没有利润,所以在最终产品上的花费等于劳动力收入。对于地区 n 有:

$$X_n^c = \sum_{l \in \{B,M\}} w_n^l L_n^l \tag{5-38}$$

地区 i 总的生产由销售消费产品所得到的利润和向世界上其他地区提供中间品所得到的利润共同组成:

$$Y_i = \sum_{n=1}^{N} \pi_{n,i} \big[X_n^c + \Phi_n^i Y_n \big] \tag{5-39}$$

其中, $\Phi_n^i = 1 - \beta_n^L$ 表示中间品投入在最终产品中的比重, β_n^L 表示劳动力总成本在总的生产成本中的比重。将式(5-39)视作在矩阵形式下的表达,可以推导得到:

$$Y = \boldsymbol{\Pi}'(X^C + \boldsymbol{\Phi}'Y) \tag{5-40}$$

我们可以进一步解出总产出：

$$Y = (I - \boldsymbol{\Pi}' \ \boldsymbol{\Phi}')^{-1} \boldsymbol{\Pi}' X^C \tag{5-41}$$

其中 I 是一个 $N \times N$ 的矩阵。

(二)劳动力市场均衡

在均衡贸易下，由式(5-38)可知，地区 i 的最终支出为 X_i^C，地区 i 类型 $l(l \in \{B, W\})$ 的劳动力的均衡为：

$$w_i^l L_i^l = \beta_i^l Y_i \tag{5-42}$$

其中，β_i^l 表示地区 i 类型 l 的劳动力在生产成本中所占的比重。L_i^l 为地区 i 类型 l 的劳动力的外生供给，如式(5-35)所示。综合这些关于地区 i 每一种类型 l 的劳动力的等式设定可以解出工资 w_i^l。

(三)目的地均衡

总的来看，模型中所用到的参数如下：偏好参数，包括 α_M、α_S；空间摩擦，包括匹配参数 $\tilde{\gamma}$ 和 $\lambda_{M,i}$、$\tilde{\lambda}_{S,i}$、$\tilde{\lambda}_{M,i}$；迁移相关的参数 ρ、ε_l、$e_{o,d}^l$，以及贸易成本 $d_{n,i}$；生产技术，包括 β_M、β_S、θ、ϕ 和 T_i，以及初始禀赋 $\overline{L}_i^l$。

定义一：一个经济体的竞争均衡被定义为满足以下条件的一组价格和配置。

第一，对两种类型的劳动力迁移决策而言都是最优的，即满足式(5-32)、式(5-34)。

第二，劳动力 L_i^l 的分布以及最终消费的花费 X_i^C 与外生劳动力供给相符，即满足式(5-37)和式(5-38)。

第三，企业关于生产的决策都是最优的。

第四，劳动者的消费决策都是最优的。

第五，劳动力市场和产品市场出清，即满足式(5-39)和式(5-41)。

第二节　模型分析

在将模型运用于反事实政策实验之前，我们以 2007 年的均衡来对模型进行校准。这一部分描述了校准模型的主要参数（如迁移成本、贸易成本、技术参数，以及匹配效率参数）的估计细节与步骤。除此之外，我们还估计了参数对生产函数的总效应（β_S 和 ϕ）。

一、估计迁移成本

将类型 $l(l \in \{B, W\})$ 的劳动力从 o 地迁往 d 地的迁移成本参数化为：

$$\ln e_{o,d}^l = \beta_1^l \times I_1 + \beta_2^l \times I_1 \times \mathrm{Dist}_{o,d} + \beta_3^l \times I_2 + \beta_4^l \times I_2 \times \mathrm{Dist}_{o,d}$$
$$+ \beta_5^l \times I_3 \times \mathrm{Dist}_{o,d} \tag{5-43}$$

其中 I_1 至 I_3 是一一对应的双向虚拟变量。具体地，I_1 表示如果 d 地是 o 地在同一地区的相邻省份的话，等于 1；I_2 表示如果 d 地和 o 地是在同一地区内的不同省份，没有共享边界的话，等于 1；I_3 表示如果 o 地和 d 地在不同地区的话，等于 1；$\mathrm{Dist}_{o,d}$ 表示的是迁移的地理障碍，用 o 地的中心与 d 地的中心之间的距离来衡量。虚拟变量 I_1 至 I_3 描述的是迁移障碍的结构性差异。

我们从式（5-43）所描述的最优迁移决策来推导迁移成本，即

$$\ln \frac{\delta_{o,d}^l}{\delta_{o,o}^l} = \varepsilon_l \times (\ln v_d^l - \ln v_o^l - \ln e_{o,d}^l + \ln e_{o,o}^l) \tag{5-44}$$

将式（5-43）代入式（5-44），用线性回归进行估计：

$$\ln \frac{\delta_{o,d}^l}{\delta_{o,o}^l} = \tilde{\beta}_1^l \times I_1 + \tilde{\beta}_2^l \times I_1 \times \mathrm{Dist}_{o,d} + \tilde{\beta}_3^l \times I_2 + \tilde{\beta}_4^l \times I_2 \times \mathrm{Dist}_{o,d}$$

$$+ \tilde{\beta}_5^l \times I_3 + \tilde{\beta}_5^l \times I_3 \times \mathrm{Dist}_{o,d} + \tilde{v}_d^l - \tilde{v}_o^l \qquad (5\text{-}45)$$

式(5-45)为我们提供了一个对 $\tilde{\beta}^l$ 的估计。但是,它也清楚地表明,由于存在多重共线性,我们不能估计 $\tilde{v}_d^l$,也不能将偏好分散度 ε_l 从迁移参数 β^l 中分离出来。为了恢复 ε_l,我们采用非线性最小二乘法来最小化用模型估计得到的 2005 年的迁移量和真实数据之间的差异。在形式上,令 l_o^l 表示来自 o 地的类型 l 的劳动力数量,$\delta_{o,d}^l$ 表示模型估计的从 o 地迁移到 d 地的劳动力的比重,如式(5-43)所示,然后令 $\delta_{o,d}^l \times l_o^l$ 表示模型估计的从 o 地迁移到 d 地的劳动力流量。$l_{o,d}^l$ 表示的是从 o 地迁往 d 地的数据,然后我们通过最小化模型估计值和数据的差异来同时估计 ε_l 与 v_d^l。

$$\min_{\varepsilon_l, (v_d^l)} \sum_c \sum_d \left[\ln(\delta_{o,d}^l \times l_o^l) - \ln l_{o,d}^l \right]^2 \qquad (5\text{-}46)$$

估计依照嵌套过程,在内环中,对于任意给定的 ε_l,我们首先计算 $\beta_j^l = -\bar{\beta}^l / \varepsilon_l$,然后利用这一结果,根据式(5-43)对所有的省份反推迁移成本。接下来,我们解 v_d^l 以使得用模型估计得到的迁移流量尽可能与数据一致,即 $\sum_o (l_o^l \times \delta_{o,d}^l) = \sum_o l_{o,d}^l$。一旦我们得到了 v_d^l,我们就可以通过估计目标函数来计算残差值(这取决于 ε_l)。在外环中,我们可以通过找寻参数 ε_l 来使目标函数最小化。命题三中关于 v_d^l 的论述确保了这一方法的可行性。

二、同时估计贸易成本、地区技术和地区外包性

(一)参数化贸易成本和外包能力

根据国际贸易领域的引力方程来参数化贸易成本。在式(5-47)中,等式右边的上半部分展示了中国内部任意两个省份之间的贸易成本,等式右边的下半部分是中国任一省份与国外其他地方之间的贸易成本。

$$\ln d_{n,i} = \begin{cases} \gamma_1 D_1 + \gamma_2 D_2 \times \text{Dist}_{n,i} + \gamma_3 D_2 + \gamma_4 D_2 \times \text{Dist}_{n,i} \\ \quad + \gamma_5 D_3 + \gamma_6 D_3 \times \text{Dist}_{n,i}, \quad \text{如果 } n, i \in P \quad (5\text{-}47) \\ \ln d_{j(i),i} + \kappa_{j(i)}, \quad \text{如果 } n \text{ 是 ROW} \end{cases}$$

其中，P 代表中国所有省份的总集，D_1、D_2、D_3 是与估计迁移成本中所描述的 I_1 至 I_3 一样的虚拟变量（0-1）。具体地，D_1 表示 n 与 i 在同一地区且相邻；D_2 表示 n 和 i 在不同省份，即在同一地区但没有相交的边界；D_3 为虚拟变量，当 n 和 i 在不同地区时，等于 1。$\text{Dist}_{n,i}$ 表示一样的距离测量。等式右边下半部分式子中的 $j(i)$ 代表在给定的中国所有的省份中距离 i 最近的沿海省份，ROW 表示该省份与其距离最近的沿海省份[①]之间的贸易成本，式中还包括了涵盖如关税、制度质量等对国际贸易流量有影响的所有因素的参数 $\kappa_{j(i)}$。我们允许国际贸易成本参数在不同沿海省份之间存在差异。

接下来，我们依照只有生产任务能被外包的假设（即对任一地区 i，有 $\lambda_{S,i} = 0$ 和 $\lambda_{M,i} > 0$）。通高铁会增加 $\lambda_{M,i}$，因为这一地区会使买方搜寻和监督卖方变得更加方便，并且他们之间达成的中间品合同会更适于生产。为了探索这一影响和测量其所造成的福利变化，我们将 $\lambda_{M,i}$ 参数化为这一省份内高铁枢纽站个数的线性方程：

$$\ln \lambda_{M,i} = \begin{cases} a + b \times N_i^{\text{HSR}}, & \text{如果 } i \in P \\ a_w, & \text{如果 } i \text{ 是 ROW} \end{cases} \quad (5\text{-}48)$$

其中，a 代表全国层面初始的平均外包能力（我们以 2007 年作为起始时间，这时有 $N_i = 0$，对于 $\forall i \in P$），b 代表高铁多连一个城市所提高的外包能力。我们用式（5-48）中的 a_w 来表示 ROW 的匹配效率。

我们采用嵌套的方式来校准贸易成本、地区技术和地区外包性。具体地，我们以国际参数 $\{k_{j(i)}, \lambda_{M,w}, T_w\}$ 的初始猜想来开始。有国际

---

① 本研究探讨的十个沿海省份分别是辽宁、天津、河北、山东、江苏、上海、浙江、福建、广东、广西。

参数的条件,我们便可以猜测地区技术和外包能力的分布。我们选择$\{T_i, \lambda_{M,i}\}_{i \in P}$来进行研究,使模型产生间接效用的期望值以及相对的地区效率(相对西藏)能接近现实数据。对每一组国际参数$\{k_{j(i)}, \lambda_{M,w}, T_w\}$,我们都能解出最优的国内参数$\{T_i, \lambda_{M,i}\}_{i \in P}$。在外环中,我们搜寻使模型估计的省份开放度接近现实数据的国际参数。

(二)校准国内参数

类似于估计迁移成本,我们从贸易比重等式中推断内部贸易成本。将$\pi_{n,i}$除以$\pi_{n,n}$并取对数,可得:

$$\ln \frac{\pi_{n,i}}{\pi_{n,n}} = (\ln T_i + \ln \Xi_i) - \theta \ln d_{n,i} + \theta \ln d_{n,n} \tag{5-49}$$

将式(5-47)代入式(5-49),导出用于估计决定内部贸易成本的系数的式(5-50)。

$$\ln \frac{\pi_{n,i}}{\pi_{n,n}} = \tilde{\gamma_1} \times D_1 + \tilde{\gamma_2} \times D_1 \times \text{Dist}_{n,i} + \tilde{\gamma_3} \times D_2 + \tilde{\gamma_4} \times D_2 \times \text{Dist}_{n,i}$$
$$+ \tilde{\gamma_5} \times D_3 + \tilde{\gamma_6} \times D_3 \times \text{Dist}_{n,i} + \tilde{T}_i - \tilde{T}_n \tag{5-50}$$

对于给定的θ,在省级层面利用国内贸易流量,我们可以反推出γ和内部贸易成本$\hat{d}_{n,i}(n, i \in P)$,但由于存在完全多重共线性,无法识别$\tilde{T}_i$。为了同时考虑技术的信息,我们忽略了西藏的虚拟变量,其他每一个省份的虚拟变量的系数代表了各自相对于西藏的技术水平。在国际参数$\{\kappa_{j(i)}, \lambda_{M,w}, T_w\}$的条件下,我们搜寻$\{T_i, \lambda_{M,i}\}_{i \in P}$来使模型估计得到的间接效用的期望值与地区间相对效率的差异最小化,以及使它们各自在数据中的对应值间的差异最小。

$$\min_{\{T_i, \lambda_{M,i}\}_{i \in P}} \sum_{l \in \{B,W\}} \sum_{i \in P} (v_i^l - \text{the data counterpart})^2 +$$
$$\sum_{i \in P/\{Xizang\}} \left(\ln \frac{T_i \Xi_i}{T_{\text{Xizang}} \Xi_{\text{Xizang}}} - \text{the data counterpart} \right)^2 \tag{5-51}$$

(三)国际参数的校准

对每一组国际参数$\{\kappa_{j(i)}, \lambda_{M,w}, T_w\}$的设定,我们可以通过解式

(5-51)来校准一个最优的国家内部参数$\{T_i, \lambda_{M,i}\}_{i \in P}$。接下来,将这些参数代入模型,我们来计算每个省份 2007 年的贸易开放度,贸易开放度的定义为(出口额＋进口额)/国内生产总值。我们找一组使模型预测的开放度与数据最为接近的国际参数$\{\kappa_{j(i)}, \lambda_{M,w}, T_w\}$,即

$$\min_{\{\kappa_{j(i)}, \lambda_{M,w}, T_w\}} \sum_{i \in P} [\text{Openess}(\text{Model}) - \text{Openess}(\text{Data})]^2 \quad (5\text{-}52)$$

(四)校准高铁效应

如前文描述中所给出的校准参数,最后一步是估计反映高铁网络每多连入一个城市所带来的外包性的边际提高的参数。为此,我们按照 Dekle 等(2007)的做法,来衡量每个省份出口比重相对于初始均衡状态的变化:

$$\hat{\pi}_{w,i} = \frac{\hat{T}_i \hat{\Xi}_i \hat{d}_{w,I}^{-\theta}}{\sum_j \pi_{w,j} \hat{T}_j \hat{\Xi}_j d_{w,j}^{-\theta}} \quad (5\text{-}53)$$

其中,$\pi_{w,i}$代表 ROW 在 i 省进口份额的初始均衡(2007 年被当作初始年份),$\hat{\pi}_{w,i}$代表份额的变化,利用数据计算而来。在 2007—2015 年,建成了大规模的高铁网络,我们进一步假设国际贸易成本 d_{w_i} 几乎保持不变,我们从系列等式 $\hat{\pi}_{w,i} = \hat{\Xi}_i / \sum_j \pi_{w,j} \hat{\Xi}_j$ 中来解 $\hat{T}_i \hat{\Xi}_i$,这一等式给我们提供了校准外包性参数 b 的可能。我们利用非线性最小二乘法通过最小化模型得到的省际出口比重的变化和数据之间的差异来估计 b:

$$\min_b \sum_{i \in P} [\hat{\pi}_{w,i}(\text{Model}) - \hat{\pi}_{w,i}(\text{Data})]^2 \quad (5\text{-}54)$$

至此,我们已成功地估计了迁移成本 $e_{o,d}^l (l \in \{B, W\})$、品位分散参数 $\varepsilon_l (l \in \{B, W\})$、内部和国际贸易成本 $d_{i,j}$、地区技术效率 T_i,以及决定地区生产制造任务外包性的参数 $\lambda_{M,i}$。有了这些,我们就可以评估建设高铁的福利效应,并进行反事实实验。

第三节　一般均衡分析

对于基准模型的建立,本书依然以空间经济学的一般均衡分析范式为基础,具体假定与分析将在以下各部分中详细论述。

一、基本假设

继续考虑 $2\times2\times2$ 模型,即包含两个地区、两种产品和两种要素的模型。两个地区分别是中心地区 i 和外围地区 j;两种产品分别是农产品 A 和工业制成品 M;两种要素分别是劳动 L 和资本 K。与经典新经济地理模型相同,本书假设农业部门是完全竞争且规模报酬不变的;而工业部门为垄断竞争部门且规模报酬递增。区域内贸易不存在贸易成本,区域间农产品贸易成本可以忽略,而工业制成品的区域间贸易存在冰山运输成本 τ。以往的大多数模型均假定劳动力要素与资本要素不可跨区域流动或可完全流动,这种设定虽然可以通过进行反事实分析得出要素流动对于区域经济的影响,但是其忽略了人员在不同区域间流动面临的迁徙成本。类似于冰山运输成本的假定,我们假设劳动力迁徙成本为 $1-\lambda$,即 1 单位劳动力跨区域流动后转变为 λ 单位有效劳动力,高铁开通将降低人员跨区域迁移成本,即 λ 将增大。

(一)消费者行为

假定代表性消费者的效应函数为两层效应函数。第一层为农产品和工业产品组合的柯布-道格拉斯生产函数;第二层为工业产品组合的常数替代弹性效应函数,具体地,本书假定消费者效应函数为:

$$U = M^{\mu}A^{1-\mu}, \quad 0 < \mu < 1 \tag{5-55}$$

$$M = \left[\int_0^n q(i)^\rho \mathrm{d}i\right]^{1/\rho}, \quad 0 < \rho < 1 \tag{5-56}$$

其中,A 为农产品消费量,$q(i)$ 为工业产品 i 的消费量,M 为各种工业产品决定的子效应。农产品为同质性产品,而工业产品为差异化产品。

给定收入 y、农产品价格 p_a 以及各种工业产品价格 $p(i)$ 时,消费者预算约束为:

$$y = p_a A + \int_0^n p(i) q(i) \mathrm{d}i \tag{5-57}$$

消费者效用函数一经确定,再给定各种产品价格和消费者预算约束,便可得到消费者对各种产品的需求函数以及消费者的间接效用函数。

消费者对农产品和工业产品的需求函数分别为:

$$A = (1 - \mu) \frac{y}{p_a} \tag{5-58}$$

$$q(i) = \frac{p(i)^\sigma}{p^{1-\sigma}} \mu y \tag{5-59}$$

其中,$\sigma \equiv 1/(1-\rho)$。

$$P = \left[\int_0^n p(i)^{\rho/(\rho-1)} \mathrm{d}i\right]^{(\rho-1)/\rho} \tag{5-60}$$

将马歇尔需求函数代入后,可以得到消费者的间接效用函数,即

$$V = \mu^\mu (1-\mu)^{1-\mu} y P^{-\mu} p_a^{1/(1-\mu)} \tag{5-61}$$

(二)生产者行为

假设存在两个生产部门,即农业部门和工业部门。每个劳动者提供 1 单位劳动力和 κ 单位资本。农业部门为完全竞争部门且规模报酬不变,边际投入为 1 单位劳动力。为了刻画要素错配,本书借鉴陈诗一和陈登科(2017)的方法,用 $\tau_{l,i}$ 来刻画 i 区域的劳动要素税,也即实证部分的要素错配指数。综上所述,在农产品完全竞争市场下,可以确定农产品价格 $p_a^l = w(1 + \tau_{l,i})$,假定两地生产技术相同,所以农产品价格的差异仅仅来源于两地区劳动力要素错配导致的工资差异。

鉴于高铁开通会影响更多人员的跨区域流动,所以模型着重考虑劳动力要素错配,假定区域间的资本租金相同(即为 r),且在 i 区域的资本占比为 θ。

制造业厂商规模报酬递增且其市场为垄断竞争市场,假定所有厂商具有相同的技术,固定成本为 1 单位资本,边际成本为 m 单位劳动力,厂商生产的产品的价格为 p_i,那么企业利润可以表示为:

$$\Pi_i = p_i q_i - (r + C^m q_i) \tag{5-62}$$

综上所述,可以得出两地厂商的均衡产量为:

$$q_1 = \frac{\sigma r}{w(1+\tau_1)} \ ; \ q_2 = \frac{\sigma r}{w(1+\tau_2)} \tag{5-63}$$

而两地厂商的数量则分别为:

$$n_1 = \theta K = \theta \kappa L \ ; \quad n_2 = (1-\theta)K = (1-\theta)\kappa L \tag{5-64}$$

(三)产品与要素市场均衡分析

实现产品市场与要素市场的均衡意味着要使每个区域的收入均用于消费,而所有生产的产品均被消费则意味着总供给等于总需求。假设在初始阶段 i 区域拥有 θ 比例的人口,而 j 区域拥有 $1-\theta$ 比例的人口。从 j 地区向 i 地区迁移的人口数占总人口的比例为 ρ,考虑到存在劳动力迁移成本,i 区域的有效劳动人口为 $(\theta+\lambda\rho)L$,而 j 区域的有效劳动人口为 $(1-\theta-\rho)L$。

两个地区的总收入可以分别表示为:

$$Y_1 = (\theta+\lambda\rho)L[w(1+\tau_1)+\kappa r] \tag{5-65}$$

$$Y_2 = (1-\theta-\rho)L[w(1+\tau_2)+\kappa r] \tag{5-66}$$

综上所述,可以得到工业部门的市场出清条件为:

$$\frac{\sigma r}{w(w+\tau_1)} = \mu[w(1+\tau_1)]^{-\sigma}\left\{\frac{(\theta+\lambda\vartheta)L[w(1+\tau_1)+\kappa r]}{w(1+\tau_1)^{1-\sigma}_{n,1}+\phi^m[w(1+\tau_2)]^{1-\sigma}_{n,2}}\right.$$
$$\left.+\frac{\phi^m(1-\theta-\vartheta)L[w(1+\tau_2)+\kappa r]}{\phi^m[w(1+\tau_1)]^{1-\sigma}_{n,2}}\right\} \tag{5-67}$$

$$\frac{\sigma r}{w(w+\tau_2)} = \mu[w(1+\tau_2)]^{-\sigma}\left\{\frac{\phi^m(1-\theta-\vartheta)L[w(1+\tau_2)+\kappa r]}{\phi^m[w(1+\tau_1)]_{n,1}^{1-\sigma}+[w(1+\tau_2)]_{n,2}^{1-\sigma}}\right.$$

$$\left.+\frac{\phi^m(\theta+\lambda\vartheta)L[w(1+\tau_1)+\kappa r]}{w(1+\tau_1)_{n,1}^{1-\sigma}+\phi^m[w(1+\tau_2)]_{n,2}^{1-\sigma}}\right\} \tag{5-68}$$

结合式(5-67)、式(5-68),可以得到以下等式:

$$\frac{(\theta+\lambda\vartheta)L[w(1+\tau_1)+\kappa r]\{[w(1+\tau_1)]^{1-\sigma}-\phi^m[w(1+\tau_2)]^{1-\sigma}\}}{[w(1+\tau_1)]_{n,1}^{1-\sigma}+\phi^m[w(1+\tau_2)]_{n,2}^{1-\sigma}}$$

$$=\frac{(1-\theta-\vartheta)L[w(1+\tau_2)+\kappa r]\{[w(1+\tau_1)]^{1-\sigma}-\phi^m[w(1+\tau_1)]^{1-\sigma}\}}{\phi^m[w(1+\tau_1)]_{n,1}^{1-\sigma}+[w(1+\tau_2)]_{n,2}^{1-\sigma}}$$

$$\tag{5-69}$$

二、主要推论

式(5-69)中的分母第一项为市场规模,当迁移成本降低时,λ 将会增大,这会增加 i 区域的市场规模与居民收入。此外,决定区域间厂商比例的因素还有 i 区域和 j 区域的相对价格差,即 i 区域本地工业产品相对于进口 j 区域工业产品的价格优势,这里主要由冰山运输成本和两区域间的劳动力要素价格扭曲程度决定。

根据对式(5-69)的综合分析可以看出,迁移成本与劳动力要素价格均会影响区域厂商数量,而工资对于企业区位选择的影响是多方面的,i 区域劳动力要素的工资不仅会影响价格优势,还会影响市场规模和市场竞争度。工资的降低与要素错配的改善会降低 i 区域的工资,提升 i 区域的价格优势,但也会通过收入效应缩小 i 区域的市场规模,因此总效应不确定。而迁移成本的降低则通过增加 i 区域的市场规模为 i 区域改善要素错配以及降低工资提供了调整空间。实际上,由基本的经济学原理可知,当要素自由流动时,两区域的工资将趋于一致,即要素错配会完全消除。高铁建设引发的迁移成本降低很好地为改善要素错配提供了市场基础。

第四节　小　结

本章基于 Donaldson(2018)、Lin(2017)的研究,通过构建一个空间一般均衡模型对高铁的经济效应展开系统的理论分析,为研究提供了理论支撑。我们通过引入一个包含个体迁移决策和劳动力市场的动态来拓展 Eaton 等(2022)在多地区背景下的"公司—公司"贸易模型。企业需要服务(例如公司管理)以及生产的投入,即制造。服务只能由他们自己完成,而制造可以外包给在其他地方的企业 。最终产出用于消费或是用作其他企业制造环节的中间投入,这两个用途不可互相替代。企业随机地在各地找寻生产的投入,以此来建立与卖方的联系,这一过程取决于地区专业化匹配的效率。随着匹配效率的提高(由于连入高铁网络),企业会找到更多、更好的供应商,这会降低边际生产成本并提高整体生产率,即当要素自由流动时,两区域的工资将趋于一致,要素错配也会完全消除。高铁建设引发的迁移成本降低很好地为改善要素错配提供了市场基础。

第六章　高铁网络对港口腹地经济一体化影响的实证研究

　　基于理论分析及文献梳理可知,高铁网络的发展与港口腹地经济一体化密切相关,也与港口腹地经济一体化预期之间存在显著的正相关关系。本章在上一章数理模型讨论的基础之上,利用历年中国高铁、城市经济发展数据以及空间矢量数据,实证考察开通高铁对腹地城市与港口城市间经济一体化的影响,并进一步从区域和城市的区位条件等视角探究这种影响作用可能存在的异质性。

第一节　计量模型、指标和数据

一、计量模型

　　为研究高铁发展对港口腹地经济一体化的影响,参考 Lin(2017)等的文献,建立动态面板数据回归方程。

$$\ln I_{i,t} = \beta_0 + \beta_1 \mathrm{HSR}_{i,t} + \beta_2 \ln I_{i,t-1} + \beta_3 \mathrm{Pop}_{i,t} + \beta_4 \mathrm{Trade}_{i,t}$$
$$+ \beta_5 \mathrm{Highway}_{i,t} + \beta_5 \mathrm{Finance}_{i,t} + \delta_i + \sigma_t + \varepsilon_{i,t} \qquad (6\text{-}1)$$

其中,i 表示腹地城市,t 表示年份。$\ln I_{i,t}$ 表示 t 时期城市 i 的港口腹地经济一体化水平,是本研究的被解释变量。$\ln I_{i,t-1}$ 表示 $t-1$ 时期城市 i 的港口腹地经济一体化水平。$\mathrm{HSR}_{i,t}$ 表示 t 时期城市 i 的高铁开通情况,如果开通高铁则为 1,反之则为 0,这也是本研究的核心解释变量,其回归系数的数值大小和显著性是我们关注的重点。除此之外,为了增加结果的科学性和可信度,本书参考既有相关文献的研究方法对其他一些可能产生替代性解释的变量进行了控制,包括前一期的港口腹地经济一体化水平 $\ln I_{i,t-1}$、市场规模(用常住人口数来表示,即 Pop)、贸易依存度 Trade、高速公路里程数 Highway、地方财政 Finance 等。δ_i、σ_t 分别表示城市固定效应和时间固定效应,在模型中纳入这些变量以控制其他可能遗漏因素的影响。$\varepsilon_{i,t}$ 为随机扰动项。

二、研究对象

我国沿海港口资源丰富,汉朝时期的广州港已经与国外产生了频繁的海外贸易联系。长江沿岸的扬州港在唐朝时期就已经是相当发达的国际贸易港。宋朝时期,广州港、泉州港、杭州港、宁波港已发展成为四大海港。鸦片战争后,随着一系列不平等条约的签订,中国政府几乎丧失了沿海海关和港口的控制权。港口和与其毗邻的租借地区受制于外来势力,成为帝国主义掠夺我国资源财富的桥头堡。新中国成立前,我国的多数港口处于原始状态,全国万吨级泊位仅有 60个,码头岸线总长仅 2 万多米,年吞吐量只有 500 多万吨,港口装卸运营处于人抬肩扛的原始状态。

新中国成立后,经过多年的发展,截至 2017 年底,全国沿海港口完成吞吐量 90.57 亿吨,其中集装箱有 2.11 亿标准箱,沿海港口生产用码头泊位有 5830 个,其中万吨级及以上泊位有 1948 个。2019 年,世界十大集装箱港口中,中国的港口占七个(见图 6-1)。近年来,港口集装箱年吞吐量的增长速度总体而言有所放缓,其中,天津港、广州港保持了较快的增长速度,而香港港依旧呈现出负增长态势。

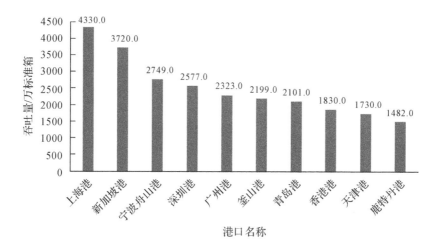

图 6-1　2019 年世界十大港口排名及其集装箱年吞吐量

　　随着贸易自由化和国际运输一体化发展趋势,现代网络技术和信息技术的发展以及现代化港口的建设已经成为国际物流链上的重要环节。尤其是 21 世纪以后,在经济全球化的背景下,科学技术发展迅猛,国际对港口服务需求大幅提升。为了适应新形势、新任务,全国各大港口都积极推动港口发展战略研究,同时再一次掀起了建港热潮。在沿海港口建设规划的指导下,长三角港口群、珠三角港口群和环渤海港口群相继建设并投入使用一批大型集装箱、煤炭、矿石、原油等专业化码头,大量资金投入各层次码头和港口的建设之中。至 2017 年底,全国沿海港口生产性泊位数共计 5830 个,其中万吨级以上泊位 1948 个,年吞吐量总计完成 90.6 亿吨。基本形成了包括主要港口、地区性重要港口、一般港口三个层次的港口体系,并且逐渐形成了规模庞大且区域相对集中的五大港口群:环渤海港口群、长三角港口群、东南沿海港口群、珠三角港口群、西南沿海港口群。

　　本书参照《全国沿海港口布局规划》和《全国内河航道与港口布局

规划》界定港口腹地样本范围,重点关注环渤海、长三角、东南沿海、珠三角及西南沿海五大港口群,以既有文献中对港口城市与腹地城市的划分为初步依据确立研究对象(见表 6-1)。基于 1999—2015 年的数据计算五大港口群内的主要的 24 个港口城市及 90 个腹地城市之间的港口腹地经济一体化程度,进而展开围绕高铁网络对港口腹地经济一体化作用的识别和探究。

表 6-1 实证考察对象的范围

港口群	主要港口	主要腹地城市
环渤海港口群	天津港、秦皇岛港、营口港、大连港、烟台港、青岛港、日照港、连云港港	营口、鞍山、丹东、本溪、抚顺、铁岭、沈阳、辽阳、盘锦、阜新、锦州、朝阳、葫芦岛、唐山、承德、北京、张家口、廊坊、保定、沧州、衡水、石家庄、德州、滨州、东营、邢台、邯郸、聊城、济南、莱芜、泰安、济宁、淄博、东营、临沂、潍坊、枣庄、菏泽、威海
长三角港口群	上海港、宁波舟山港、南京港、镇江港、南通港、苏州港、温州港	徐州、宿迁、淮安、盐城、泰州、扬州、无锡、常州、湖州、嘉兴、杭州、绍兴、金华、衢州、丽水、台州
东南沿海港口群	福州港、厦门港	宁德、南平、三明、龙岩、漳州、泉州、莆田
珠三角港口群	广州港、汕头港、深圳港、珠海港	潮州、梅州、河源、惠州、东莞、汕尾、清远、韶关、肇庆、云浮、茂名、江门、阳江、揭阳、中山、佛山
西南沿海港口群	湛江港、海口港、防城港	玉林、梧州、贺州、桂林、贵港、柳州、河池、百色、凭祥、南宁、钦州、三亚

注:需要指出的是,为适应经济社会的发展需要,港口会不断进行资源整合,因此不同时期港口的具体数量和名称有所不同。对此,根据《中国港口年鉴》和相关港口规划对港口样本进行整理与确定。

三、指标及数据来源

(一)港口腹地经济一体化

本研究采用相对价格指数测算港口腹地经济一体化程度,借鉴桂琦寒等(2006)、杨先明和刘岩(2010)构建的相对价格指数：

$$\Delta Q_{i,j,t} = \ln\left(\frac{P_{i,t}}{P_{j,t}}\right) - \ln\left(\frac{P_{i,t-1}}{P_{j,t-1}}\right) = \ln\left(\frac{P_{i,t}}{P_{i,t-1}}\right) - \ln\left(\frac{P_{j,t}}{P_{j,t-1}}\right) \quad (6\text{-}2)$$

其中,t 表示年份,$t=1,2,\cdots,T$；$P_{i,t}$ 为 i 地在 t 时期的价格水平,$P_{j,t}$ 表示 j 地在 t 时期的价格水平。如果 i 地和 j 地的一体化程度不断提高,那么相对价格指数的绝对值理论上应当趋于收敛；反之,如果两地的一体化程度在不断下降,相对价格指数的绝对值则应当是趋于发散的。因此,测度 i 地和 j 地的一体化程度的指数可以用相对价格指数的绝对值加以表示,指数值越小则说明一体化程度越高,指数值越大则说明一体化程度越低。在 t 时期,某地的一体化程度可以用该地和所有感兴趣的地区之间的相对价格指数绝对值的平均数来表示。本书在研究过程中按照五大城市群的区域进行划分,也即分不同区域计算每个区域内的腹地城市与区域内其他城市的相对价格指数,其均值便是该城市的区域经济一体化指数。

(二)高铁网络

本书借鉴 Donaldson 和 Hornbeck(2016)提出的市场准入方法来测算得到一国之内的有关高铁网络的面板数据。市场准入是 Donaldson 和 Hornbeck(2016)率先提出的概念,其测算体系是一个从一般均衡贸易理论推演而来的简约模型,用以估计随着交通基础设施建设的推进而导致的区域间往来成本变化的加总效应。本书依据这套测算方法测算了"高铁引致的市场准入"这一指标。

对照已有研究中量化交通基础设施的方法,这一指标的优势主要体现在以下三个方面:第一,定量评估交通基础设施的综合影响。随着交通基础设施的扩大,城市间的交易成本显著降低。此外,交通运输越便捷,市场可达性就越高。第二,刻画了交通基础设施对每一个城市的全局影响。计算过程中利用了全局范围内所有可能的运输方案,即决定市场可达性大小的是在全国交通网络范围内的便利程度,及其与重要经济区域的互联程度。第三,同时能够刻画交通基础设施建设的直接影响和间接影响。计算中涉及交通出行成本,当相邻城市的交通设施变得更加完善时,即使本城市的条件没有发生改变,其也会对结果产生显著影响,提高其市场准入值。

本书中所研究的市场准入与 Harris(1954)提出的市场潜能的区别主要体现在以下两个方面:第一,Harris(1954)的计算公式为 $\sum_{d\neq o}(\tau_{o,d})^{-1}N_d$,其中 $\tau_{o,d}$(市场与市场之间贸易往来的交通成本)用两地间的距离来表示。而本书借鉴 Donaldson 和 Hornbeck(2016)的研究,进一步考虑了在两地间地理距离不变的情况下,道路交通基础设施网络的建设和发展对各城市的影响。第二,在市场准入指标的构建中,其允许贸易成本对另一城市市场规模的重要性产生影响,影响的大小为 $-\theta$,而 Harris(1954)以固定值"-1"来表示这一影响。Eaton 和 Kortum(2002)指出,参数 θ 描述了生产率的分布,反映了贸易流动中的比较优势(贸易弹性),参数 θ 的值越小意味着这个区域的生产率越分散,同时也会产生更多的贸易动机。Donaldson 和 Hornbeck(2016)发现用实际数据估计得到的 θ 是显著大于 1 的,并且选择不同的 θ 值会对市场准入值产生不同的影响,具体的取值应取决于具体的实证场景。因此,他们通过利用结构模型和非线性最小二乘法估计得出最适合美国样本数据实证设定的 θ 值,所估计得到的参数 8.22 在 3.37~13.18 的置信区间内有 95% 的置信概率。

既往研究表明,交通基础设施主要通过引起市场准入变化来产生经济效应。交通基础设施改善带来的市场准入的正向变化有两个方面的影响。一方面,能够令产品和要素流动的成本降低,使企业在同样条件下可以得到更低价格或更高质量的要素,进而提高企业生产率(Bernard et al.,2019),并促进企业出口(Xu,2017)和城市就业(Lin,

2017)等。另一方面,可能导致非对称市场整合的中心外围效应,使经济活动向中心城市集聚,但是对外围城市产生了负向影响。如:Faber(2014)在探究中国高速公路建成带来的交通成本降低对地区经济增长的影响时,发现高速公路因降低了外围城市的工业总产出增速而对外围城市经济增长产生了显著的负向影响;Qin(2017)以中国铁路提速为研究对象揭示了其经济重组效应,结果显示,开通高铁减少了外围城市的固定资产对中心城市经济增长的负向影响。基于工业生产中的规模报酬递增、迪克西特-斯蒂格利茨的垄断竞争模型和冰山运输成本等假设,Krugman(1980)为"市场规模是工业化的重要决定因素"以及"大市场和小市场之间贸易成本的降低会促使生产向大市场周围集中"等命题提供了微观基础。

本书中的市场准入指标的测算公式为:

$$\mathrm{MA}_{k,t} = \sum_j \tau_{k,j,t}^{-\theta}\, \mathrm{GDP}_j \qquad (6\text{-}3)$$

在式(6-3)中,$\mathrm{MA}_{k,t}$表示城市k在t时期的市场准入;$\tau_{k,j,t}$是交通成本,表示城市k与城市j之间在t时期的交通成本;GDP_j为城市j的地区生产总值,用以表示城市j的市场规模。市场准入值越大意味着这个城市能够以低成本接触到规模越大的市场。

很显然,计算市场准入值的核心为城市间的交通成本$\tau_{k,j,t}$,本书中既包含从时间价值维度出发的考察,也包含从所需费用维度出发的考察,并且会随着交通基础设施的建设而变化。因此,为了构建这一模型,本书结合已有相关研究作出以下假设。

假设一:城市间距离矩阵的构建。根据 Zheng 和 Kahn(2013)的计算实践,城市间道路距离等于城市间直线距离的 1.2 倍。城市间的直线距离则是依据各城市的经纬度坐标数据,运用 ArcGIS 计算得到。

假设二:价值的核算。为了识别高铁对出行时间和出行费用的影响,需要计算运输成本。参考既有文献[①],对运行速度和所需费用进行标准化设定:高铁的速度为 300km/h,所需费用为 0.43 元/km。在市场准入指标的计算框架下,测算高铁对市场准入的影响。

假设三:时间价值的核算。考虑到在现实中选择不同的交通出行方式意味着要取舍,即是选择更短的出行时间还是更高昂的车费? 时间和费用是在决定选择哪种交通方式时需要权衡的两个关键变量。这一点也是本书在构建动态交通成本矩阵时需要考虑的。为了反映开通高铁带来的城市间交通往来时间的节约,需要对时间价值进行核算。一般认为,高收入群体往往对时间更加看重,也就更愿意支付高昂的车费,由此可以推知工资在关于时间和车费的权衡过程中有重要作用。所以,在测度时间价值时,本书把两个城市的平均工资作为时间的单位价值。为了避免其他的内生性问题,计算时采用 2007 年的工资数据,也就是高铁开通前一年的情况。此外,为了减少跟地理有关的地区冲击造成的内生性,在所有市场准入的计算过程中,各城市生产总值均取 2000 年的数据。

假设四:参数 θ 的选择。关于反映贸易弹性的参数 θ 的估计,既有文献中基于国别层面的估计相对较多,如 Eaton 和 Kortum(2002)基于 1995 年经济合作与发展组织经济体间制造业部门内部贸易往来的

---

① 汪德根等(2015)对可达性进行了测度。他们把空间距离转化为时间距离,并设定不同类型道路的行车时速。不同地表类型具有不同的通勤方式和出行速度,通过将地表类型分为陆地、道路和水域,分别设定不同的时间成本值。确定时间成本数值的参考为平均出行 1 千米大约需要的分钟数,公式为 cost=60/v。式中的 cost 为时间成本,v 为各类空间对象的设定速度。具体速度设定为:第一,道路分为铁路、高速公路、国道和省道,根据 2005 年中国不同等级的铁路里程和速度标准,以及《公路工程技术标准》设定速度,分别为 90 km/h、120km/h、80 km/h 和 60 km/h;第二,考虑水域依然有一定的通行能力,但有些地方要绕一定距离才能到达对岸,因此也要付出比陆地交通更大的成本,所以取其平均速度为 1 km/h。第三,陆地指高速、国道、省道和水域之外的连续的陆地部分。假设陆地为均质,即在陆地上可以向任意方向出行,且出行方式自由,以步行、公交车、出租车或私家车为主,通过测试设定集成步行、公交车和出租车后的平均速度为 16 km/h。第四,高铁速度设定为 300 km/h。

数据计算得到的 θ 值为 8.28、3.6 和 12.86。Costinot 等（2012）和 Simonovska 和 Waugh（2014）进一步放宽了 Eaton 和 Kortum（2002）的假设条件，虽然同样是利用 20 世纪 90 年代经济合作与发展组织的内部贸易数据，但计算得到的 θ 值约为 4.5～6.5。囿于数据的可得性，相对而言，一国之内的估计较少，如 Bernard 等（2003）利用美国企业层面的生产率分布，估计得到 $\theta=3.6$，Donaldson（2018）利用印度地区间的贸易数据，估计得到的 θ 值约为 3.6。由于缺乏中国国内区域间贸易流动的数据，我们无法从数据中直接估计这一参数。回顾已有文献可以发现，在以中国为例的实证研究中，Tombe 和 Zhu（2019）基于文献梳理设定的 θ 值为 4，Xu（2017）基于 Simonovska 和 Waugh（2014）的研究估计得到的 θ 值也是 4，Lin（2017）的研究中将 θ 值取为 3.6。综合考虑这些研究，本书在计算中主要采用的是 $\theta=3.6$，为了验证结果的稳健性，本书将进一步对取 $\theta=4$ 和 $\theta=8.28$ 时的市场准入的计算结果进行检验。

从市场准入的计算公式来看，如果一个城市到其他城市的交通成本越低，那么这个城市的市场准入值就越大（这与通达性的解释相似）。

（三）数据来源

实证分析中所涉及的数据及来源主要有如下几类。

第一，交通数据（本书中所研究的皆为公共交通）。高铁线路的开通时间、修建时间和高铁站点等信息主要是来自历年《中国铁道年鉴》以及中国国家铁路集团有限公司（原名为中国铁路总公司，于 2018 年更名）网站报道或公告，通过手工收集和整理得到各地级及以上城市 1999—2015 年的高铁数据。高速公路的道路交通信息来自交通运输部（原名为交通部，于 2008 年更名）等的公开数据资料，经手工收集和整理得到各地级及以上城市 1999—2015 年的相关数据。铁路和航空的运输信息来自"去哪儿网",高速公路运输信息来自"客运站网"。高铁的票价、运行频次和运行时间等信息是从中国国家铁路集团有限公司的官方销售网站上获取的。

二是矢量数据。原始数据来源于中国地理空间数据云数字高程数据 SRTM(Shuttle Radar Topography Mission,简称 SRTM,精度90m)、中国行政区划矢量图、1999—2015 年的中国交通地图册。以国家测绘地理信息局(原名为国家测绘局,于 2011 年更名)提供的中国1:100万地形图作为底图,结合各年中国地图出版社出版的全国交通地图册进行更新以得到历年的铁路电子地图。在该电子地图的基础上结合历年各城市交通线路信息,利用地理信息系统软件 ArcGIS 从总交通网络图中筛选得到各年份交通线路示意图,将数据属性表中报告的城市高铁数据与公开资料中的高铁开通信息相互对比并进行补充。

三是城市经济数据。此类数据主要是指从《中国城市统计年鉴》中获得的关于城市经济特征的数据,一些年份的缺失值根据《中国区域经济统计年鉴》和各省份或城市统计年鉴进行补充。其中,《中国城市统计年鉴》中的地级及以上城市层面数据涉及外贸、平均工资、固定资产投资以及地方政府的财政收支等内容。《中国区域经济统计年鉴》的数据涉及价格和工业产出等内容。表 6-2 为实证探究中涉及主要变量的描述性统计。

表 6-2　主要变量的描述性统计

变量	含义及计算说明	观测数	均值	最大值	最小值	标准差
I	港口腹地经济一体化水平,根据相对价格指数法计算后取对数	1547	0.011	0.046	0.001	0.009
MAHSR	高铁带来的市场准入	1547	12.420	18.800	0.000	4.233
Pop	常住人口规模,取对数	1547	6.021	7.200	5.243	0.851
Trade	外贸依存度	1547	0.100	0.751	0.004	0.184

变量	含义及计算说明	观测数	均值	最大值	最小值	标准差
Highway	高速公路里程数,取对数	1547	9.253	9.918	8.006	1.638
Finance	地方财政支出,取对数	1547	15.678	17.975	14.923	0.268

第二节　实证结果和分析

一、基准回归

表 6-3 是高铁对港口腹地经济一体化影响的 DID 回归结果,实证回归所得到的结论与理论分析定性预期的作用反向相符,即开通高铁有助于地区进一步提升港口腹地经济一体化程度。表 6-3 的第(1)列到第(7)列是逐步增加控制变量的结果,第(1)列是未加入控制变量的情况下高铁变量与城市的港口腹地经济一体化的回归结果,从第(2)列开始在回归模型中逐步加入城市固定效应、时间固定效应、人口、外贸、高速公路、地方财政支出等控制变量,第(7)列为最终的回归结果。最终结果显示,相较于未开通高铁的城市,开通高铁城市的港口腹地经济一体化程度更高,边际促进效应约为 8.0%。此外,包含控制变量的回归结果显示,人口规模和地方财政支出的影响并不显著,外贸依存度和高速公路对城市港口腹地经济一体化的影响是显著正向的。

表 6-3　高铁对港口腹地经济一体化影响的基准回归

	(1)	(2)	(3)	(4)	(5)	(6)	(7)
MAHSR	−0.335***	−0.301***	−0.114***	−0.107***	−0.090***	−0.081***	−0.080***
	(−4.14)	(−46.24)	(−4.28)	(−4.21)	(−3.32)	(−3.16)	(−3.13)
Pop				0.001***	0.079	0.044	0.022
				(3.33)	(1.43)	(0.77)	(0.97)
Trade					0.179***	0.166***	0.139***
					(4.48)	(4.38)	(4.19)
Highway						0.911*	0.705*
						(3.52)	(2.95)
Finance							−0.021
							(−1.38)
常数项	−30.79***	−29.38***	0.14*	−76.46***	−33.10***	−31.51***	−32.53***
	(−4.06)	(−4.33)	(2.09)	(−2.79)	(−4.88)	(−4.69)	(−3.37)
城市固定效应	否	是	是	是	是	是	是
时间固定效应	否	否	是	是	是	是	是
观测值	1547	1547	1547	1547	1547	1547	1547
R^2	0.386	0.642	0.647	0.716	0.729	0.878	0.878

注：括号内为 t 值。* 表示 $0.05 \leqslant p < 0.10$，** 表示 $0.01 \leqslant p < 0.05$，*** 表示 $p < 0.01$。

二、稳健性检验

为了进一步验证实证回归结果的稳健性，本研究分别采用替代变量、对变量进行滞后处理以及随机生成的安慰剂检验等方法展开探究。

（一）替代变量

一般认为高铁有助于促进港口腹地经济一体化的提升的基本出

发点是交通基础设施的建设能带来地区间交往成本的降低,因此本书分别采用城市的客运量、城市的货运量和城市的高铁班次数作为港口腹地经济一体化指标的替代变量。表 6-4 的第(1)、(2)、(3)列分别对应三个替代变量的回归结果,开通高铁具有正向影响的结论与基准回归基本相符,验证了稳健性。

表 6-4　稳健性检验

	(1) 客运量	(2) 货运量	(3) 高铁班次数	(4)
MAHSR	0.207* (1.90)	0.005 (0.35)	0.165* (1.72)	
MAHSR 滞后项				−0.146** (−1.88)
控制变量	是	是	是	是
常数项	−41.47*** (−4.99)	−20.58** (−2.46)	0.00 (0.00)	0.00 (0.00)
城市固定效应	是	是	是	是
时间固定效应	是	是	是	是
观测值	1547	1547	1547	1547
R^2	0.778	0.652	0.527	0.916

注:括号内为 t 值。* 表示 $0.05 \leqslant p < 0.10$,** 表示 $0.01 \leqslant p < 0.05$,*** 表示 $p < 0.01$。

(二)对变量进行滞后处理

考虑到同时期数据可能存在内生性问题,因此本书又对变量做了滞后处理,回归结果如表 6-4 中的第(4)列所示,可以看出,这一回归结果亦支持了原结论。

(三)随机生成的安慰剂检验

随机选择开通高铁的城市,以排除高铁开通对港口腹地经济一体化的影响受到遗漏变量干扰的可能性。本书参考 Li 和 Xu(2018)的做法,根据每年开通高铁城市的数量随机选择相同数量的处理组城市,构造虚拟的、人为设定的处理变量,使用计量方程式(6-1)的模型设定对城市的港口腹地经济一体化重复进行 1000 次回归,图 6-2 绘制了模拟中的处理变量的回归系数和 p 值的分布图。基于随机样本估计得到的回归系数分布在 0 附近,进一步计算得到模拟中回归系数的均值是－0.154,而本书的基准回归系数是－0.080,大于绝大部分模拟值。因此,安慰剂检验的结果也支撑了基准回归的结论,即开通高铁为城市带来了港口腹地经济一体化程度提升的结果。

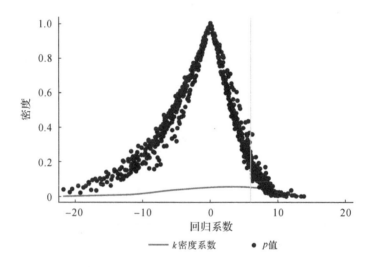

图 6-2　随机分配开通高铁城市的模拟结果

三、内生性处理

尽管基准回归和稳健性检验已经得出了较为一致的结论,但识别交通基础设施对港口腹地经济一体化影响的过程中不可忽视的内生性问题(Redding & Turner,2015)仍有待解决。本书中分别采用了PSM-DID 法和工具变量法尝试解决内生性问题。

（一）PSM-DID

1. 特征性事实

为找到控制组和处理组的具体对象，我们筛选出修建高铁的城市和未修建高铁的城市，然后观察修建高铁城市的港口腹地经济一体化在修建前后的变化。将两类城市从 $T=-4$ 到 $T=4$ 期的港口腹地经济一体化指标的变化情况置于图 6-3 中可以发现：第一，当 $T<0$ 时，即修建高铁前，修建高铁的城市港口腹地经济一体化程度高于未修建高铁的城市，说明高铁的修建存在自选择效应；第二，当 $T<0$ 时，即修建高铁前，两类城市人均贸易量对数值的时间趋势基本保持一致，仅未修建高铁的城市在 $T=-1$ 到 $T=0$ 期间出现了下降；第三，当 $T>0$ 时，即修建高铁后，开通高铁城市的港口腹地经济一体化程度先是与没有修建高铁的城市有一个同趋势的上升，但在 $T=3$ 到 $T=4$ 期之间出现了明显下降的趋势。这说明城市修建高铁与城市贸易之间存在一定的关联。简单的描述性统计虽然并不能证明修建高铁与城市的港口腹地经济一体化之间的因果关系，但为我们之后使用 PSM-DID 法更精确地估计修建高铁对港口腹地经济一体化的作用提供了初步的依据。

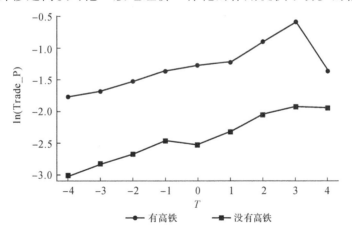

图 6-3　城市修建高铁前后各年份港口腹地经济一体化情况

2. PSM-DID 原理

城市控制及识别假设。中国高铁的运营规模是史无前例的,而且中国高铁的快速扩张在一定程度上又使得任一城市连入高铁网络与否成为一个准外生变量,这两个条件使其成为一个模拟自然实验的理想变量,中国高铁因而成为研究高铁经济效应的理想对象。

高铁对人们的出行模式和企业的区位选择有着显著的影响(Bradsher,2013),对港口腹地经济一体化的影响在理想的情况下应该等于修建高铁的城市修建高铁后的港口腹地经济一体化程度与其选择不修建高铁后的港口腹地经济一体化程度的差,如式(6-4)所示。

$$E\{ZL_{i,s}^1 - ZL_{i,s}^0 \mid START_i = 1\}$$
$$= E\{ZL_{i,s}^1 \mid START_i = 1\} - E\{ZL_{i,s}^0 \mid START_i = 1\} \quad (6\text{-}4)$$

其中,$ZL_{i,s}^1$ 与 $ZL_{i,s}^0$ 分别表示在 $s = 0$ 时修建高铁的城市在 s 期选择修建高铁和选择不修建高铁时的港口腹地经济一体化程度,$START_i = 1$ 表示修建高铁的城市。但是在现实中,我们无法得知修建高铁的城市没有选择修建时的状况,因此只能采用没有修建高铁的城市的状况代替。然而,我们也知道经济状况越好的城市往往越倾向于修建高铁,同时经济状况好的城市的港口腹地经济一体化程度也更高,即存在选择性偏误,这会导致对修建高铁的城市的效应估计结果有偏。

$$E\{ZL_{i,s}^0 \mid START_i = 1\} > E\{ZL_{i,s}^0 \mid START_i = 0\} \quad (6\text{-}5)$$

为了解决这一问题,本书参照 De Loecker (2007)等的做法,采用了 PSM-DID(即倾向值匹配后的双重差分法)进行估计。倾向评分匹配的原理是:首先,筛选出处理组城市(修建高铁的城市)和比较组城市(未修建高铁的城市);然后,通过匹配,从比较组城市(未修建高铁的城市)中选出与处理组城市(修建高铁的城市)尽可能相近的一组城市,这能在一定程度上消除城市可观测因素的影响;最后,采用双重差分法估计修建高铁的城市的港口腹地经济一体化效应[①]。这一方法被广泛应用于有关政策评估的研究中(De Loecker,2007;Utar,2009;邱斌等,2012)。下面是本研究应用这一方法的具体过程。

第一,筛选出用于分析的处理组城市和比较组城市。将样本期内修建了高铁的城市作为处理组,比较组则选择在样本期内一直存在的未修建高铁的城市。

第二,匹配。倾向值匹配是基于城市修建高铁的概率对处理组和比较组进行配对的一种方法。在本书的研究中,由于处理组城市开始修建高铁的时间并不相同,我们需要分年份进行匹配。在对任一年城市进行匹配的过程中,我们需要筛选出当年新修建高铁的城市以及全部比较组城市,以修建与否(修建高铁取 1,不修建取 0)作为因变量,并以前一期可观测的协变量作为自变量进行 Logit 模型估计,如式(6-6)所示。根据估计的结果,我们进一步对修建高铁城市的概率进行拟合,并根据修建高铁概率的相近度对处理组和比较组进行配对。匹配质量决定了修建高铁对城市贸易影响的估计是否可靠。为此,在每次匹配过后,我们还会分别进行平衡性假设检验和共同支撑假设检验,针对检验的结果不断调整匹配的方法和参数,直到得到的匹配结果符合要求,确保匹配后能得到可靠的估计结果。

$$\Pr\{\text{START}_{i,0} = 1\} = \varPhi\{h(X_{i,-1})\} \tag{6-6}$$

参考已有文献,倾向值匹配过程中协变量应选取能同时影响城市修建高铁行为决定和城市港口腹地经济一体化的变量(Rosenbaum & Rubin 1985;Heckman,1979),从而在处理选择性偏误的同时对其他影响城市港口腹地经济一体化的因素加以控制。根据这一条件,本书在选取匹配变量时,借鉴了相关修建高铁的实证研究文献所选取的匹

[①]　这一处理方法参照了 Blundell 和 Costa(2000)的研究方法,在匹配中融入双重差分法,以减少非参数估计的偏差。

配变量(Martincus et al.,2014;Coşar & Demir,2016),以及港口腹地经济一体化相关实证文献中产生影响的可能因素的变量(Eaton & Kortum,2002;Glaeser & Gottlieb,2009)。最终,我们选取了以下变量作为我们的匹配变量:是否有机场、公路密集度、是否有普通铁路、固定资产投资、地方财政支出、教育投资、工业企业单位数,以及地区虚拟变量。各匹配变量的具体定义和形式如表 6-5 所示。

表 6-5   匹配变量的定义及度量

变量名	形式	变量说明
是否有机场	虚拟变量	有机场取 1,无机场取 0
公路密集度	对数	公路里程(千米)/土地面积(平方千米),取其对数形式
是否有普通铁路	虚拟变量	有普通铁路取 1,无普通铁路取 0
固定资产投资	对数	人均固定资产投资(不含农户)(万元/人),取其对数形式
地方财政支出	对数	人均地方财政一般预算支出(万元/人),取其对数形式
教育投资	对数	人均用于教育途径的财政支出(万元/人),取其对数形式
工业企业单位数	对数	人均工业企业单位数(个),取其对数形式

第三,结合双重差分法对高铁的港口腹地经济一体化效应进行估计。首先用新修建高铁城市的港口腹地经济一体化倾向值减去城市修建高铁前十年的港口腹地经济一体化倾向值(这里也可以以前十年的平均值作为稳健性检验),得到一定时间段内城市港口腹地经济一体化的差,这样就去掉了不会随时间变化的不可观测因素对城市港口腹地经济一体化的影响;然后用新修建高铁城市的港口腹地经济一体化的差减去与之匹配的未修建高铁城市的港口腹地经济一体化在同时期的差,剔除共同受到的其他宏观因素可能带来的影响,最终得到的就是修建高铁对港口腹地经济一体化的影响,即

$$\text{DATT}_s = \frac{1}{N_s} \sum_i \left[(\text{ZL}_{i,s}^1 - \text{ZL}_{i,s_{-s}}^1) - \sum_{j \in \mathbf{C}(i)} w_{i,j} (\text{ZL}_{j,s}^C - \text{ZL}_{j,s_{-s}}^C) \right] \quad (6\text{-}7)$$

3. PSM-DID 方法估计高铁的港口腹地经济一体化效应

为了获取城市修建高铁的倾向值,我们需要筛选出对应年份新修建高铁的城市和一直未修建高铁的城市,以修建高铁与否作为因变量,以修建高铁前一年可观测到的城市特征变量作为自变量,进行 Logit 估计。

根据估计得出的城市修建倾向值,我们采用 1∶2 临近匹配的方法[①]为处理组城市筛选出配对城市。匹配质量决定了我们最后因果效应的估计是否可信,在匹配过后我们需要对其进行检验。有效的匹配应该使得匹配结果满足平衡性检验和共同支撑检验。本书分别对各年份的匹配结果进行了以上两种检验。根据 Smith 和 Todd(2005)的研究,平衡性检验是针对配对后新修建高铁的城市与未修建高铁的城市协变量的标准偏差进行的检验。协变量 X 的标准偏差为:

$$\text{biss}(X) = \frac{100 \frac{1}{n} \sum_{i \in (T=1)} \left[X_i - \sum_{j \in (T=0)} g(p_i, p_j) X_j \right]}{\sqrt{\frac{\text{var}_{i \in (T=1)}(X_i) + \text{var}_{j \in (T=0)}(X_j)}{2}}} \quad (6\text{-}8)$$

标准偏差值越小说明处理组和比较组协变量的差异越小,也即匹配质量越好。参照 Rosenbaum 和 Rubin(1985)的研究,当标准偏差的绝对值小于 20 时,匹配结果可以接受。匹配前处理组和比较组样本的特征变量的均值差异明显,p 值基本上都接近 0,表明两组样本的协变量存在统计上的显著差异;经过倾向值匹配后,两者的差异显著减小,p 值明显上升。其他年份匹配的平衡性检验结果与 2013 年大体相同。

共同支撑假设要求两组样本之间的港口腹地经济一体化倾向值

---

① 采用 1∶2 临近匹配的方法进行匹配,主要是从估计效率角度考虑的。在稳健性检验中,我们还采用了其他配对方法,所得到的结果依然稳健。

的分布相同。各年份的共同支撑检验结果均显示：匹配前，两组样本城市的修建高铁倾向值的分布有明显差异；匹配后，两组样本城市修建高铁倾向值的分布变得相对一致。图 6-4、图 6-5 为 2013 年匹配前后的修建高铁倾向值的分布图，从中可以看出上述规律。

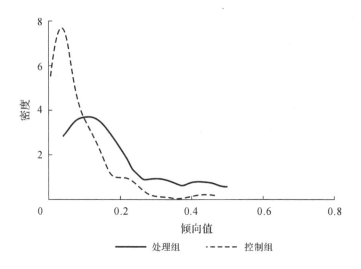

图 6-4　匹配前共同支撑假设检验结果(2013 年)

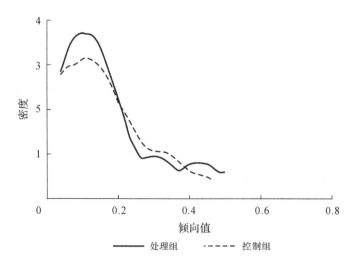

图 6-5　匹配后共同支撑假设检验结果(2013 年)

在上述理论分析的基础上,进一步分析修建高铁对城市港口腹地经济一体化影响的估计结果。根据式(6-7),我们可以估计修建高铁对城市港口腹地经济一体化因果效应的估计值 DATT$_s$。结果如表 6-6 所示,该估计值反映了修建高铁前后各年份因为修建高铁而产生的城市港口腹地经济一体化对数值的变化量,通过该估计值的正负以及是否显著异于 0,我们可以判断修建高铁是促进还是抑制了城市港口腹地经济一体化,以及这些影响是否在统计上显著。

表 6-6　2009—2013 年匹配的 Logit 估计结果

变量	(1) 2009 年	(2) 2010 年	(3) 2011 年	(4) 2012 年	(5) 2013 年
是否有机场	−0.286 (−0.42)	0.047 (0.07)	0.000 (0.00)	−0.412 (−0.66)	0.651 (1.55)
高速公路密度	−0.172 (−0.25)	1.968*** (2.12)	1.601** (3.20)	0.840 (1.12)	−0.226 (−0.54)
是否有普通铁路	0.000 (0.00)	0.000 (0.00)	0.000 (0.00)	0.000 (0.00)	−1.283 (−1.01)
人均教育投资	−3.566*** (−3.15)	4.277*** (4.36)	4.528** (3.72)	0.897 (0.29)	3.086** (2.14)
人均固定资产投资	0.439 (0.48)	2.285** (2.11)	1.736** (2.97)	2.736*** (3.11)	3.721*** (3.48)
人均地方财政支出	0.915 (0.03)	−6.337*** (−3.18)	−5.709*** (−2.91)	−4.586*** (−2.92)	−7.102*** (−3.82)
常数项	−12.500*** (−3.57)	9.820** (2.47)	1.267 (0.55)	−5.342 (−0.43)	−0.032 (−0.01)
N	107	185	184	195	203

注:括号内为 t 值。* 表示 $0.05 \leqslant p < 0.10$,** 表示 $0.01 \leqslant p < 0.05$,*** 表示 $p < 0.01$。

将高铁开通运营那年调整为 0,1、2、3、4 分别表示修建后的第 1、2、3、4 年,−1、−2、−3、−4 则分别表示修建前的第 1、2、3、4 年。从

表 6-7 的汇总结果中可以发现,开通高铁显著地促进了城市港口腹地经济一体化的提升,并且其效应一般在开通后的第二年开始显现。

表 6-7　高铁的港口腹地经济一体化效应(PSM-DID 回归结果)

T	-4	-3	-2	-1	0	1	2	3	4
一体化效应	-0.061 (-0.38)	-0.215 (-0.29)	-0.120 (-1.52)	-0.214 (-1.44)	-0.152 (-1.15)	-0.213 $-(0.59)$	-0.266^* (-1.93)	-0.502^* (-1.87)	-0.773^* (-1.88)

注:括号内为 t 值。* 表示 $0.05 \leqslant p < 0.10$。

(二)工具变量法

借鉴 Faber(2014)高速公路工具变量的选用原理,本书也以“最小生成树”这一概念来构建高铁的工具变量。用于构造工具变量的地理数据来自地理空间数据云[①],原始数据为 SRTM 高程数据。将高程数据导入 ArcGIS 后,先进行镶嵌和按国界形状裁剪等图像文件的预处理。对原始数据的处理步骤大致分为:首先,利用空间分析模块从原始数据中提取各单元格(栅格文件的最小单元)的水文信息($water_i$)、坡度信息($slope_i$)和起伏度信息($grads_i$),再利用栅格计算器按地理开发成本公式(汤国安和杨昕,2012)计算得出地图上每个单元格的地理开发成本。然后,调用 ArcGIS 的空间分析模块,将靶点城市(即所有省会城市)以及所有单元格的开发成本两个数据输入,运行后便可得到遵循地理开发成本最低原则的成本路径($cost\_path$)[②]。最后,将栅格数据导出,得到关于各地级及以上城市是否开通高铁的虚拟变量(0-1),并以此作为高铁的工具变量。地理开发成本公式如式(6-9)所示。

$$cost\_path_i = 0.3water_i + 0.4slope_i + 0.3grads_i \qquad (6-9)$$

① 地理空间数据云是中国科学院计算机网络信息中心的公开数据平台。
② 即输入为靶点城市(起点、终点)和成本栅格文件,输出为最优路径网络。

表 6-8 呈现的是工具变量的回归结果。第(1)列为高铁对港口腹地经济一体化的二阶段回归结果。结果显示影响显著为正,与理论分析一致。第(2)列为工具变量对港口腹地经济一体化的简约回归结果,从表中数据可以看出,其结果也是显著为正,虽然作用方向没有变化但是数值明显变小,这反映了工具变量的使用进一步减少了基准回归的内生性问题。第(3)列为工具变量对高铁的一阶段回归,F 值大于 20,且结果显著为正,说明两者之间相关度很高,而用地理信息计算得来的数据又确保其不受地区经济发展水平的影响,这可以说是工具变量选用合理性的再度验证。总的来看,工具变量的回归结果与我们的预期非常接近,与理论分析的契合度较高。

表 6-8　工具变量的回归结果

变量	(1) 二阶段回归	(2) 简约回归	(3) 一阶段回归
高铁	-3.153^{**} (-2.36)		
工具变量		-0.143^{***} (-2.69)	0.040^{***} (4.55)
控制变量	是	是	是
观测数	257	257	257
R^2	0.498	0.603	0.125
F 值			20.641

注:括号内为 t 值。$*$ 表示 $0.05 \leqslant p < 0.10$, $**$ 表示 $0.01 \leqslant p < 0.05$, $***$ 表示 $p < 0.01$。

第三节　小　结

当前,我国沿海港口群的大规模布点已基本完成,港口的空间分布骨架较为稳定,港口发展格局的变动更多地体现为港口规模的变化、职能分工的调整。随着全方位对外开放战略的深入实施,我国在深度融入全球经济贸易体系的同时,也在积极参与全球治理。提高国际地位与掌握国际话语权是我国推进高水平对外开放的重要目标。在这一过程中,作为对外开放的门户与枢纽,主要港口群的职能将依托区位和城市条件,不断分化和深化。

本节研究通过匹配 1999—2015 年中国五大港口群内的 90 个腹地城市数据和高铁数据,在运用相对价格指数测算腹地城市与所在港口群内港口的港口腹地经济一体化程度的基础之上,就高铁对港口腹地经济一体化的影响进行了实证回归。基准回归结果显示,高铁对港口腹地经济一体化有显著的促进作用,边际效应约为 8.0%。在进一步的分析中,本书分别使用替代变量、滞后项等进行稳健性检验,所得到的结果都较为稳健。随机模型生成高铁变量方法下的安慰剂检验结果进一步支持了原结论。此外,为了解决识别高铁经济效应可能存在的其他内生性问题,本章结合使用了 PSM-DID 法和基于地理信息构建的工具变量法来进行检验,所得到的结果都未改变原结论。

第七章　高铁网络影响港口腹地经济一体化的机制分析

　　高铁建设在中国各个城市之间陆续展开,自 2008 年以来每年都会有大量城市开通高铁,这为学者研究高铁开通对区域经济的影响提供了理想的自然实验情境。本章沿着上章的研究路径,聚焦高铁开通对区域要素错配的影响分析,对开通高铁城市的港口腹地经济一体化效应机制进行学理分析。已有学者研究发现,高铁开通提高了地区与企业的生产率,而生产率提升的途径之一就是改善要素错配(张梦婷等,2018;柏培文和杨志才,2019;刘冲等,2020)。空间经济学的基本结论表明,随着运输成本的不断降低,区域企业分布将从分散走向集聚再走向分散(Zeng,2016),从而实现资源的有效配置。而空间经济学中的大多数模型忽略了劳动力要素跨区域流动的迁移成本,将劳动力限定为不可流动或完全自由流动。可以设想一下,如果考虑劳动力的流动便利性,那么空间经济学的资源有效配置能否实现?关于这一问题,对高铁开通是否有助于改善区域要素错配的研究可以帮助我们找到答案。

第一节　实证模型

　　基于前文所述的内容,为验证高铁会通过资源再配置的机制对港口腹地经济一体化产生影响,本书首先设置回归方程式(7-1)对高铁与资源错配的因果关系进行识别。

$$\tau_{i,t} = \alpha_0 + \alpha_1 \mathrm{HSR}_{i,t} + X_{i,t} + \lambda_i + \eta_t + \varepsilon_{i,t} \tag{7-1}$$

其中:$\tau_{i,t}$为被解释变量,表示地级及以上城市 i 在 t 时期的要素错配率。$\mathrm{HSR}_{i,t}$为地区虚拟变量,将在 t 时期已开通高铁的地区设为 1,未开通高铁的地区设为 0。$X_{i,t}$表示其他的控制变量,与基准回归模型一致,包括人口规模、外贸依存度、地区内高速公路、地方财政支出等。λ_i,η_t分别为城市固定效应和时间固定效应。$\varepsilon_{i,t}$为随机误差项。

　　然后将资源错配以交叉项的形式纳入基准回归模型,可得:

$$\ln(I_{i,t}) = \beta_0 + \beta_1 \mathrm{HSR}_{i,t} + \beta_2 \mathrm{HSR}_{i,t} * \tau_{i,t} + \beta_3 \mathrm{Pop}_{i,t} + \beta_4 \mathrm{Trade}_{i,t}$$
$$+ \beta_5 \mathrm{Highway}_{i,t} + \beta_6 \mathrm{Finance}_{i,t} + \delta_i + \sigma_t + \varepsilon_{i,t} \tag{7-2}$$

　　自 Hsieh 和 Klenow(2009)提出资源错配这一概念以来,学界尚未形成广为接受的衡量资源错配程度方法,需要说明的有以下几点。

　　第一,测算方法的选择。既有研究使用的方法可以概括为两种:一是直接测算法。此类方法直接将某类因素引入企业模型当中,定量分析该因素对资源错配及全要素生产率的影响。如 Moll(2014)、Midrigan 和 Xu(2014)将金融市场不完善和金融摩擦模型化为融资约束。然而,现实中有大量难以直接量化和观察的因素会导致资源错配,例如企业通过政治关联享受到的包括税收、补贴和贷款在内的优惠政策,这也是直接测算法的局限性所在。二是间接测算法。此类方法考察所有潜在因素对资源错配与全要素生产率的净影响(Restuccia & Rogerson,

2013)。在资源错配成因错综复杂的情况下,间接测算法相较于直接测算法而言更能区分出某一具体因素对资源错配的重要程度。

第二,地区层面的处理。基于数据可得性和测算路径,既有研究中所讨论的资源错配一般是在行业或区域范畴内的一个概念,本书考察的是地区和城市层面的资源错配情况。因此,在前文计算得到企业全要素生产率的基础之上,本书采用加总的方法计算了行业的全要素生产率离散度,再在地级及以上城市层面进行加总。

第三,具体指标的使用。本书参考 Olley 和 Pakes(1996)、Syverson(2004)、孙浦阳等(2011)和 Bartelsman 等(2013)的做法,同时使用 OP 协方差 OPcov、90％分位企业的全要素生产率与 10％分位企业的全要素生产率之比(90-10 分位数差)、95％分位企业的全要素生产率与 5％分位企业的全要素生产率之比(95-05 分位数差)、行业内全要素生产率分布的标准差四种指标测算资源错配程度。其中,95-05 分位数差、90-10 分位数差、全要素生产率标准差的数值越高表示资源错配程度越高,而 OP 协方差 OPcov 的数值越高则表示资源错配程度越低,其经济学含义为:企业份额与生产率的协方差 OPcov 度量企业的产出或职工人数份额是否与生产率成比例增长,若资源得到优化配置,则意味着贡献更多生产率的优秀企业理应得到更多资源,相应地,OP 协方差便越高(章韬和孙楚仁,2012;高凌云等,2014)。因此,OPcov 越低表示资源错配越严重,OPcov 等于 0 则表示优秀企业完全没有得到与其生产率贡献相匹配的资源,即资源是随机分配的。通常而言,发达国家的 OPcov 较高,如美国的 OPcov 最高达到了0.51,转型国家的 OPcov 则非常低,中国更是接近最低水平,有时OPcov 甚至为负(Bartelsman et al.,2013),出现这种结果的原因之一可能是所有制的差异(聂辉华和贾瑞雪,2011)。

本书使用生产要素(劳动力和资本)的非最优配置程度进行衡量,

其主要测算方法有影子价格法、前沿分析法等。而生产函数测算法能够直接衡量出各种要素的边际产出,所以本书选取柯布-道格拉斯生产函数对要素错配程度进行测量。其中,MPL 为劳动力的边际产出,MPK 为资本的边际产出,w 为当年城镇居民工资均值,r 为当年金融机构法定贷款利率均值。劳动力投入量为各地区年末城镇就业人口总数,资本投入量根据永续盘存法计算而得。具体衡量公式如(7-3)和(7-4)所示。

$$\tau_{i,l} = \mathrm{MPL}/w \tag{7-3}$$

$$\tau_{i,k} = \mathrm{MPK}/r \tag{7-4}$$

第二节 变量与数据

本书的数据来源主要有:1999—2011 年《中国城市统计年鉴》、1999—2011 年《中国区域经济统计年鉴》、1999—2011 年工业企业数据库、中国地形图、全国交通地图册、1999—2011 年《中国铁道年鉴》、百度地图开放平台等。本书所选取的数据按内容大致可以分为以下两大类。

第一,高铁数据。这类数据主要来自《中国铁道年鉴》,以及中国国家铁路集团有限公司网站等的新闻报道或公告,搜集、获得关于高铁线路的开通时间以及规划修建时间等信息。各城市内高铁站点的信息是结合 12306 网站和"去哪儿网"上的信息而得到的。此外,各站点和城市中心精确的经纬度数据均来自百度地图开放平台。高铁站到城市中心的距离,即高铁对城市经济的辐射和影响半径,是利用所有高铁站点的经纬度和城市中心的经纬度,经 ArcGIS 10.2 计算而来的。在对机制的验证中,还能够根据高铁站到城市中心的距离来细分样本进行检验,这一细分可以在很大程度上不遗漏高铁站和城市中心之间距离产生的偏误,而且可以将那些名义上没有开通高铁,但实际上位于高铁经济效应辐射范围内的城市数据包含在内。

第二,区域数据。这类数据主要是指从《中国城市统计年鉴》中获得的关于城市经济特征的数据,一些年份的缺失值由《中国区域经济统计年鉴》予以补充。《中国城市统计年鉴》中的地级及以上城市层面的数据涉及农业、服务业、人口、不同部门的就业、平均工资、固定资产投资,以及地方政府的财政收支等内容。《中国区域经济统计年鉴》的数据涉及房地产投资、价格和工业产出等内容。

第三节　结果及讨论

一、基准回归结果

在进行回归之前,本书借鉴 Tanaka(2023)的做法,以 2012 年为时

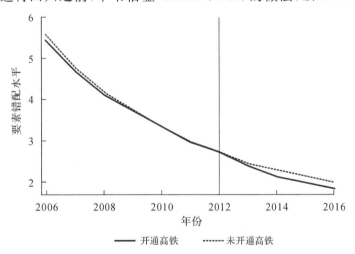

图 7-1　开通高铁与未开通高铁城市要素错配水平平行趋势

间节点绘制开通高铁与未开通高铁城市要素错配水平的平行趋势图，从图 7-1 可以看出，2009 年至 2012 年间，处理组与对照组要素错配水平近乎重合，说明平行趋势假设得到验证，双重差分模型具备适用性。

表 7-1 为高铁开通对劳动力要素错配影响的回归结果，其中第 (1)列为不加入控制变量，将高铁开通与劳动力要素错配进行回归得到的回归系数。

表 7-1　高铁开通对劳动力要素错配影响的回归结果

	(1)	(2)	(3)	(4)	(5)
MAHSR	-0.288^{***} (-16.46)	-0.254^{***} (-14.42)	-0.101^{***} (-7.16)	-0.079^{***} (-5.47)	-0.065^{***} (-4.53)
Pop		-0.062^{***} (-9.12)	-0.034^{***} (-6.52)	-0.031^{***} (-6.00)	-0.028^{***} (-5.34)
Trade			-0.596^{***} (-41.46)	-0.554^{***} (-35.87)	-0.543^{***} (-35.26)
Highway				-0.100^{***} (-7.07)	-0.082^{***} (-5.72)
Finance					-0.120^{***} (-6.65)
常数项	1.794^{***} (-38.15)	2.363^{***} (-33.86)	8.508^{***} (-53.93)	7.850^{***} (-43.15)	7.671^{***} (-42.04)
观测值	2989	2866	2866	2866	2865
城市固定效应	是	是	是	是	是
R^2	0.27	0.30	0.58	0.58	0.59

注：括号内为 t 值。*** 表示回归系数在 1% 的显著性水平下显著，** 表示回归系数在 5% 的显著性水平下显著，* 表示回归系数在 10% 的显著性水平下显著。

结果显示，高铁开通对劳动力要素错配的回归系数为 -0.288，且在 1% 的显著性水平下显著，说明高铁开通显著改善了地级及以上城市的劳动力要素错配，降低了劳动力要素错配的程度。第(2)—(5)列为逐步加入各个控制变量的回归结果，从第(2)—(5)列可以看出，各个控制变量的回归系数均为负且在 1% 的显著性水平下显著。在逐步加入控制变量后,高铁开通的双重差分项一直为负,且在 1% 的显著性水平下显著,同时回归结果非常稳健,说明高铁开通显著改善了地级及以上城市的劳动力要素错配,降低了劳动力要素错配的程度。

表 7-2 为高铁开通对资本要素错配影响的回归结果。同样地,第(1)列为高铁开通双重差分项对资本要素错配程度的回归系数,在 1% 的显著性水平下显著为负。类似于对劳动力要素错配的影响,各个控制变量对资本要素错配的影响也均在 1% 的显著性水平下显著为负,高铁开通对地级及以上城市资本要素错配的影响在 1% 的显著性水平下显著为负,说明高铁开通显著改善了地级及以上城市的资本要素错配。

表 7-2　高铁开通对资本要素错配影响的回归结果

	(1)	(2)	(3)	(4)	(5)
MAHSR	−1.413*** (−20.93)	−0.965*** (−15.02)	−0.766*** (−12.42)	−0.586*** (−9.39)	−0.354*** (−5.72)
Pop		−0.652*** (−24.50)	−0.546*** (−19.54)	−0.430*** (−14.66)	−0.347*** (−12.17)
Trade			−0.408*** (−17.24)	−0.376*** (−16.13)	−0.330*** (−14.66)
Highway				−0.702*** (−11.04)	−0.386*** (−5.82)
Finance					−0.380*** (−6.14)
常数项	2.683*** (−127.54)	6.907*** (−40.05)	10.300*** (−42.00)	17.540*** (−25.12)	12.530*** (−15.94)
观测值	3113	3011	2883	2883	2882
城市固定效应	是	是	是	是	是
R^2	0.13	0.29	0.37	0.40	0.45

注:括号内为 t 值。*** 表示回归系数在 1% 的显著性水平下显著,** 表示回归系数在 5% 的显著性水平下显著,* 表示回归系数在 10% 的显著性水平下显著。

二、内生性问题

尽管表 7-1 和表 7-2 的回归结果非常稳健,即高铁开通在 1% 的显著性水平下显著改善了劳动力和资本要素错配,但是回归存在着潜在的内生性问题,即有可能存在遗漏变量会同时影响地级及以上城市高铁开通和要素错配程度,从而给高铁开通对要素错配程度的回归系数带来偏误,为了解决遗漏变量的内生性问题,本书选取地级及以上城市平均地理坡度作为高铁开通的工具变量,各个地级及以上城市的平均地理坡度由 ArcGIS 测算而得。工具变量的选取要满足相关性与外生性条件,地级及以上城市的地理坡度越大,建造高铁的困难程度就越高,建造所耗费的成本也就越大,所以地理坡度会显著降低城市开通高铁的概率,也就是说满足相关性要求;此外,地级及以上城市平均地理坡度作为外生变量,不会直接影响区域要素错配,因此也满足外生性要求。本书选用两阶段回归进行工具变量估计,第一阶段的主要公式为式(7-5),把各地级及以上城市是否开通高铁对地级及以上城市平均地理坡度进行回归,并进一步得到各个地级及以上城市高铁开通的拟合概率值;第二阶段的主要公式如式(7-6)所示,考察第一阶段所得到的地级及以上城市高铁开通概率对要素错配的影响。

$$\text{HSR}_i * \text{post}_t = \beta_0 + \beta_1 \text{slope}_{i,t} + \beta_2 X_{i,t} + l_i + h_t + e_{i,t} \quad (7\text{-}5)$$

$$t_{i,t} = \beta_0 + \beta_1 \text{prob}(\text{HSR}_i * \text{post}_t) + \beta_2 X_{i,t} + l_i + h_t + e_{i,t} \quad (7\text{-}6)$$

表 7-3 的回归结果显示,第一阶段的回归系数为负,且在 1% 的显著性水平下显著,说明地级及以上城市平均地理坡度对高铁开通具有显著的负向影响,平均地理坡度越大,地级及以上城市开通高铁的概率越低,工具变量满足相关性假设。从第二阶段的回归结果来看,在选用平均地理坡度作为工具变量的二阶段回归结果中,高铁的回归系数依然为负,且在 1% 的显著性水平下显著,说明在考虑

高铁开通与要素错配间潜在的内生性问题之后,高铁开通对要素错配的影响依然显著为负,即高铁开通有效地改善了地级及以上城市的要素错配情况。

表 7-3　平均地理坡度作为工具变量的回归结果

变量	(1) 第一阶段高铁	(2) 第二阶段劳动力错配	(3) 第二阶段资本错配
slope	-0.070^{***} (-3.61)		
prob(HSR * post)		-0.901^{***} (-6.05)	-2.522^{***} (-3.77)
常数项	-5.702^{***} (-8.24)	7.358^{***} (-31.52)	16.670^{***} (-15.81)
控制变量	是	是	是
观测值	3009	2865	2883

注:括号内为 t 值。*** 表示回归系数在 1% 的显著性水平下显著,** 表示回归系数在 5% 的显著性水平下显著,* 表示回归系数在 10% 的显著性水平下显著。

三、稳健性检验

前文选用双重差分法分析高铁开通对地级及以上城市要素错配的影响,但是不同地级及以上城市的经济发展水平不同,其对应的出口水平、外资依赖程度、金融发展水平、产业发展水平以及科技创新水平也存在较大差异,所以,为了避免系统性差异,在稳健性检验中选用 PSM-DID 法对处理组和控制组先匹配再进行双重差分估计。表 7-4 中的第(1)列和第(2)列为用匹配倾向得分法进行匹配后的回归结果,可以看出,用匹配倾向得分法进行匹配后的回归结果显示,高铁开通仍然显著降低了地级及以上城市劳动力要素和资本要素的错配程度,且在 1% 的显著性水平下显著。第(3)列和第(4)列改变了匹配方法,通过卡尺匹配得到最终的处理组和控制组,回归结果依然保持负向显著,说明模型可以通过稳健性检验。

表 7-4 PSM-DID 回归结果

变量	倾向值匹配		卡尺匹配	
	(1)	(2)	(3)	(4)
MAHSR	-0.051^{***} (-3.45)	-0.251^{***} (-4.14)	-0.069^{***} (-4.74)	-0.365^{***} (-5.84)
常数项	8.236^{***} (-41.55)	14.180^{***} (-17.40)	7.660^{***} (-41.86)	12.510^{***} (-15.86)
控制变量	是	是	是	是
城市固定效应	是	是	是	是
观测值	2640	2657	2853	2870
R^2	0.61	0.50	0.59	0.46

注:括号内为 t 值。*** 表示回归系数在 1% 的显著性水平下显著,** 表示回归系数在 5% 的显著性水平下显著,* 表示回归系数在 10% 的显著性水平下显著。

四、异质性分析

综合以上分析可以得出,2006—2016 年高铁开通显著改善了我国地级及以上城市的要素错配情况。此外,从高铁开通数据可以观察到:开通高铁的地级及以上城市多集中在东部地区,中西部地区则相对较少;省会城市开通高铁较多,而非省会城市开通高铁的比例则相对较低。东部地区和省会城市的高铁开通容易形成高铁网络,提高城市可达性与便利程度;而中西部地区和边缘城市的高铁密度低,对要素错配的影响存在不确定性。基于此,本书进一步进行异质性分析,具体分析结果如表 7-5 所示。

表 7-5　分区域与城市的回归结果

变量	东部		中西部		剔除省会城市	
	(1) 劳动力错配	(2) 资本错配	(3) 劳动力错配	(4) 资本错配	(5) 劳动力错配	(6) 资本错配
MAHSR	-0.043^{*} (-1.94)	-0.456^{***} (-5.63)	-0.029 (-1.51)	-0.182^{*} (-1.97)	-0.092^{***} (-5.63)	-0.455^{***} (-6.44)
常数项	8.518^{***} (-24.14)	10.100^{***} (-7.85)	6.839^{***} (-33.06)	13.400^{***} (-13.42)	7.733^{***} (-40.14)	12.570^{***} (-15.13)
控制变量	是	是	是	是	是	是
城市固定效应	是	是	是	是	是	是
观测值	1086	1092	1779	1790	2620	2635
R^2	0.65	0.46	0.57	0.50	0.60	0.45

注:括号内为 t 值。*** 表示回归系数在 1% 的显著性水平下显著,** 表示回归系数在 5% 的显著性水平下显著,* 表示回归系数在 10% 的显著性水平下显著。

表 7-5 中的第(1)列和第(2)列分别为东部地区劳动力、资本要素错配程度的回归结果。东部地区的回归结果显示,相对于未开通高铁的城市,开通高铁城市的要素错配程度显著降低,高铁开通对劳动力要素错配和资本要素错配的影响均显著为负。第(3)列和第(4)列分别为中西部劳动力、资本要素错配程度的回归结果,结果显示,高铁开通对劳动力要素错配的影响为负但并不显著,而对资本要素错配的影响则显著为负。

从表 7-5 的回归结果可以看出,在分区域回归结果中,高铁开通对劳动力要素错配影响的显著性降低,其原因在于东部地区高铁开通数量多,形成了有效促进人员流动的网络,而中西部地区高铁开通数量少,对人员流动的促进效应与要素配置的改进效应尚未充分展现出来。此外,由于分区域回归只能比较同一区域内的城市高铁开通对要素错配的影响,这也将导致显著性水平降低。表 7-5 中的第(5)列和第(6)列为剔除省会城市后的回归结果。由于省会城市人员流动性大、资本运转速度快,更容易实现要素的合理配置。为了解决样本选择偏误问题,笔者将省会城市剔除。从回归结果来看,高铁开通对劳动力要素错配和资本要素错配的影响依然在1%的显著性水平下显著为负,说明高铁开通能够改善非省会城市的要素错配情况。

五、综合回归

基于表 7-1 和 7-2 的回归结果,高铁显著地改善了城市的资源错配状况,而根据第四章的理论分析可知,交通基础设施建设带来的地区间交流成本降低实现了腹地城市和港口城市之间经济一体化的提升。因此,本书推断高铁引起的资源再配置是其影响港口腹地经济一体化的作用机制之一,借鉴 Lin(2017)的方法在式(7-1)的基础上增加高铁与资源错配的交乘项。

表 7-6 为实证回归的结果,相较于基准回归(见表 7-3),纳入资源错配交叉项的回归结果提示资源错配显著地影响了高铁的港口腹地经济一体化效应,换言之,高铁带来了城市资源配置效率的提升,促进了腹地城市与港口城市间的经济一体化,因此研究假设被证实。

表 7-6　纳入资源错配后的回归结果

	(1)	(2)
MAHSR	-0.033 (-0.70)	-0.037 (-1.26)
MAHSR * labor	-0.011^{**} (-2.54)	
MAHSR * capital		-0.010^{**} (-2.38)
控制变量	是	是
城市固定效应	是	是
时间固定效应	是	是

	(1)	(2)
观测值	1547	1547
R^2	0.856	0.873

注：括号内为 t 值。*** 表示回归系数在 1％的显著性水平下显著，** 表示回归系数在 5％的显著性水平下显著，* 表示回归系数在 10％的显著性水平下显著。

第四节　小　结

本书基于空间经济学一般均衡分析框架对高铁开通对区域要素错配的影响进行了建模分析，模型的主要结论表明高铁开通降低工人迁徙成本在工资差的驱动力作用下将会改善地区的要素错配情况。实证方面，本书基于我国 2006—2016 年地级及以上城市数据对要素错配程度进行了测算，使用双重差分法得出高铁开通显著改善了地级及以上城市的劳动力要素错配情况和资本要素错配情况，使用不同估计方法后得到的结论依然显著。从分区域回归结果来看，东部地区高铁开通对要素错配的改善效应显著，而中西部地区高铁开通对要素错配的改善效应不显著。在剔除省会城市样本后，非省会城市的高铁开通也显著改善了地区要素错配情况。

中国的高铁规模在世界上是绝无仅有的，经过多年的建设，目前已经初步建成有效的高铁运输网络，降低了区域间人员流动的时间、金钱成本。国内绝大多数城市都可以实现朝发夕至，高铁的开通降低了地理距离对于人员流动的影响，使得地理距离转化为时间距离，深刻地改变了人员流动模式和社会经济发展格局。从本书的研究结果来看，高铁开通有效地改善了要素错配状况，这要归功于高铁的安全性与便捷性，使人们愿意选择高铁作为出行工具，高铁建设也增加了人员跨区域流动的规模与频率。在未来,我国需要进一步加快高铁建设,完善高铁网络,为人员的跨区域流动提供便利条件。此外,还需要降低高铁票价,进一步完善差别定价,并降低人员跨区域流动的迁徙成本,选择乘坐高铁的人员大多为价格需求弹性较低而时间成本弹性较高的人员,应进一步降低高铁票价,让高铁吸引更多价格需求弹性较高的人员,这样会进一步提高高铁的运输能力,并节约人员流动耗费的时间。开通高铁的城市要建立完善的外来人员参加社保、落户渠道,打破原有的户籍壁垒,吸引优质资源为本地经济长期发展贡献力量。

中西部地区的高铁密度相对来说较为稀疏,因此要加快完善中西部地区的高铁建设,促进区域均衡发展,防止东部地区的虹吸效应对中西部地区产生负面影响。此外,还要以高铁开通为契机加快城市群建设,推进区域经济一体化。高铁开通使大量相邻城市的到达时间缩短至一小时以内,这为居住在不同城市的人员实现在城市之间当天往返提供了便利条件,核心城市之间要发挥高铁开通的辐射作用,促进人员跨城市工作与生活,进一步优化资源配置。

第八章　高铁发展对港口腹地经济一体化影响的案例研究

——以浙江省为例

　　前文结合中国高铁和港口腹地的发展现状、国内外相关文献梳理及学理概括,以及基于全国层面的地级及以上城市的实证考察,围绕高铁对港口腹地的影响进行了考察与论述,本章将视角切换到具体的行政区——浙江省,考虑到浙江省高铁网络建设和经济发展的现状,通过分析具体的地区案例进一步丰富研究结论。本章首先对浙江省的高铁网络和港口腹地发展进行详细阐述,进而以共同富裕示范区建设的重要背景为落脚,基于2010—2020年浙江省高铁网络发展数据、县级行政区的港口腹地经济一体化和城乡收入差距,探究高铁网络发展对城乡收入差距的影响,以及高铁带来的港口腹地经济一体化在其中发挥的作用。

第一节　浙江省高铁网络与港口腹地的现实发展

一、浙江省高铁网络发展

从 2012 年的 9356 千米到 2021 年的突破 4 万千米,全国高铁营业里程增长三倍多,位居世界第一,"四纵四横"高铁网提前建成,"八纵八横"高铁网加密成型,党的十八大以来,铁路建设发展日新月异,中国高铁一次次惊艳世界。浙江省位于经济较发达的长三角地区,而长三角地区一直是中国铁路网较密集的地区之一,较密集的铁路网也成为助力地区经济发展的基础。截至 2022 年底,浙江省行政范围内的高铁运营里程约为 1880 千米,排在全国第 12 位。截至 2022 年底,浙江省主要高铁线路建设发展情况如表 8-1 所示。

表 8-1　浙江省主要高铁线路建设发展情况(截至 2022 年底)

线路名称	通车时间	途经的地级及以上城市
甬台温铁路	2009 年 9 月 28 日	宁波、台州、温州
温福铁路	2009 年 9 月 28 日	温州、宁德、福州
沪杭高速铁路	2010 年 10 月 26 日	上海、嘉兴、杭州
宁杭高速铁路	2013 年 7 月 1 日	南京、常州、无锡、湖州、杭州
杭甬高速铁路	2013 年 7 月 1 日	杭州、绍兴、宁波
沪昆高速铁路:杭州—南昌	2014 年 12 月 10 日	杭州、绍兴、金华、衢州、上饶、鹰潭、抚州、南昌
金温铁路	2015 年 12 月 20 日	金华、丽水、温州
衢九铁路	2017 年 12 月 28 日	九江、上饶、景德镇、衢州
杭黄高速铁路	2018 年 12 月 25 日	杭州、黄山、宣城
合杭高速铁路	2020 年 6 月 28 日	合肥、马鞍山、芜湖、宣城、湖州、杭州
杭台高速铁路	2022 年 1 月 8 日	杭州、绍兴、台州

甬台温铁路在 2009 年 9 月开通运营,是浙江省开通运营的第一条高速铁路,设计时速为 250 千米,全长 282.4 千米,这条线路是我国"八纵八横"之一的沿海大通道的一部分;温福铁路,是一条省际铁路,连接浙江温州和福建省会福州,也属于沿海铁路的一部分;沪杭高速铁路,连接上海和杭州,是浙江省第一条设计时速 350 千米的高铁线路;宁杭高速铁路,是连接杭州与北京的一条快捷高铁线路,在南京与京沪高速铁路连通;杭甬高速铁路,是连接浙江省内两大经济中心城市的大动脉,与宁杭高速铁路在同一日开通运营;杭长高速铁路,是一条省际高铁线路,连接浙江杭州与湖南长沙,是我国东西高铁大动脉沪昆高速铁路的一部分;金温铁路,是连接温州和金华的一条联络线,打通了沪昆高速铁路和杭深铁路;衢九铁路,连接浙江衢州和江西九江;杭黄高速铁路,是杭州至南昌高铁线路的一段,连接的是浙江杭州和安徽黄山,也被誉为"最美高铁线";合杭高速铁路,连接长三角地区两大区域性中心城市合肥和杭州;杭台高速铁路,是一条很特殊的高铁线,它是我国第一条民营控股的高铁线,连接杭州和台州。

从交通基础设施建设的角度出发,探索其对收入差距的影响,这一领域的研究已取得较为丰富的成果。有研究认为,交通基础设施的改善是缩小地区差距的重要途径(Puga,2002)。提高交通基础设施的建设水平,包括各级公路和铁路,有助于提高地区可达性、降低交易成本、促进市场一体化,进而有助于缩小收入差距(罗能生和彭郁,2016)。也有研究得到的结论恰恰相反,认为由于城市的集聚效应,交通基础设施的建设能给农村居民带来的益处有限,并不能缓解城乡收入差距(Banerjee et al.,2020)。Zhang 和 Zhang(2021)认为,交通基础设施建设对收入差距的影响不能一概而论,从全国层面来说,高速公路的建设能缩小收入差距,普通铁路的建设则会扩大收入差距。进一步分析发现,交通基础设施建设对收入差距的影响具有区域异质性,对中国东、中、西部地区的影响各不相同。总的来看,由于研究对象和交通基础设施类型的选取以及分析角度等方面的差异,既有研究中关于交通基础设施建设对收入差距影响的研究结论尚未达成共识。

二、浙江省港口腹地发展

港口腹地是指货物吞吐和旅客集散所涉及的地区范围。现代化的港口一般具有双向腹地,即面向内陆的陆向腹地和面向海岸的海向腹地。港口与腹地是互相依存、相辅相成的。港口的建设发展必须以腹地范围的开拓和腹地经济的发展为后盾,腹地是港口发展的基础。此外,港口是腹地的门户,港口的建设也会对腹地经济发展产生重要影响。港口腹地系统是支持区域经济发展和空间结构重塑的重要力量,是实现产业结构转型和资源优化配置的关键。

2006 年,宁波港与舟山港合并,此后港口的直接腹地范围持续扩张,成为 2016 年长三角地区拥有直接陆地腹地数量最多的港口。宁波舟山港增加的直接陆地腹地大多来自上海港,主要沿 G1512 宁波—金华高速公路向西南的金华市、丽水市和衢州市的南部县区扩张。宁波舟山港以整合的行政行为为主,以分散的市场行为为辅,形成相对紧密的港口集团,促进港口资源整合,获得省内稳定的货源,扩大综合影响力,改善陆路可达性,赢得原属于上海港的直接陆地腹地,使直接陆地腹地范围逐渐向全省扩张(康译之等,2021)。

目前,浙江省已形成了以宁波舟山港为中心,温州港、台州港、嘉兴港为骨干,其他 39 个地方小港口配套的沿海港口群。宁波舟山港是上海国际航运中心的重要组成部分和深水外港,是国内发展最快的综合型大港;嘉兴港是国务院批准的对外国籍船舶开放的一类口岸。2009 年,浙江省沿海港口吞吐量为 7.15 亿吨(其中集装箱 1118 万标准箱);2020 年,浙江省沿海港口吞吐量已达 14.1 亿吨(其中集装箱 3219 万标准箱),货物吞吐量年均增长速度达 6.4%,集装箱年均增长 10.1%(刘万锋和吴建伟,2021)。在激烈的国际市场竞争的影响下,部分港口从第三代港口向第四代港口转型,港口将升级成为区域物流集聚与贸易的集散中心,发展环境日益复杂。

第二节　浙江省共同富裕的发展

一、共同富裕的内涵

贫富两极分化是困扰人类发展的共同难题。虽然发达资本主义国家总体上实现了繁荣稳定,但这种繁荣稳定在很大程度上是依靠不平等、不合理的国际分工和交换体系,以及发展中国家提供的广大市场、廉价资源和劳动力,通过向发展中国家转嫁风险和难题与转移高能耗、高污染产业等方式实现的。建设共同富裕美好社会是一项复杂的系统工程,需要政府、企业、社会、个人的全面参与和共同奋斗,也需要不断厚植"双星争华"、敢于竞争、敢于胜利、共创共建的共富文化。

共同富裕的思想由来已久,在人类历史上的各个时期都有思想家对共同富裕的理想社会进行探索与假设,无论是我国还是其他国家的思想家,都有着各自对于共同富裕的理解,虽然未形成严格的理论体系,但也为后人留下了思想的火种(刘长明和周明珠,2020)。党的十九大报告中提出的"全体人民共同富裕基本实现"是以马克思的科学理论为基础,在全面、系统地总结过往经验和思想,以及合理判断当前发展阶段之后,所制定的一条由我国社会主义性质决定的、必定要走的道路。对于共同富裕的具体内涵,国内学者的理解大体相似,但在不同时期也对其作出了符合时代发展趋势的补充与延伸(朱航,1996;李娟,2007;卫兴华,2013;范从来,2017;刘培林等,2021)。总的来说,其内涵大致可以从经济、发展和政治三个层面来把握。

（一）经济内涵

共同富裕最直接、最一般化的内涵是基于经济层面对其的理解,指的是尽可能地提高我国的经济福利水平。福利经济学领域的奠基人庇古认为影响国民整体经济福利的因素主要包括两个,分别是国民收入总量与收入分配状况,其概念与共同富裕中的富裕以及共同两个方面不谋而合。富裕反映了社会整体的财富水平,是社会生产力发展水平的集中体现(宋群,2014),与经济增长紧密相关。而共同则是全体人民对于社会经济发展成果的共享,是与两极分化相对立的概念,但其也不是绝对的平均化,从某种角度来说,其属于收入分配的研究范畴。共同富裕在经济上的最终表现是在普遍富裕基础上的合理的、有差别的富裕,基本消除了由权力和机会不平等带来的不合理的收入与财富差距(李实,2021),不是同时、同步、同等富裕(李娟,2007)。对于共同富裕经济内涵的实现,最重要的前提是坚持以公有制为主体、多种所有制经济共同发展的基本经济制度,以及以按劳分配为主体、多种分配方式并存的分配制度。

（二）发展内涵

对于共同富裕的理解,可从静态的目标以及动态的过程两个方面入手,其中动态方面的表现形式就是高质量发展的路径。习近平总书记在《扎实推动共同富裕》中写道:"要坚持在发展中保障和改善民生,把推动高质量发展放在首位"[①],在关于浙江省设立共同富裕示范区的指示中也是以高质量发展作为建设前提。不断发展的生产力、不断

---

① 习近平. 扎实推动共同富裕[J]. 求是,2021(20):4-8.

增强的国力是共同富裕的基础(刘培林等,2021)。现阶段的发展与改革开放至今所追求的高速度发展之间有一定的差别。虽然国内生产总值增速等指标依然是很重要的方面,但应更多地从供给侧来对产出的使用价值提出更高的要求(金碚,2018)。除了物质生活的富裕,高质量发展也应该是以人为本的,包括精神、文化、环境在内的全方位均衡的发展。精神层面的富裕在很大程度上来源于人在达到高度富裕后所获得的满足感与幸福感(李实,2021)。以发展的眼光来看待共同富裕是否存在一个最终目标,以及到达该目标后前进的脚步是否会就此停滞这两个问题,自然而然就会得到答案:共同富裕是从低层次到高层次,以及从高层次向更高层次逐级演变的过程(李娟,2007),代表着不断向更美好的生活前行的动力。

(三)政治内涵

共同富裕是社会主义的本质要求,也是社会主义制度有别于资本主义制度的重要特征。马克思认为,资本主义制度条件下的发展将不可避免地导致两极分化。富人越富、穷人越穷的马太效应是由资本的价值规律与剩余价值规律共同决定的。社会主义制度在生产关系以及生产力上的先进性使得全社会普遍富裕的实现成为可能(范从来,2017)。

新中国成立后,秉承马克思、恩格斯关于共同富裕社会的设想,历代领导人都对这一目标作出过自己的解读。1992年,邓小平在南方谈话中提出了关于社会主义本质的重要论断,认为社会主义的本质是解放生产力,发展生产力,消灭剥削,消除两极分化,最终达到共同富裕。2002年11月,江泽民在党的十六大上谈及全面贯彻"三个代表"重要思想时强调,制定和贯彻党的方针政策,基本着眼点是要代表最广大人民的根本利益,正确反映和兼顾不同方面群众的利益,使全体人民朝着共同富裕的方向稳步前进。胡锦涛总结出的有关于发展、开放、改革的重要方法论——科学发展观的核心是以人为本,强调发展的成果必须由人民共享。

二、共同富裕的浙江实践

我国打赢了脱贫攻坚战,完成了全面建成小康社会的历史性任务,解决了绝对贫困的问题,所取得的成就不可谓不大。但也必须清楚地认识到,我国经济社会发展还不平衡不充分,仍有不少地区、不少人群处于相对贫困的状态,实现全民皆富对于我们而言仍然任重道远。从纵向序列来看,按照国家统计局的官方数据,2003 年以来,我国居民收入基尼系数[①]始终在 0.4 之上,处于收入差距较大的区间。在 2008 年之前,我国居民收入基尼系数持续上升,2008 年达到 0.491 的高点,自 2009 年起连续七年下降,到 2015 年降至 0.462,形势有了明显的好转。对此,1971 年诺贝尔经济学奖获得者、美国经济学家库兹涅茨提出的倒 U 形经验规律在我国得到充分验证,我国的居民收入差距已经跨过了倒 U 形的拐点,并且将逐步缩小到合理程度。然而,2016 年基尼系数又开始上升,2019 年为 0.465,仍处于高位。由此可见,我国是否已经到达库兹涅茨提出的倒 U 形拐点还有待确认,即便是确认已经到达,我们也不清楚倒 U 形上面的横线到底会有多长。从当前的情况来看,导致居民收入差距扩大的因素仍未得到根本改变,基尼系数明显下降的条件还不具备,如不采取较大力度的行动,基尼系数很有可能呈现出高位徘徊的特征。

---

①　基尼系数最早由意大利统计与社会学家基尼(Corrado Gini)于 1912 年提出,是国际上通用的用以衡量一个国家或地区收入差距的常用指标。目前比较公认的标准是:基尼系数在 0.2 以下视为收入绝对平均;0.2~0.3 视为收入比较平均;0.3~0.4 视为收入相对合理;0.4~0.5 视为收入差距较大;当基尼系数达到 0.5 以上时,则表示收入悬殊。当然,衡量分配差距所使用的基尼系数既可以使用收入和财富数据,也可以使用消费数据或其他数据进行估算,各有利弊,适用于不同的用途和场景,不过,用消费支出作为测算不平等的指标并不比用收入作为指标更具优越性。这些测算参数的选择以及数据在技术上的处理都是为了使测算更具经济意义,或者更具可比性。

　　习近平总书记强调："消除贫困、改善民生、逐步实现共同富裕,是社会主义的本质要求,是我们党的重要使命。"[①]共同富裕蕴含着做大"蛋糕"和分好"蛋糕"的辩证关系。习近平总书记在关于《中共中央关于制定国民经济和社会发展第十四个五年规划和二〇三五年远景目标的建议》的说明中指出:"随着我国全面建成小康社会、开启全面建设社会主义现代化国家新征程,我们必须把促进全体人民共同富裕摆在更加重要的位置,脚踏实地,久久为功,向着这个目标更加积极有为地进行努力。"[②]可以说,进入新发展阶段,无论是政策层面还是社会舆论层面,如何认识共同富裕,以及如何拿出实质性的举措推动实现共同富裕,已成为备受关注和亟待回答的问题。2021 年,《中共中央　国务院关于支持浙江高质量发展建设共同富裕示范区的意见》发布,中央财经委员会第十次会议研究扎实促进共同富裕问题,促进共同富裕行动纲要也在紧锣密鼓地制定中,共同富裕将迈出新步伐。浙江省 2017—2021 年人均可支配收入及其增长率如图 8-1 所示。

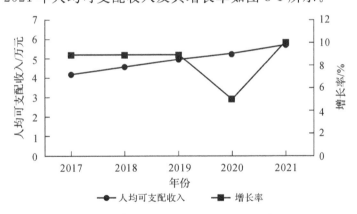

图 8-1　2017—2021 年浙江省人均可支配收入及其增长率

　　①　习近平:脱贫攻坚战冲锋号已经吹响　全党全国咬定目标苦干实干[N]. 人民日报,2015-11-29(1).

　　②　习近平:关于《中共中央关于制定国民经济和社会发展第十四个五年规划和二〇三五年远景目标的建议》的说明[N]. 人民日报,2020-11-04(2).

2020 年,浙江省生产总值总量为 6.46 万亿元,位居全国第四。相较于人均地区生产总值数据,人均可支配收入更能反映地区居民的整体富裕水平。国家统计局的调查数据显示,2020 年,浙江省居民的人均可支配收入首次突破 5 万元,达到了 52397 元,在全国的排名仅次于上海、北京这两个直辖市,居全国 31 个省(区、市)中的第三位。分城乡来看,2020 年,浙江省内城镇居民与农村居民的人均可支配收入分别为 62699 元和 31930 元,其中农村居民人均可支配收入首次突破 3 万元。可以看到,现阶段的浙江相较于我国其他地区,在居民整体发展水平上具有更好的基础。

2020 年,按照人均可支配收入口径计算,当前浙江省城乡居民收入比为 1.96,位于天津和黑龙江之后,排名第三。同时,1.96 的城乡居民收入比也是自 1993 年以来首次低于 2。从图 8-2 中可以看出,浙江省的城乡居民收入比自 1987 年以来经历了一个先上升后下降的趋势,且近几年处于持续的改善之中。关于浙江省内城乡差距的研究,阮培成等(2019)使用江苏、浙江两省的县级面板数据得出的结果显示,公路基础设施建设通过直接影响以及空间溢出效应间接抑制了城

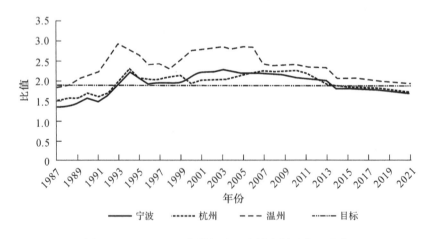

图 8-2　1987—2021 年浙江省三市城乡居民收入比值

乡居民收入差距的扩大,其中间接效应大于直接效应。张超和蒋天颖(2019)发现,浙江省内县域城乡居民收入差距在 2005—2016 年始终呈现出南高北低的空间格局,具有显著的空间二元结构特征,并且他们认为经济发展和对外开放会抑制城乡居民收入差距扩大,而信息化水平提高和金融发展则会导致收入差距进一步扩大。

此外,关于中等收入人群占比的目标,即家庭年可支配收入10 万～50 万元的群体比例达到 80%,以及 20 万～60 万元的群体比例力争达到 45%可以分两部分来看:第一,宏观影响因素部分。过往研究认为,影响中等收入人群比重的因素主要有增长效应、分配效应以及水平效应(纪宏和刘扬,2013)。当前,有数据显示浙江省内家庭年可支配收入在 10 万～50 万元的群体已经达到 75%以上,提高这一部分群体占比的关键在于"提低",即提高低收入群体的收入,考虑到低收入群体中有部分家庭存在劳动力缺失的情况,所以这一部分群体的扩充需要增长效应和分配效应同时发力。而对于 20 万～60 万元群体占比的扩大,增长效应则起到了重要的影响。第二,微观影响因素部分。陈娟等(2019)以浙江省城镇居民问卷调查数据为研究对象,认为人力资本、男性人口数、工龄、政治资本对省内中等收入群体占比提升有正向效应。

第三节　高铁网络、港口腹地经济联系与共同富裕

一、数据与模型

借鉴 Lin(2017)的研究,构建如下模型对浙江省高铁网络带来的港口腹地经济一体化对共同富裕的影响进行探究。

$$\text{Gap}_{i,t} = \alpha_0 + \alpha_1 \text{HSR}_{i,t} + \alpha_2 X_{i,t} + \delta_i + \theta_t + \varepsilon_{i,t} \tag{8-1}$$

其中,被解释变量 $\text{Gap}_{i,t}$ 是 i 地区在 t 年的城乡居民收入差距(即城镇居民人均可支配收入/农村居民人均可支配收入);解释变量 $\text{HSR}_{i,t}$ 为虚拟变量,表示 i 地区在 t 年的高铁开通情况,若当年开通则为 1,且此后的所有年份均为 1,反之则为 0;$X_{i,t}$ 代表一系列控制变量;δ_i、θ_t 分别表示地区和时间固定效应;$\varepsilon_{i,t}$ 为随机扰动项。研究以县级行政区的数据为样本,以 2022 年的行政区划为准,共计 90 个,样本窗口为2010—2020 年。

收入差距可分为群体内收入差距和群体间收入差距:对群体内收入差距的研究主要包括全体居民(罗楚亮等,2021)、农村居民(赵为民,2021)和城镇居民(Chen et al.,2018)内部的收入差距;对群体间收入差距的研究主要关注的是城乡之间(张玉昌和陈保启,2018)、地区之间(杜群阳和俞航东,2020)以及行业之间(周云波等,2017)的收入差距等。通常来说,表示收入不平等情况所使用的变量包括城乡收入比值与泰尔指数。本书主要使用城镇居民人均可支配收入与农村居民人均可支配收入的比重来度量城乡居民收入差距。

对于一系列控制变量,参考既有文献如俞峰等(2020)、余泳泽和潘妍(2019)等的研究,主要考虑经济发展水平、城镇化水平、经济对外开放水平、产业结构指数、基础设施建设程度以及金融发展水平等因素。

高铁数据来自《中国铁道年鉴》、中国国家铁路集团有限公司和12306 网站等。地区经济数据主要来自历年浙江省的统计年鉴,部分缺失数据根据各县区的年度统计公报进行补充。表 8-2 是主要变量的描述性统计。

表 8-2　主要变量的描述性统计

变量	定义	观测值	均值	方差	最小值	最大值
Gap	城镇居民人均可支配收入/农村居民人均可支配收入	831	2.102	0.350	1.609	4.313
HSR	高铁是否开通的虚拟变量	831	0.132	0.114	0.000	1.000
Rpgadp	ln(人均真实地区生产总值)	831	9.209	0.329	6.543	12.301
Urban	非农人口/总人口	831	0.322	0.338	0.061	0.782
Finance	ln(全地区贷款余额/全地区生产总值)	831	−0.239	0.521	−2.310	1.322
Fixed	ln(全地区固定资产投资/全地区生产总值)	831	−1.022	0.261	−2.551	0.038
Industry	ln(非农产业地区生产总值占地区生产总值的比重)	831	−0.189	0.156	−0.672	0.002
Open	ln(全地区外贸总额/全地区生产总值)	831	0.278	0.312	0.102	0.462

二、实证结果及分析

采用双重差分方法对式(8-1)进行回归,基准回归结果如表 8-3 所示。从第(1)列到第(7)列逐步增加经济发展水平、城镇化水平、产业结构指数、基础设施建设程度、金融发展水平以及经济对外开放水平等控制变量,并始终对地区固定效应和时间固定效应进行控制。可以发现,在样本期内高铁对地区的城乡居民收入差距存在显著的正向影响,即扩大了城乡居民收入的差距,这一结果与俞峰等(2020)、刘怡等(2018)的结论相一致。

表 8-3　高铁开通对浙江省县级行政区城乡居民收入差距影响的基准回归结果

变量	(1)	(2)	(3)	(4)	(5)	(6)	(7)
HSR	0.057***	0.069***	0.072***	0.071***	0.069***	0.085***	0.064***
	(5.14)	(5.17)	(5.25)	(5.30)	(5.28)	(4.82)	(5.32)

续表

变量	(1)	(2)	(3)	(4)	(5)	(6)	(7)
Rpgadp		0 (−0.60)	0 (0.56)	0 (0.91)	0 (0.77)	0 (−1.21)	0 (0.97)
Urban			1.378*** (3.94)	1.048*** (2.92)	0.962*** (2.55)	0.983*** (2.68)	0.994*** (3.68)
Industry				−0.008 (−0.67)	−0.006 (−0.56)	−0.005 (−0.44)	−0.005 (−0.53)
Finance					−0.265 (−0.75)	−0.152 (−0.44)	−0.095 (−0.34)
Fixed						2.377*** (6.01)	1.353*** (7.28)
Open							0.048** (2.22)
常数项	4.278*** (369.41)	4.304*** (95.64)	4.009*** (45.99)	4.179*** (47.82)	4.324*** (20.44)	5.005*** (3.20)	4.124*** (10.44)
地区固定效应	是	是	是	是	是	是	是
时间固定效应	是	是	是	是	是	是	是
观测值	831	831	831	831	831	831	831
R^2	0.964	0.964	0.965	0.963	0.963	0.965	0.966
F 值	26.39	13.36	14.29	9.41	7.64	12.78	8.853

注:括号内为 t 值。*** 表示 $p<0.01$,** 表示 $0.01 \leqslant p < 0.05$,* 表示 $0.05 \leqslant p < 0.10$。

为了观察高铁带来的港口腹地经济一体化在高铁与城乡居民收入差距之间的影响,本研究采用了中介模型的思路进行考察,实证模型如下:

$$\ln(\text{region\_integrate}_{i,t}) = \gamma_0 + \gamma_1 \text{HSR}_{i,t} + \gamma_2 X_{i,t} + \delta_i$$
$$+ \theta_t + \varepsilon_{i,t} \tag{8-2}$$

$$\text{Gap}_{i,t} = \beta_0 + \beta_1 \text{HSR}_{i,t} + \beta_2 \ln(\text{region\_integrate}_{i,t}) + \beta_3 X_{i,t}$$
$$+ \delta_i + \theta_t + \varepsilon_{i,t} \tag{8-3}$$

其中表示港口腹地经济一体化的指标 $\ln(\text{region\_integrate})$ 的计算方式同第六章所述,而其他变量的含义及计算过程同式(8-1)。

　　机制探究的回归结果如表 8-4 所示。第(1)列结果显示,高铁的开通对港口腹地经济一体化有显著的促进作用。需要说明的是:本书所指的地区港口腹地经济一体化对腹地而言,是在明确了腹地所属港口后,与港口地区之间的一体化;而对港口地区而言,是其与所有腹地区域经济一体化之和,并且最终进行了对数化处理。将机制变量纳入基准回归模型后,可以发现,高铁对城乡居民收入差距的影响方向虽然没有变化,但是影响系数显著降低,从 0.064 降为 0.026,验证了高铁发展带来的港口腹地经济一体化增强是高铁扩大城乡居民收入差距的作用渠道之一。

表 8-4　高铁网络影响城乡居民收入差距的机制探究(港口腹地经济一体化)

变量	(1) ln(region_integrate)	(2) Gap
HSR	0.102*** (4.04)	0.026*** (3.55)
ln(region_integrate)		0.073 (3.41)
控制变量	是	是
地区固定效应	是	是
时间固定效应	是	是
观测值	831	831
R^2	0.753	0.504

　　注:括号内为 t 值。*** 表示 $p<0.01$, ** 表示 $0.01 \leqslant p<0.05$, * 表示 $0.05 \leqslant p<0.10$。

　　综上所述,本研究认为回归结果从侧面验证和支撑了海洋运输在2010—2020 年一直是对外贸易的重要通道的事实,与现实发展较为契合。宁波舟山港在全国乃至全球的地位和影响力毋庸多言。作为对外贸易大省,浙江省的发展与沿海港口的区位条件密不可分,高铁开通提高了地区间往来的便利性,进一步降低了交易成本,因而扩大了不同群体(即城镇居民和农村居民)获取劳动报酬与实现其他相关财富累积的差距。陆铭(2016)在其著作《大国大城》中提到,收入差距扩大等问题只是阶段性的,在完备的交通基础设施支撑下,随着现代城市的进一步发展,劳动力能够充分流动,当劳动力市场实现了高技能劳动力和低技能劳动力的最优配置,每个人都能各司其职时,收入的差距将趋于收敛。基于此,本书认为,在高铁等现代交通方式蓬勃发展背景下的共同富裕示范区建设未来可期。

第四节　小　结

"十四五"规划中指出:"我国发展不平衡不充分问题仍然突出,重点领域关键环节改革任务仍然艰巨,创新能力不适应高质量发展要求,农业基础还不稳固,城乡区域发展和收入分配差距较大。"对此,既有研究从经济、政策、地域结构和交通基础设施等方面探讨了影响收入差距的因素并提出了相应的对策与建议。与高铁对经济发展影响的研究相比,关于高铁对收入差距影响的研究相对较少,且相关研究结论并未达成一致。部分研究认为,高铁产生的时空压缩效应能有效降低运输成本,提高可达性,并促进生产要素的充分流动,从而有利于缩小收入差距(Chen & Haynes,2017;陈丰龙等,2018)。但另一些研究则持相反的观点,认为高铁带来的虹吸效应会加大收入差距(俞峰等,2020)。高铁网络发展产生的时空压缩效应能降低地区间的运输成本,加速要素的集聚与扩散,由此产生的集聚效应与溢出效应均会影响收入差距。

本章首先对浙江省的高铁网络和港口腹地发展进行了详细阐述,进而以共同富裕示范区建设的重要背景为落脚点,借助 2010—2020

年浙江省高铁网络发展数据、县级行政区的港口腹地经济一体化和城乡居民收入差距等数据,探究高铁网络发展对城乡居民收入差距的影响,以及高铁带来的港口腹地经济一体化在其中发挥的作用。实证结果显示,在样本期内,高铁对地区的城乡居民收入差距有显著的正向影响,即扩大了城乡居民收入的差距,这与俞峰(2020)、刘怡等(2018)的研究结论相一致。地区异质性研究中显示出了东部地区高铁开通对收入差距的正向影响。进一步的机制分析发现,高铁发展带来的港口腹地经济一体化增强是高铁影响城乡居民收入差距的作用渠道之一。高铁开通提高了地区间往来的便利性,进一步降低了交易成本,因而扩大了不同群体(即城镇居民和农村居民)获取劳动报酬与实现其他相关财富累积的差距。由此,结合空间政治经济学的理论,在完备的交通基础设施支撑下,随着现代城市的进一步发展,劳动力能够充分流动,当劳动力市场实现了高技能劳动力和低技能劳动力的最优配置时,收入差距将趋于收敛。

第九章　主要结论与政策启示

　　要素流通和资源配置作为经济循环的关键,决定了与之密切相关的、影响市场一体化的技术手段——交通基础设施的发展,同时其也是加快构建"双循环"新发展格局的关键条件。改革开放以来,中国的外贸增长和交通基础设施的迅猛发展令世界为之惊叹。随着改革开放进入新时代,经济发展对国内市场提出了更高的要求,国内交通基础设施网络的经济价值也受到了各界的关注。在加快构建以国内大循环为主体、国内国际双循环相互促进的新发展格局的重要现实发展背景下,本研究紧紧围绕高铁对经济发展的影响和价值展开系统的科学论证,为相关规划和决策提供学理支撑。本章旨在总结前文所得结论,并在此基础上就高铁网络与"双循环"新发展格局、区域经济一体化及地区资源配置等方面提供政策启示。

　　回顾各国的发展,不少国家存在经济高速增长期与交通基础设施的快速建设期重叠的现象,侧面印证了优质的交通基础设施是社会经济快速发展的重要保证。新时代,以技术进步为动力的高质量发展已成为我国经济社会发展的内在需求。高速铁路的安全、稳定、绿色等突出特性是其快速发展的内在基础。高铁网络所带来的区域间时空距离的显著压缩以及要素交换频率的显著加快,在经济社会发展过程中起到了重要的助推作用。高速铁路的经济效应逐渐被揭示,讨论较多的机制包括促进了劳动力、资本等生产要素的空间流动,以及改善资源配置。

　　作为区域经济和贸易活动的关键载体的港口不仅是水运物流交汇的交通枢纽和地区的基础资源,也是腹地产业供应链的重要环节之一,由此成为国民经济和区域发展的重要组成部分。港口和腹地之间存在着相互依存、相互作用的关系,并形成了互为驱动力的空间系统。本书研究以定性分析结合定量分析、理论结合实证等多种方式,较为全面和系统地揭示了中国高铁网络对港口腹地经济一体化的影响效应和作用机制,理论上是空间经济学框架下关于交通基础设施集聚作用力和分散作用力的一个拓展,其现实意义包括两个方面:一方面在于高铁的高质量发展,另一方面在于从港口腹地维度阐释了高铁对区域均衡协调发展的价值。

第一节　主要结论

　　第一,从空间上看,中国高铁网络呈现出显著的异质性,在国家层面呈现出网络模式,在区域层面呈现出通道模式,在一些城市群内呈现出混合模式。由于中国城市存在人口密度较大、交通压力较大、城市发展阶段较为初期等特征,中国城市的高铁站选址基本上在距离城市中心 4～12 千米的区间范围内,尤其在特大城市,由于其人口、环境、交通、地价等方面的压力过大,新建高铁站点往往不在城市中心,且与城市中心相距甚远。

　　第二,通过引入一个包含个体迁移决策和劳动力市场的动态来拓展 Eaton 等(2022)在多地区背景下的"公司—公司"贸易模型。在空间经济学一般框架下的理论分析结果提示,高铁开通降低工人迁徙成本在工资差的驱动力作用下将会改善地区的要素错配情况。交通建设带来的迁移费用降低通过增加区域市场规模,为区域改善要素错配以及降低工资提供了调整空间。

第三,在实证分析中,通过匹配1999—2015年中国五大港口群内的90个腹地城市数据和高铁数据,运用相对价格指数测算腹地城市与所在港口的港口腹地经济一体化程度,进而识别高铁对港口腹地经济一体化的影响。结果提示,高铁对港口腹地经济一体化有显著的促进作用,边际效应约为8.0%。在分别使用替代变量、滞后项等进行稳健性检验后,所得到的结果都比较稳健。利用随机模型生成的高铁变量的安慰剂检验结果也进一步支持了基准回归的结论。进一步地,为了解决识别高铁经济效应可能存在的其他内生性问题,结合使用了PSM-DID法和基于地理信息构建的工具变量法来进行检验,所得到的结果都未改变原结论。

第四,基于中国2006—2016年90个港口的地级及以上城市数据对其要素错配状况进行了测算,使用双重差分法得到高铁开通显著改善了城市的劳动力要素错配状况和资本要素错配状况,并且在使用不同估计方法进行估计后所得到的结论依然显著。从分区域回归来看,东部地区高铁开通对要素错配的改善效应显著,而中西部地区高铁开通对要素错配的改善效应则不显著。剔除省会城市样本后的检验结果显示,非省会城市高铁开通也显著改善了地区要素错配。以交乘项的形式将高铁与资源错配纳入基准模型后,回归结果显示,高铁带来的城市资源配置效率提升促进了腹地城市与港口城市间的经济一体化,证实了理论研究假说。

第五,基于2010—2020年浙江省高铁网络发展数据、县级行政区的港口腹地经济一体化和城乡居民收入差距,探究高铁网络发展对城乡居民收入差距的影响,以及高铁带来的港口腹地经济一体化在其中发挥的作用。实证结果显示,在样本期内,高铁对地区的城乡居民收入差距有显著的正向影响,即扩大了城乡居民收入的差距,这与俞峰等(2020)、刘怡等(2018)的研究结论相一致。地区异质性研究中显示出了东部地区高铁开通对收入差距的正向影响。进一步机制分析发现,高铁发展带来的港口腹地经济一体化增强是高铁影响城乡居民收入差距的作用渠道之一。高铁开通提高了地区间往来的便利性,进一步降低了交易成本,因而扩大了不同群体(即城镇居民和农村居民)获取劳动报酬与实现其他相关财富累积的差距。

第二节　政策启示

交通基础设施的建设与发展能打破市场分割,具有调节市场资源配置的能力。在过去十几年里,中国大规模的高速铁路建设引起了世界各国的关注。如何充分发挥高速铁路建设的资源配置作用,以协调地区间的发展、缩小经济差距、提升资源配置效率是我国当前亟待解决的重大时代课题。基于相关研究结论,本书提出以下政策建议。

第一,中国地区间以邻为壑的地方保护主义导致的市场分割使得许多地方的对外贸易成本低于国内贸易成本,这种困境不利于构建以国内大循环为主体、国内国际双循环相互促进的新发展格局。自改革开放以来,有计划、有效率、技术水平不断精进的交通基础设施建设不仅对经济增长产生了显著的促进作用,其对地区间的协调和均衡发展也具有重要价值。中国实现共同富裕的关键就在于要不断缩小经济落后地区与发达地区之间的差距。现代交通基础设施的建设和完善极大地压缩了两地间的时空距离,提高了两地间往来的便利性,为联动发展奠定了坚实的基础。因此,要充分运用国内包括高铁等日益成熟的交通基础设施网络,将高铁网络置于经济协调发展与经济新发展格局的构建中,以更好地探索国内区域联动对外开放机制。

第二,加快港口与经济腹地集疏运体系的建设,完善交通运输体系。建立港口和经济腹地间完善的集疏运体系是加强港口与经济腹地之间联系的基础。建设港口集疏运体系主要有两方面的作用:一方面,能够拓展港口货源地的范围,保障来港口的货源实现规模化运营;另一方面,为港口腹地货物出口畅通了渠道,提高了港口腹地货物运输的便利性,降低了成本,对带动腹地经济的全面发展起到了重要作用。完善的交通运输体系承担着港口与腹地间的集疏运功能。而港口和腹地经济之间能否实现良好的互动发展,交通网络体系的建设非常重要,交通网络体系将直接影响港口与腹地间的连通性。通过完善港口与经济腹地之间交通网络体系的建设,能使港口与腹地经济之间的联系越来越密切,从而带动港口城市乃至腹地城市的经济发展。同时,良好的集疏运体系也能为港口的发展带来巨大的优势,缩短港口和腹地之间的货物运输距离,保证货物运输的及时性。

第三,高铁开通有效改善了要素错配状况,这要归功于高铁的安全性与便捷性,使人们愿意选择高铁作为出行工具,高铁建设也增加了人员跨区域流动的规模与频率,充分发挥了高速铁路的资源配置效应。各级政府应该充分认识高速铁路对于资源配置改善的作用,未来政策的制定应从全局出发,充分利用高速铁路的安全性、快速性、便利性等特征,推动劳动力、资本、技术和信息等各类要素的自由流动,为资源有效配置创造必要条件。在未来,我国需要进一步加快高铁建设,完善高铁网络,为人员的跨区域流动提供便利条件。此外,还需要降低高铁票价,进一步完善差别定价,降低人员跨区域流动的迁移成本。选择乘坐高铁的人员大多为价格需求弹性较低而时间成本弹性较高的人员,应进一步降低高铁票价,让高铁吸引更多需求价格弹性较高的人员,这样会进一步提高高铁的运输能力,并节约人员流动所耗费的时间。开通高铁的城市要建立完善的外来人员参加社保、落户渠道,打破原有的户籍壁垒,吸引优质资源为本地经济的长期发展贡献力量。

第四,在关注高铁数量以及密度的同时,更应该注重高铁的质量。由于高铁等交通基础设施的非线性特征,在高铁建设中并不是投资越多越好,而应该合理规划路线,减少铁路网络中的浪费。目前,我国中西部地区铁路线较为稀疏,与东部地区形成了明显的差距,这在一定程度上阻碍了中西部地区城市的对外贸易,因此,东中西部地区应该以高铁为桥梁,因地制宜,实现资源的合理配置。东部地区的交通密集度高,高铁等交通基础设施已经相当完善,因此发展的重点是要提高高铁的质量。尤其是东部地区的三大经济圈,即京津冀地区、珠三角地区、长三角地区,建设以这三大经济圈为核心,并向四周延展的综合性运输体系,充分发挥高铁等交通基础设施的正向溢出效应,加强东部地区高铁建设对中西部地区进出口贸易增长的溢出效应,实现区域经济的协调发展。

第五,依托高铁进一步建设更加立体的交通运输体系。交通的便利性是实现区域对外贸易的关键因素,运输成本的下降也能在一定程度上促进贸易的发展,而交通的立体化发展有助于推动运输成本的下降,因此高铁和其他交通运输工具的衔接显得尤为重要。逐步建设以高铁为主导,继而延伸至公路、航空、地铁、普通铁路等的立体化交通网络,发挥交通对产业的引领作用,推动区域间资源的互联互通,实现优势互补,促进区域进出口贸易的发展。此外,积极扩大以"八纵八横"高铁网络为中心的交通枢纽城市建设,充分发挥经济溢出效应,促进这些城市与其他地区的发展和融合。

参考文献

[1] Ahlfeldt G M, Feddersen A. From Periphery to Core: Measuring Agglomeration Effects Using High-speed Rail[J]. Journal of Economic Geography, 2015(2):355-390.

[2] Alder S, Kondo I. Political Distortions and Infrastructure Networks in China: A Quantitative Spatial Equilibrium Analysis [R]. Working Paper from University of North Carolina-Chapel-Hill, 2018.

[3] Atkeson A, Burstein A. Pricing-to-Market, Trade Costs, and International Relative Prices[J]. The American Economic Review, 2008(5):1998-2031.

[4] Baier S L, Bergstrand J H. The Growth of World Trade: Tariffs, Transport Costs, and Income Similarity[J]. Journal of International Economics, 2001(1):1-27.

[5] Balassa B A. The Theory of Economic Integration[M]. London: Allen & Unwin, 1961.

[6] Baldwin R E, Okubo T. Heterogeneous Firms, Agglomeration and Economic Geography: Spatial Selection and Sorting [J].

Journal of Economic Geography, 2006(3):323-346.

[7] Baldwin R, Forslid R, Martin P, et al. Economic Geography and Public Policy[M]. Princeton: Princeton University Press, 2003.

[8] Banerjee A V, Duflo E, Qian N. On the Road: Access to Transportation Infrastructure and Economic Growth in China[J]. Journal of Development Economics, 2020(145):102442.

[9] Banerjee A V, Moll B. Why Does Misallocation Persist? [J]. American Economic Journal Macroeconomics, 2010(1):189-206.

[10] Barseghyan L, Dicecio R. Entry Costs, Misallocation, and Cross-Country Income and TFP Differences[R]. Working Papers from Federal Reserve Bank of St. Louis, 2009.

[11] Bartelsman E, Haltiwanger J, Scarpetta S. Cross-Country Differences in Productivity: The Role of Allocation and Selection[J]. American Economic Review, 2013(1):305-334.

[12] Baum-Snow N, Brandt L, Henderson V, et al. Roads, Railroads and Decentralization of Chinese Cities[J]. Review of Economics & Statistics, 2017(3): 435-448.

[13] Baum-Snow N. Did Highways Cause Suburbanization? [J]. Quarterly Journal of Economics, 2007(2):775-805.

[14] Behrens C, Pels E. Intermodal Competition in the London-Paris Passenger Market: High-Speed Rail and Air Transport[J]. Journal of Urban Economics, 2011(3):278-288.

[15] Berger T, Enflo K. Locomotives of Local Growth: The Short- and Long-Term Impact of Railroads in Sweden[J]. Journal of Urban Economics, 2017(98):124-138.

[16] Bernard A B, Eaton J, Jensen J B, et al. Plants and Productivi-

ty in International Trade[J]. American Economic Review,2003
(4):1268-1290.

[17] Bernard A B,Moxnes A,Saito Y. Production Networks,Ge-
ography and Firm Performance[J]. Journal of Political Econo-
my,2019(2):639-688.

[18] Bernard A B,Redding S J,Schott P K. Comparative Advan-
tage and Heterogeneous Firms[J]. The Review of Economic
Studies,2007(1):31-66.

[19] Bhagwati J,Ramaswami V K. Domestic Distortions,Tariffs
and the Theory of Optimum Subsidy[J]. Journal of Political
Economy,1963(1):44-50.

[20] Bichou K,Gray R. A Critical Review of Conventional Termi-
nology for Classifying Seaports[J]. Transportation Research
Part A:Policy and Practice,2005(1):75-92.

[21] Bird J H. The Major Seaports of the United Kingdom[M].
London:Hutchinson,1963.

[22] Blundell R,Costa M D. Evaluation Methods for Non-Experi-
mental Data[J]. Fiscal Studies,2000(4):427-468.

[23] Bosker M,Deichmann U,Robert M. Hukou and Highways:
The Impact of China's Spatial Development Policies on Urbani-
zation and Regional Inequality[J]. Regional Science and Urban
Economics,2018(71):91-109.

[24] Bradsher K. Speedy Trains Transform China[R]. New York
Times,2013.

[25] Brandt L,Tombe T,Zhu X. Factor Market Distortions across
Time,Space and Sectors in China[J]. Review of Economic Dy-

namics，2013(1)：39-58.

[26] Bryan G，Morten M. Economic Development and the Spatial Allocation of Labor：Evidence from Indonesia[R]. London School of Economics and Stanford，2015.

[27] Buera F J，Kaboski S Y. Finance and Development：A Tale of Two Sectors[J]. American Economic Review，2011(5)：1964-2002.

[28] Cascetta E，Papola A，Pagloara F，et al. Analysis of Mobility Impacts of the High Speed Rome-Naples Rail Link Using Within-day Dynamic Model Service Choice Models[J]. Journal of Transport Geography，2011(4)：635-643.

[29] Chan W，Yip T L. Port Spatial Development and Theory of Constraints[R]. The Hong Kong Polytechnic University Institutional Repository，2010.

[30] Chandra A，Thompson E. Does Public Infrastructure Affect Economic Activity?：Evidence from the Rural Interstate Highway System[J]. Regional Science and Urban Economics，2000 (4)：457-490.

[31] Charnoz P，Lelarge C，Trevien C. Communication Costs and the Internal Organization of Multi-Plant Businesses：Evidence from the Impact of the French High-Speed Rail[J]. The Economic Journal，2018(610)：949-994.

[32] Chen B，Liu D，Lu M. City Size，Migration and Urban Inequality in China[J]. China Economic Review，2018(51)：42-58.

[33] Chen Y，Wei L J. Railroad Development，Temporal-Spatial Externalities，and Growth Spillover：Theory and Empirical Evidence[J]. Journal of Regional Science，2018(5)：980-1002.

[34] Chen Z, Haynes K E. Impact of High-speed Rail on Regional Economic Disparity in China[J]. Journal of Transport Geography, 2017(65):80-91.

[35] Chen Z, Xue J, Rose A, et al. The Impact of High-Speed Rail Investment on Economic and Environmental Change in China: A Dynamic CGE Analysis[J]. Transportation Research Part A: Policy and Practice, 2016(92):232-245.

[36] Cohen J P, Paul C J M. Public Infrastructure Investment, Interstate Spatial Spillovers, and Manufacturing Costs[J]. Review of Economics and Statistics, 2004(2):551-560.

[37] Combes P P, Lafourcade M. Transport Costs, Geography and Regional Inequalities[M]. Boston: Boston University, Institute for Economic Development, 2002.

[38] Cosar A K, Demir B. Domestic Road Infrastructure and International Trade: Evidence from Turkey[J]. Journal of Development Economics, 2016(118): 232-244.

[39] Costinot A, Donaldson D, Komunjer I. What Goods Do Countries Trade? A Quantitative Exploration of Ricardo's Ideas[J]. Review of Economic Studies, 2012(2):581-608.

[40] Coto-Millán P, Inglada V, Rey B. Effects of Network Economies in High-speed Rail: The Spanish Case[J]. The Annals of Regional Science, 2007(4):911-925.

[41] De Loecker J. Do Exports Generate Higher Productivity? Evidence from Slovenia[J]. Journal of International Economics, 2007(1):69-98.

[42] Dekle R, Eaton J, Kortum S. Unbalanced Trade[J]. American

Economic Review，2007(2)：351-355.

[43] Deng P，Lu S，Xiao H. Evaluation of the Relevance Measure between Ports and Regional Economy Using Structural Equation Modeling[J]. Transport Policy，2013(27)：123-133.

[44] Dennis B N，Iscan T B. Agricultural Distortions Structural Change，and Economic Growth：A Cross-Country Analysis[J]. American Journal of Agricultural Economics，2011(3)：885-905.

[45] Dollar D，Wei S J. Das (Wasted) Kapital：Firm Ownership and Investment Efficiency in China[R]. NBER Working Papers，2007.

[46] Donaldson D，Hornbeck R. Railroads and American Economic Growth：A "Market Access" Approach[J]. The Quarterly Journal of Economics，2016(2)：799-858.

[47] Donaldson D. Railroads of the Raj：Estimating the Impact of Transportation Infrastructure[J]. America Economic Review，2018(4-5)：899-934.

[48] Dong X，Zheng S，Kahn M E. The Role of Transportation Speed in Facilitating High Skilled Teamwork[R]. NBER Working Paper，2018.

[49] Ducruet C，Rozenblat C，Zaidi F. Ports in Multi-Level Maritime Networks：Evidence from the Atlantic (1996-2006)[J]. Journal of Transport Geography，2010(4)：508-518.

[50] Duran-Fernandez R，Santos G. Regional Convergence，Road Infrastructure，and Industrial Diversity in Mexico[J]. Research in Transportation Economics，2014(46)：103-110.

[51] Duranton G，Morrow P M，Turner M A. Roads and Trade：

Evidence from the US[J]. The Review of Economic Studies, 2014(2):681-724.

[52] Duranton G, Turner M A. The Fundamental Law of Road Congestion: Evidence from US Cities[J]. American Economic Review, 2011(6):2616-2652.

[53] Eaton J, Kortum S, Kramarz F. Firm-to-Firm Trade: Imports, Exports, and the Labor Market [R]. NBER Working Paper, 2022.

[54] Eaton J, Kortum S. Technology, Geography, and Trade[J]. Econometrica, 2002(5):1741-1779.

[55] Epifani P, Gancia G. Trade, Markup Heterogeneity and Misallocations[J]. Journal of International Economics, 2011(1): 1-13.

[56] Esfahani H S, Ramirez M T. Institutions, Infrastructure, and Economic Growth[J]. Journal of Development Economics, 2003 (2):443-477.

[57] Faber B. Trade Integration, Market Size, and Industrialization: Evidence from China's National Trunk Highway System[J]. Review of Economic Studies, 2014(3):1046-1070.

[58] Fink C, Mattoo A, Neagu I C. Assessing the Impact of Communication Costs on International Trade[J]. Journal of International Economics, 2005(2):428-445.

[59] Fujita M, Krugman P, Venables A J. The Spatial Economy: Cities, Regions, and International Trade[M]. Cambridge: MIT Press, 1999.

[60] Gao Y, Zheng J. The Impact of High-Speed Rail on Innovation:

An Empirical Test of the Companion Innovation Hypothesis of Transportation Improvement with China's Manufacturing Firms[J]. World Development, 2020(127):104838.

[61] Ghani E, Goswami A G, Kerr W R. Highway to Success: The Impact of the Golden Quadrilateral Project for the Location and Performance of Indian Manufacturing[J]. Economic Journal, 2016(591):317-357.

[62] Glaeser E L, Gottlieb J D. The Wealth of Cities: Agglomeration Economies and Spatial Equilibrium in the United States[J]. Journal of Economic Literature, 2009(4):983-1028.

[63] Guner N, Ventura G, Xu Y. Macroeconomic Implications of Size-Dependent Policies[J]. Review of Economic Dynamic 2008 (4):721-744.

[64] Gutiérrez J, González R, Gomez G. The European High-Speed Train Network: Predicted Effects on Accessibility Patterns[J]. Journal of Transport Geography, 1996(4):227-238.

[65] Gutiérrez J. Location, Economic Potential and Daily Accessibility: An Analysis of the Accessibility Impact of the High-Speed Line Madrid-Barcelona-French Border[J]. Journal of Transport Geography, 2001(4):229-242.

[66] Hanson G H, Mataloni Jr R J, Slaughter M J. Expansion Strategies of U. S. Multinational Firms[R]. NBER Working Paper, 2001.

[67] Harris C D. The Market as a Factor in the Localization of Industry in the United States[J]. Annals of the Association of American Geographers, 1954(4):315-348.

[68] Hayuth Y. Rationalization and Deconcentration of the US Container Port System[J]. The Professional Geographer，1988(3)：279-288.

[69] He Y，Bingyang L，Yu D. How Does Spatial Proximity to the High-Speed Railway System Affect Inter-City Market Segmentation in China：A Spatial Panel Analysis[J]. Eurasian Geography and Economics，2022(1)：55-81.

[70] Heckman J J. Sample Selection Bias as a Specification Error [J]. Econometrica，1979(1)：153-161.

[71] Heckscher E F. Mercantilism[M]. New York：The Macmillan Company，1953.

[72] Heuermann D F，Schmieder J F. The Effect of Infrastructure on Worker Mobility：Evidence from High-Speed Rail Expansion in Germany[J]. Journal of Economic Geography，2019(2)：335-372.

[73] Hirschman A O. The Strategy of Economic Development[M]. New Haven：Yale University Press，1958.

[74] Holl A. Manufacturing Location and Impacts of Road Transport Infrastructure：Empirical Evidence from Spain[J]. Regional Science and Urban Economics，2004(4)：314-363.

[75] Hornbeck R，Rotemberg M. Railroad，Reallocation and the Rise of American Manufacturing[R]. NBER Working Paper，2019.

[76] Hoyle B，Hilling D. Seaport Systems and Spatial Change：Technology Industry and Development Strategies[M]. Chichester：Wiley Chichester，1984.

[77] Hoyle B，Pinder D. Cityport Industrialization and Regional De-

velopment: Spatial Analysis and Planning Strategies[M]. Oxford: Pergamon Press, 1980.

[78] Hsieh C T, Hurst E, Jones E, et al. The Allocation of Talent and Us Economic Growth[J]. Econometrica, 2019(5):1439-1474.

[79] Hsieh C T, Klenow P J. Misallocation and Manufacturing TFP in China and India[J]. Quarterly Journal of Economics, 2009 (4):1403-1448.

[80] Hu H, Wang J, Jin F, et al. Evolution of Regional Transport Dominance in China 1910-2012[J]. Journal of Geographical Sciences, 2015(6):723-738.

[81] Hummels D, Schaur G. Time as a Trade Barrier[J]. American Economic Review, 2013(7):2935-2959.

[82] Jacobs W, Ducruet C, Langen P D. Integrating World Cities into Production Networks: The Case of Port Cities[J]. Global Networks, 2010(1):92-113.

[83] Jia S, Zhou C, Qin C. No Difference in Effect of High-Speed Rail on Regional Economic Growth Based on Match Effect Perspective? [J]. Transportation Research Part A Policy and Practice, 2017(106):144-157.

[84] Jiang M, Kim E. Impact of High-Speed Railroad on Regional Income Inequalities in China and Korea[J]. International Journal of Urban Sciences, 2016(3):393-406.

[85] Jofre-Monseny J, Marín-López R, Viladecans-Marsal E. The Mechanisms of Agglomeration: Evidence from the Effect of Inter-Industry Relations on the Location of New Firms[J]. Journal of Urban Economics, 2011(2-3):61-74.

[86] Kalemli-Ozcan S, Sorensen B, Yesiltasf S. Leverage across Firms, Banks, and Countries[J]. Journal of International Economics, 2012(2):284-298.

[87] Ke X, Chen H, Hong Y M, et al. Do China's High-Speed-Rail Projects Promote Local Economy? —New Evidence from a Panel Data Approach[J]. China Economic Review, 2017(44): 203-226.

[88] Kim H, Sultana S. The Impacts of High-Speed Rail Extensions on Accessibility and Spatial Equity Changes in South Korea from 2004 to 2018[J]. Journal of Transport Geography, 2015 (45):48-61.

[89] Kim K S. High-Speed Rail Developments and Spatial Restructuring: A Case Study of the Capital Region in South Korea[J]. Cities, 2000(4):251-262.

[90] Krugman P. Geography and Trade [M]. Cambridge: MIT Press, 1991.

[91] Krugman P. Increasing Returns and Economic Geography[J]. Journal of Political Economy, 1991(3):483-499.

[92] Krugman P. Scale Economies, Product Differentiation, and the Pattern of Trade[J]. The American Economic Review, 1980 (5):950-959.

[93] Lawrence M, Bullock R, Liu Z. China's High-Speed Rail Development[R]. World Bank Group, 2019.

[94] Lee S W, Song D W, Ducruet C. A Tale of Asia's World Ports: The Spatial Evolution in Global Hub Port Cities[J]. Geoforum, 2008(1):372-385.

[95] Li X，Huang B，Li R，et al. Exploring the Impact of High Speed Railways on the Spatial Redistribution of Economic Activities-Yangtze River Delta Urban Agglomeration as a Case Study[J]. Journal of Transport Geography，2016(57):194-206.

[96] Li Z，Xu H. High-Speed Railroads and Economic Geography: Evidence from Japan[J]. Journal of Regional Science，2018(4): 705-727.

[97] Limao N，Venables A J. Infrastructure，Geographical Disadvantage，Transport Costs，and Trade[J]. The World Bank Economic Review，2001(3):451-479.

[98] Lin Y，Qin Y，Xie Z. International Technology Transfer and Domestic Innovation: Evidence from the High-speed Rail Sector in China[R]. Working Papers from London School of Economics and Political Science，2015.

[99] Lin Y. Travel Costs and Urban Specialization Patterns: Evidence from China's High Speed Railway System[J]. Journal of Urban Economics，2017(98):98-123.

[100] Martincus C V，Carballo J，Cusolito A. Routes，Exports and Employment in Developing Countries: Following the Trace of the Inca Roads[R]. London School of Economics，2014.

[101] Mayer H M. Current Trends in Great Lakes Shipping[J]. Geo Journal,1978(2):117-122.

[102] Mayer H M. The Port of Chicago and the St. Lawrence Seaway[J]. Department of Geography Research Paper，1957(49): 1-36.

[103] Melitz M J. The Impact of Trade on Intra-Industry Realloca-

tions and Aggregate Industry Productivity[J]. Econometrica, 2003(6):1695-1725.

[104] Micco A, Repetto A. Productivity, Misallocation and the Labor Market[R]. NBER Working Paper, 2012.

[105] Midrigan V, Xu D Y. Finance and Misallocation: Evidence from Plant-Level Data[J]. American Economic Review, 2014 (2):422-458.

[106] Moll B. Productivity Losses from Financial Frictions: Can Self-Financing Undo Capital Misallocation? [J]. American Economic Review, 2014(10):3186-3221.

[107] Morgan F. Ports and Harbors[M]. London: Hutchison Press, 1958.

[108] Ng A K, Ducruet C. The Changing Tides of Port Geography (1950—2012)[J]. Progress in Human Geography, 2014(6): 52-78.

[109] Olley S, Pakes A. The Dynamics of Productivity in the Telecommunications Equipment Industry[J]. Econometrica, 1996 (6):1263-1298.

[110] Ottaviano G, Thisse J F. Agglomeration and Economic Geography[J]. Handbook of Regional and Urban Economics, 2004 (4):2563-2608.

[111] Patton D J. General Cargo Hinterland of New York, Philadephia, Baltimore and New Orleans[R]. Annals of the American Association of Geographers, 1958.

[112] Perl A D, Goetz A R. Corridors, Hybrids and Networks: Three Global Development Strategies for High Speed Rail[J].

Journal of Transport Geography，2015(42):134-144.

[113] Puga D. European Regional Policies in Light of Recent Location Theories[J]. Journal of Economic Geography，2002(4): 373-406.

[114] Qin Y. "No County Left Behind?" The Distributional Impact of High-speed Rail Upgrades in China[J]. Journal of Economic Geography，2017(3):489-520.

[115] Redding S J，Rossi-Hansberg E. Quantitative Spatial Economics[R]. National Bureau of Economic Research，2016.

[116] Redding S J，Turner M A. Transportation Costs and the Spatial Organization of Economic Activity[R]. NBER Working Paper，2015.

[117] Restuccia D，Rogerson R. Misallocation and Productivity[J]. Review of Economic Dynamics，2013(1):1-10.

[118] Restuccia D，Rogerson R. Policy Distortions and Aggregate Productivity with Heterogeneous Establishments[J]. Review of Economic Dynamics，2008(4):707-720.

[119] Restuccia D，Rogerson R. The Causes and Costs of Misallocation[J]. Journal of Economic Perspectives，2017(3):151-174.

[120] Rimmer P J. The Search for Spatial Regularities in the Development of Australian Seaports 1861-1961 [J]. Geografiska Annaler: Series B，Human Geography，1967(1):42-54.

[121] Robinson R. Modelling the Port as an Operational System: A Perspective for Research[J]. Economic Geography，1976(1): 71-86.

[122] Rodan P N R. The Modernization of Industry: The Dynamics

of Growth[M]. Washington: Voice of America Forum Lectures, 1966.

[123] Rosenbaum P R, Rubin D B. Constructing a Control Group Using Multivariate Matched Sampling Methods That Incorporate the Propensity Score[J]. American Statistician, 1985(1): 33-38.

[124] Ryzhenkov M. Resource Misallocation and Manufacturing Productivity: The Case of Ukraine[J]. Journal of Comparative Economics, 2016(1):41-55.

[125] Samuelson P A. The Transfer Problem and Transport Costs: The Terms of Trade When Impediments are Absent[J]. Economic Journal, 1952(246):278-304.

[126] Sasaki K, Ohashi T, Ando A. High-Speed Rail Transit Impact on Regional Systems: Does the Shinkansen Contribute to Dispersion? [J]. The Annals of Regional Science, 1997(1): 77-98.

[127] Shaw S L, Fang Z, Lu S, et al. Impacts of High Speed Rail on Railroad Network Accessibility in China[J]. Journal of Transport Geography, 2014(40):112-122.

[128] Simonovska I, Waugh M E. The Elasticity of Trade: Estimates and Evidence[J]. Journal of International Economics, 2014(1):34-50.

[129] Slack B. Intermodal Transportation in North America and the Development of Inland Load Centers[J]. The Professional Geographer, 1990(1):72-83.

[130] Smith J A, Todd P E. Does Matching Overcome LaLonde's

Critique of Nonexperimental Estimators? [J]. Journal of Econometrics, 2005(1-2):305-353.

[131] Startz M. The Value of Face-to-Face: Search and Contracting Problems in Nigerian Trade[R]. Working Paper from Yale University, 2016.

[132] Swisher N S. Reassessing Railroads and Growth: Accounting for Transport Network Endogeneity [R]. Working Papers from Faculty of Economics University of Cambridge, 2017.

[133] Syverson C. Product Substitutability and Productivity Dispersion[J]. The Review of Economics and Statistics, 2004(2): 534-550.

[134] Taaffe J, Morrill R L, Gould P R. Transport Expansion in Underdeveloped Countries: A Comparative Analysis[J]. Geographical Review, 1963(53):503-529.

[135] Tanaka K. Impacts of the Opening of the Maglev Railway on Daily Accessibility in Japan: A Comparative Analysis with That of the Shinkansen[J]. Journal of Transport Geography, 2023(106):103512.

[136] Tinbergen J. Economic Policy: Principles and Design [M]. North-Holland: North-Holland Press, 1956.

[137] Tombe T, Zhu X. Trade, Migration and Productivity: A Quantitative Analysis of China[J]. American Economic Review, 2019(5):1843-1872.

[138] Utar H. Learning by Exporting through Access to Foreign Technical Service Markets[R]. University of Colorado, 2009.

[139] Vance J E. The Merchant's World: The Geography of Whole-

saling[M]. Englewood Cliffs：Prentice Hall，1970.

[140] Vickerman R W，Wang J，Jiao J. Development and Economics of High-Speed Rail in Europe[J]. World Regional Studies，2013(3)：41-48.

[141] Vickerman R，Ulied A. Indirect and Wider Economic Impacts of High Speed Rail[J]. Economic Analysis of High Speed Rail in Europe，2006(1)：89-118.

[142] Wang C，Ducruet C. Regional Resilience and Spatial Cycles：Long-Term Evolution of the Chinese Port System（221BC-2010AD)[J]. Journal of Economic and Human Geography，2013(5)：521-538.

[143] Wang J，Cai S. The Construction of High-Speed Railway and Urban Innovation Capacity：Based on the Perspective of Knowledge Spillover [J]. China Economic Review，2020(63)：101539.

[144] Weigend G G. Some Elements in the Study of Port Geography [J]. Geographical Review，1958(2)：185-200.

[145] World Bank. Regional Economic Impact Analysis of High Speed Rail in China[R]. To Analyzing the Productivity，Employment and Tourism Effects of High Speed Rail Projects in China，2014.

[146] Wu D，Rao P. Urbanization and Income Inequality in China：An Empirical Investigation at Provincial Level[J]. Social Indicators Research，2017(1)：189-214.

[147] Xu H. Development Policies and Economic Geography in China：Transport Infrastructure and Natural Resource[D]. Sen-

dai: Tohoku University, 2015.

[148] Xu M. Riding on the New Silk Road: Quantifying the Welfare Gains from High-Speed Railways[R]. Job Market Paper from the University of California Davis, 2017.

[149] Yan Y, Tu M, Chagas A L S, et al. The Impact of High-Speed Railway on Labor Spatial Misallocation—Based on Spatial Difference-in-Differences Analysis[J]. Research Part A: Policy and Practice, 2022(164):82-97.

[150] Yang Y. Transport Infrastructure, City Productivity Growth and Industry Reallocation: Evidence from China[R]. IMF Working Paper, 2016.

[151] Young A. Increasing Returns and Economic Progress[J]. The Economic Journal, 1928(152):527-542.

[152] Yu F, Lin F, Tang Y, et al. High-Speed Railway to Success? The Effects of High-Speed Rail Connection on Regional Economic Development in China[J]. Journal of Regional Science, 2019(4):723-742.

[153] Yu M. Research on the Impact of Infrastructure Construction on Tourism Industry: Evidence from the Wuhan-Guangzhou High Speed Rail[J]. Open Journal of Social Sciences, 2016 (1):126-131.

[154] Zeng D. Capital Mobility and Spatial Inequalities in Income and Industrial Location[J]. The Journal of Economic Inequality, 2016(14):109-128.

[155] Zhang J, Zhang Y. The Relationship between China's Income Inequality and Transport Infrastructure, Economic Growth, and

Carbon Emissions[J]. Growth and Change，2021(1):243-264.

[156] Zhang M，Yu F，Zhong C，et al. Influence of High-Speed Railway Network on Individual Income：Evidence from China's Microeconomic Data[J]. Transportation Letters：The International Journal of Transportation Research，2022(8):874-887.

[157] Zheng S，Kahn M E. China's Bullet Trains Facilitate Market Integration and Mitigate the Cost of Megacity Growth[J]. Proceedings of the National Academy of Sciences，2013(14):1248-1253.

[158] Ziebarth N L. Misallocation and Productivity during the Great Depression[R]. NBER Working Paper，2012.

[159] 安虎森. 空间经济学原理[M]. 北京:经济科学出版社，2005.

[160] 白俊红，卞元超. 要素市场扭曲与中国创新生产的效率损失[J]. 中国工业经济，2016(11):39-55.

[161] 白重恩，杜颖娟，陶志刚，等. 地方保护主义及产业地区集中度的决定因素和变动趋势[J]. 经济研究，2004(4):29-40.

[162] 柏培文，杨志才. 中国二元经济的要素错配与收入分配格局[J]. 经济学(季刊)，2019(2):639-660.

[163] 卞元超，吴利华，白俊红. 高铁开通、要素流动与区域经济差距[J]. 财贸经济，2018(6):147-161.

[164] 卞元超，吴利华，白俊红. 高铁开通是否促进了区域创新?[J]. 金融研究，2019(6):132-149.

[165] 蔡昉，王德文. 比较优势差异、变化及其对地区差距的影响[J]. 中国社会科学，2002(5):41-54，204.

[166] 曹炳汝，樊鑫. 港口物流与腹地经济协同发展研究——以太仓港为例[J]. 地理与地理信息科学，2019(5):126-132.

[167] 曹琳霞，陆玉麒，马颖忆. 基于烟羽模型的江苏港口腹地范围划分[J]. 地域研究与开发，2016(5):41-46.

[168] 曹卫东，曹有挥，梁双波. 安徽长江沿岸港口物流发展评价与空间博弈研究[J]. 华中师范大学学报(自然科学版)，2007(3):464-468.

[169] 陈斌开，金箫，欧阳涤非. 住房价格、资源错配与中国工业企业生产率[J]. 世界经济，2015(4):77-98.

[170] 陈春生. 资源空间配置与农村交通运输发展研究[D]. 西安：长安大学，2009.

[171] 陈栋康. 世界著名良港——温哥华[J]. 国际贸易，1985(6):61.

[172] 陈丰龙，徐康宁，王美昌. 高铁发展与城乡居民收入差距:来自中国城市的证据[J]. 经济评论，2018(2):59-73.

[173] 陈航. 海港地域组合及其区划的初步研究[J]. 地理学报，1991(4):480-487.

[174] 陈航. 海港形成发展与布局的经济地理基础[J]. 地理科学，1984(2):125-131.

[175] 陈航. 论海港地域组合的形成机制与发展过程[J]. 地理学报，1996(6):501-507.

[176] 陈建军. 要素流动、产业转移和区域经济一体化[M]. 杭州：浙江大学出版社，2009.

[177] 陈娟，林冰偻，张英轩. 浙江中等收入群体的微观影响因素分析[J]. 统计科学与实践，2019(7):23-26.

[178] 陈诗一，陈登科. 中国资源配置效率动态演化——纳入能源要素的新视角[J]. 中国社会科学，2017(4):67-83,206-207.

[179] 陈曦，席强敏，李国平. 城镇化水平与制造业空间分布——基于

中国省级面板数据的实证研究[J].地理科学,2015(3):259-267.

[180] 陈旭,邱斌.多中心空间结构与劳动收入——来自中国工业企业的证据[J].南开经济研究,2021(2):24-45.

[181] 陈彦斌,马啸,刘哲希.要素价格扭曲、企业投资与产出水平[J].世界经济,2015(9):29-55.

[182] 陈永伟.资源错配:问题、成因和对策[D].北京:北京大学,2013.

[183] 戴鞍钢.港口·城市·腹地——上海与长江流域经济关系的历史考察(1843—1913)[M].上海:复旦大学出版社,1998.

[184] 戴魁早,刘友金.要素市场扭曲、区域差异与R&D投入——来自中国高技术产业与门槛模型的经验证据[J].数量经济技术经济研究,2015(9):3-20.

[185] 邓昭,李振福,郭建科,等.中国港口地理学研究进展与展望[J].地理科学,2021(4):606-614.

[186] 狄乾斌,雷晓宇.基于Huff模型的京津冀地区港口一体化问题探讨[J].海洋开发与管理,2016(12):3-7.

[187] 董洁霜,范炳全.现代港口发展的区位势理论基础[J].世界地理研究,2003(2):47-53.

[188] 董艳梅,朱英明.高铁建设能否重塑中国的经济空间布局——基于就业、工资和经济增长的区域异质性视角[J].中国工业经济,2016(10):92-108.

[189] 杜群阳,俞航东.中国多维城市空间结构与地区收入差距[J].地理科学,2020(5):720-729.

[190] 杜兴强,彭妙薇.高铁开通会促进企业高级人才的流动吗?[J].经济管理,2017(12):89-107.

[191] 段德忠,谌颖,杜德斌.技术转移视角下中国三大城市群区域

一体化发展研究[J]. 地理科学，2019(10):1581-1591.

[192] 范从来. 益贫式增长与中国共同富裕道路的探索[J]. 经济研究，2017(12):14-16.

[193] 方叶林，程雪兰，苏雪晴，等. 一体化进程对旅游经济的空间溢出效应——以长三角城市群为例[J]. 地理科学，2021(9):1546-1555.

[194] 房逸靖，张治栋. 要素流动、技术扩散与地区间经济差距——基于长三角城市群的经验证据[J]. 区域经济评论，2021(3):66-75.

[195] 盖庆恩，朱喜，史清华. 劳动力市场扭曲、结构转变和中国劳动生产率[J]. 经济研究，2013(5):87-97,111.

[196] 高凌云，屈小博，贾鹏. 中国工业企业规模与生产率的异质性[J]. 世界经济，2014(6):113-137.

[197] 龚关，胡关亮. 中国制造业资源配置效率与全要素生产率[J]. 经济研究，2013(4):4-15,29.

[198] 桂琦寒，陈敏，陆铭，等. 中国国内商品市场趋于分割还是整合:基于相对价格法的分析[J]. 世界经济，2006(2):20-30.

[199] 郭建科，韩增林. 中国海港城市"港—城空间系统"演化理论与实证[J]. 地理科学，2013(11):1285-1292.

[200] 郭进，白俊红. 高速铁路建设如何带动企业的创新发展——基于 Face-to-Face 理论的实证检验[J]. 经济理论与经济管理，2019(5):60-74.

[201] 何丹，高鹏. 长江中游港口腹地演变及港口—腹地经济协调发展研究[J]. 地理科学，2016(12):1811-1821.

[202] 何凌云，陶东杰. 高铁开通对知识溢出与城市创新水平的影响测度[J]. 数量经济技术经济研究，2020(2):125-142.

[203] 侯新烁，黄素萍. 高铁开通对不同等级城市城乡收入差距的影响[J]. 当代经济研究，2021(3)：82-92.

[204] 胡鞍钢，刘生龙. 交通运输、经济增长及溢出效应——基于中国省际数据空间经济计量的结果[J]. 中国工业经济，2009(5)：5-14.

[205] 黄凯南，孙广召. 高铁开通如何影响企业全要素生产率？——基于中国制造业上市企业的研究[J]. 中国地质大学学报（社会科学版），2019(1)：144-157.

[206] 黄新飞，李莹，张伟俊. 高铁开通、对外开放与知识溢出效应——来自中国城市专利引用数据的经验证据[J]. 国际经贸探索，2023(4)：35-51.

[207] 黄英明. 基于海陆经济一体化视角的海洋产业布局研究[D]. 长春：东北师范大学，2019.

[208] 黄赜琳，姚婷婷. 市场分割与地区生产率：作用机制与经验证据[J]. 财经研究，2020(1)：96-110.

[209] 黄张凯，刘津宇，马光荣. 地理位置、高铁与信息：来自中国IPO市场的证据[J]. 世界经济，2016(10)：127-149.

[210] 吉赟，杨青. 高铁开通能否促进企业创新：基于准自然实验的研究[J]. 世界经济，2020(2)：147-166.

[211] 纪宏，刘扬. 我国中等收入者比重及其影响因素的测度研究[J]. 数理统计与管理，2013(5)：873-882.

[212] 贾俊雪，梁煊. 地方政府财政收支竞争策略与居民收入分配[J]. 中国工业经济，2020(11)：5-23.

[213] 姜博，初楠臣，王媛，等. 高速铁路影响下的城市可达性测度及其空间格局模拟分析——以哈大高铁为例[J]. 经济地理，2014(11)：58-62.

[214] 姜晓丽，张平宇. 基于 Huff 模型的辽宁沿海港口腹地演变分析[J]. 地理科学，2013(3):282-290.

[215] 金碚. 关于"高质量发展"的经济学研究[J]. 中国工业经济，2018(4):5-18.

[216] 金凯. 基于系统动力学的山东半岛港口群协调发展研究[D]. 大连：大连海事大学，2020.

[217] 康译之，何丹，高鹏，等. 长三角地区港口腹地范围演化及其影响机制[J]. 地理研究，2021(1):138-151.

[218] 郎宇，黎鹏. 论港口与腹地经济一体化的几个理论问题[J]. 经济地理，2005(6):767-770,774.

[219] 李超，李涵，唐丽淼. 高速铁路、运输效率与垂直专业化分工[J]. 经济学(季刊)，2021(1):51-70.

[220] 李涵，唐丽淼. 交通基础设施投资、空间溢出效应与企业库存[J]. 管理世界，2015(4):126-136.

[221] 李红昌，Linda Tjia，胡顺香. 中国高速铁路对沿线城市经济集聚与均等化的影响[J]. 数量经济技术经济研究，2016(11):127-143.

[222] 李建明，罗能生. 高铁开通改善了城市空气污染水平吗？[J]. 经济学(季刊)，2020(4):1335-1354.

[223] 李娟. 全面把握共同富裕的内涵[J]. 理论探索，2007(4):86-88.

[224] 李娜. 港口经济与腹地经济互动发展[D]. 上海：上海海洋大学，2018.

[225] 李实. 共同富裕的目标和实现路径选择[J]. 经济研究，2021(11):4-13.

[226] 李昕，关会娟，谭莹. 技能偏向型技术进步、各级教育投入与行

业收入差距[J]. 南开经济研究,2019(6):86-107.

[227] 李欣泽,纪小乐,周灵灵. 高铁能改善企业资源配置吗?——来自中国工业企业数据库和高铁地理数据的微观证据[J]. 经济评论,2017(6):3-21.

[228] 梁若冰. 口岸、铁路与中国近代工业化[J]. 经济研究,2015(4):178-191.

[229] 梁双波,曹有挥,吴威,等. 全球化背景下的南京港城关联发展效应分析[J]. 地理研究,2007(3):599-608.

[230] 梁双波,曹有挥,吴威. 港口后勤区域形成演化机理——以上海港为例[J]. 地理研究,2011(12):2150-2162.

[231] 林善浪,邱雨歆. 高速铁路、认知资本与区域知识创新[J]. 软科学,2020(6):102-107,121.

[232] 林毅夫,李永军. 比较优势、竞争优势与发展中国家的经济发展[J]. 管理世界,2003(7):21-28,66-155.

[233] 林毅夫. 新结构经济学——重构发展经济学的框架[J]. 经济学(季刊),2011(1):1-32.

[234] 刘秉镰,刘玉海. 交通基础设施建设与中国制造业企业库存成本降低[J]. 中国工业经济,2011(5):69-79.

[235] 刘畅. 京津冀地区港口物流与腹地经济协同发展研究[D]. 天津:天津理工大学,2019.

[236] 刘冲,吴群锋,刘青. 交通基础设施、市场可达性与企业生产率——基于竞争和资源配置的视角[J]. 经济研究,2020(7):140-158.

[237] 刘冲,周黎安. 高速公路建设与区域经济发展:来自中国县级水平的证据[J]. 经济科学,2014(2):55-67.

[238] 刘贯春,张晓云,邓光耀. 要素重置、经济增长与区域非平衡发

展[J]. 数量经济技术经济研究，2017(7):35-56.

[239] 刘培林，钱滔，黄先海，等.共同富裕的内涵、实现路径与测度方法[J]. 管理世界，2021(8):117-129.

[240] 刘生龙，胡鞍钢. 基础设施的外部性在中国的检验:1988—2007[J]. 经济研究，2010(3):4-15.

[241] 刘生龙，胡鞍钢. 交通基础设施与中国区域经济一体化[J]. 经济研究，2011(3):72-82.

[242] 刘生龙，郑世林. 交通基础设施跨区域的溢出效应研究——来自中国省级面板数据的实证证据[J]. 产业经济研究，2013(4):59-69.

[243] 刘万锋，吴建伟. 谋划浙江港口发展战略建设世界一流综合枢纽港[J]. 中国港口，2021(7):17-20.

[244] 刘魏巍，董洁霜，夏晓梅. 港口腹地分析的定量模式及实证研究——以温州港为例[J]. 水运工程，2005(11):31-34.

[245] 刘修岩，李松林，陈子扬. 多中心空间发展模式与地区收入差距[J]. 中国工业经济，2017(10):25-43.

[246] 刘怡，张宁川，周凌云. 高铁建设与区域均衡发展——来自京津冀高铁通车的证据[J]. 北京大学学报(哲学社会科学版)，2018(3):60-71.

[247] 刘勇政，李岩. 中国的高速铁路建设与城市经济增长[J]. 金融研究，2017(11):18-33.

[248] 刘长明，周明珠. 共同富裕思想探源[J]. 当代经济研究，2020(5):37-47,113.

[249] 龙小宁，高翔. 交通基础设施与制造业企业生产率——来自县级高速公路和中国工业企业数据库的证据[J]. 华中师范大学学报(人文社会科学版)，2014(5):43-52.

[250] 龙玉，李曜，宋贺. 高铁通车与风险投资绩效[J]. 经济学动态，2019(1):76-91.

[251] 龙玉，赵海龙，张新德，等. 时空压缩下的风险投资——高铁通车与风险投资区域变化[J]. 经济研究，2017(4):195-208.

[252] 鲁渤，邢戬，王乾，等. 港口竞争力与腹地经济协同机制面板数据分析[J]. 系统工程理论与实践，2019(4):1079-1090.

[253] 陆铭，陈钊. 城市化、城市倾向的经济政策与城乡收入差距[J]. 经济研究，2004(6):50-58.

[254] 陆铭. 大国大城[M]. 上海：上海人民出版社，2016.

[255] 路海艳，赵鹏军，董亚宁，等. 高铁站可达性与城乡居民收入差异空间分异研究[J]. 地理科学进展，2022(1):131-142.

[256] 罗楚亮，李实，岳希明. 中国居民收入差距变动分析(2013—2018)[J]. 中国社会科学，2021(1):33-54,204-205.

[257] 罗德明，李晔，史晋川. 要素市场扭曲、资源错置与生产率[J]. 经济研究，2012(3):4-14,39.

[258] 罗能生，彭郁. 交通基础设施建设有助于改善城乡收入公平吗?——基于省级空间面板数据的实证检验[J]. 产业经济研究，2016(4):100-110.

[259] 罗蓉，罗雪中. 论区域经济一体化演进机制及城市主导作用[J]. 社会科学战线，2009(9):91-96.

[260] 马光荣，程小萌，杨恩艳. 交通基础设施如何促进资本流动——基于高铁开通和上市公司异地投资的研究[J]. 中国工业经济，2020(6):5-23.

[261] 马光荣. 中国高速铁路对城市增长的影响[R]. 北京大学一林肯研究院城市发展与土地政策研究中心工作论文，2015.

[262] 马瑜. 中国外贸集装箱生成机制及港口腹地划分研究[D]. 大

连：大连海事大学，2018.

[263] 毛琦梁，王菲. 制度环境、技术复杂度与空间溢出的产业间非均衡性[J]. 中国工业经济，2020(5):118-136.

[264] 毛琦梁，颜宇彤. 高铁开通、风险投资与文化企业选址[J]. 产业经济研究，2021(6):29-43.

[265] 毛文峰，陆军. 土地要素错配如何影响中国的城市创新创业质量——来自地级市城市层面的经验证据[J]. 产业经济研究，2020(3):17-29,126.

[266] 孟飞荣，高秀丽. 港口与直接腹地经济耦合协调度及其影响因素研究——以环北部湾港口群为例[J]. 地理与地理信息科学，2017(6):94-100,127.

[267] 孟庆民. 区域经济一体化的概念与机制[J]. 开发研究，2001(2):47-49.

[268] 米金升，李群，赵妮娜. 经略陆海:中国港口[M]. 北京:外文出版社，2021.

[269] 年猛. 交通基础设施、经济增长与空间均等化——基于中国高速铁路的自然实验[J]. 财贸经济，2019(8):146-161.

[270] 聂辉华，贾瑞雪. 中国制造业企业生产率与资源误置[J]. 世界经济，2011(7):27-42.

[271] 潘爽，叶德珠. 交通基础设施对市场分割的影响——来自高铁开通和上市公司异地并购的经验证据[J]. 财政研究，2021(3):115-129.

[272] 邱斌，刘修岩，赵伟. 出口学习抑或自选择:基于中国制造业微观企业的倍差匹配检验[J]. 世界经济，2012(4):23-40.

[273] 饶品贵，王得力，李晓溪. 高铁开通与供应商分布决策[J]. 中国工业经济，2019(10):137-154.

[274] 任晓红，但婷，王春杨. 农村交通基础设施对农村居民收入的门槛效应分析[J]. 经济问题，2018(5):46-52,63.

[275] 阮培成，李谷成，郑宏运，等. 公路基础设施建设缩小了城乡收入差距吗？——来自江苏、浙江县级面板数据的例证[J]. 农业现代化研究，2019(6):927-935.

[276] 沙雨蒙. 港口腹地界定方法研究[D]. 大连：大连海事大学，2015.

[277] 尚姝. 基于烟羽模型的港口交叉腹地划分研究[D]. 大连：大连海事大学，2013.

[278] 施震凯，邵军，浦正宁. 交通基础设施改善与生产率增长：来自铁路大提速的证据[J]. 世界经济，2018(6):127-151.

[279] 史梦昱，沈坤荣，闫佳敏. 交通基础设施建设与行业资源配置效率改善——基于县级道路指数的研究[J]. 产业经济研究，2022(6):72-85.

[280] 宋群. 我国共同富裕的内涵、特征及评价指标初探[J]. 全球化，2014(1):35-47,124.

[281] 宋长利. 中国沿海港口群经济发展研究[D]. 沈阳：辽宁大学，2019.

[282] 孙广召，黄凯南. 高铁开通对全要素生产率增长率的异质性影响分析[J]. 财经研究，2019(5):84-98.

[283] 孙浦阳，武力超，张伯伟. 空间集聚是否总能促进经济增长：不同假定条件下的思考[J]. 世界经济，2011(10):3-20.

[284] 孙伟增，牛冬晓，万广华. 交通基础设施建设与产业结构升级——以高铁建设为例的实证分析[J]. 管理世界，2022(3):19-34,58.

[285] 孙文浩，张杰. "高铁居民"实现共同富裕的"梗阻"因素——

"非均衡态"高铁布局与逆城市化[J]．商业经济与管理，2023（1）：70-85．

[286] 孙文浩，张杰．高铁网络能否推动制造业高质量创新[J]．世界经济，2020（12）：151-175．

[287] 谭小平，徐杏．长三角区域经济一体化的态势及运输市场一体化的思考[J]．公路运输文摘，2004（6）：9，15-16．

[288] 汤国安，杨昕．ArcGIS地理信息系统空间分析实验教程（第二版）[M]．北京：科学出版社，2012．

[289] 唐宜红，俞峰，林发勤，等．中国高铁、贸易成本与企业出口研究[J]．经济研究，2019（7）：158-173．

[290] 汪德根，陈田，陆林，等．区域旅游流空间结构的高铁效应及机理——以中国京沪高铁为例[J]．地理学报，2015（2）：214-233．

[291] 王成金．港口运输与腹地产业发展[M]．北京：科学出版社，2020．

[292] 王春杨，兰宗敏，张超，等．高铁建设、人力资本迁移与区域创新[J]．中国工业经济，2020（12）：102-120．

[293] 王红霞．要素流动、空间集聚与城市互动发展的定量研究——以长三角地区为例[J]．上海经济研究，2011（12）：45-55，63．

[294] 王姣娥，焦敬娟，金凤君．高速铁路对中国城市空间相互作用强度的影响[J]．地理学报，2014（12）：1833-1846．

[295] 王杰，杨赞，陆春峰．港口腹地划分的两种新方法探讨——以大连国际航运中心为例[J]．中国航海，2005（3）：57-61．

[296] 王景敏，崔利刚，隋博文．港口—腹地供应链合作效率的影响因素——基于中国西部陆海新通道的实证分析[J]．中国流通经济，2021（12）：28-39．

[297] 王俊. 经济集聚、技能匹配与大城市工资溢价[J]. 管理世界，2021(4):83-98.

[298] 王磊，朱帆. 要素市场扭曲、生产率与企业进入退出[J]. 浙江社会科学，2018(10):55-64,156-157.

[299] 王圣，朴文进. 港口与腹地供应链的协同效应分析[J]. 海洋开发与管理，2021(1):57-62.

[300] 王曙光. 港口发展的区域观点[J]. 经济地理，1993(1):33-37.

[301] 王文. 港口经济腹地及其分析方法探讨[J]. 港口经济，2006(1):24-26.

[302] 王晓斌. GIS实现下的港口腹地划分方法研究[D]. 大连:大连海事大学，2015.

[303] 王耀辉，王凯璇，孙鹏. 高铁与病毒传播[J]. 世界经济，2021(11):145-168.

[304] 王雨飞，倪鹏飞. 高速铁路影响下的经济增长溢出与区域空间优化[J]. 中国工业经济，2016(2):21-36.

[305] 王赟赟，陈宪. 高铁通勤成本对地区收入差距的影响研究——基于城市群集聚效应的分析[J]. 价格理论与实践，2018(9):95-98.

[306] 王哲. 近代中国贸易网络空间研究(1873—1942)[M]. 济南:齐鲁书社，2020.

[307] 卫兴华. 论社会主义共同富裕[J]. 经济纵横，2013(1):1-7.

[308] 文嫮，韩旭. 高铁对中国城市可达性和区域经济空间格局的影响[J]. 人文地理，2017(1):99-108.

[309] 文雯，黄雨婷，宋建波. 交通基础设施建设改善了企业投资效率吗？——基于中国高铁开通的准自然实验[J]. 中南财经政法大学学报，2019(2):42-52.

[310] 文雁兵,张梦婷,俞峰. 中国交通基础设施的资源再配置效应[J]. 经济研究,2022(1):155-171.

[311] 吴传钧,高小真. 海港城市的成长模式[J]. 地理研究,1989(4):9-15.

[312] 吴福象,曹璐,段巍. 经济效率、空间公平与区域一体化[J]. 天津社会科学,2015(4):90-97.

[313] 吴嘉贤,刘修岩. 高铁开通与中国农村减贫——来自遥感数据的证据[J]. 世界经济文汇,2022(1):1-17.

[314] 吴松弟. 中国百年经济拼图——港口城市及其腹地与中国现代化[M]. 济南:山东画报出版社,2006.

[315] 吴威,曹有挥,曹卫东,等. 区域综合运输成本的空间格局研究——以江苏省为例[J]. 地理科学,2009(4):485-492.

[316] 习近平. 扎实推动共同富裕[J]. 求是,2021(20):4-8.

[317] 习近平:关于《中共中央关于制定国民经济和社会发展第十四个五年规划和二〇三五年远景目标的建议》的说明[N]. 人民日报,2020-11-04(2).

[318] 习近平:脱贫攻坚战冲锋号已经吹响　全党全国咬定目标苦干实干[N]. 人民日报,2015-11-29(1).

[319] 徐惠蓉. 试论港口、港口城市和腹地经济之间的联系问题[J]. 南方经济,1990(4):20.

[320] 徐维祥,许言庆. 我国沿海港口综合实力评价与主要港口腹地空间的演变[J]. 经济地理,2018(5):26-35.

[321] 徐塁,欧国立. 交通基础设施对区域间制造业分工的影响——基于制造业细分行业数据的实证研究[J]. 经济问题探索,2016(8):28-35.

[322] 许言庆. 沿海港口综合实力与腹地空间演变研究[D]. 杭州:

浙江工业大学，2016.

[323] 许云飞. 山东省港口经济腹地计算方法的研究[J]. 山东交通学院学报，2003(1):39-42,50.

[324] 亚当·斯密. 国民财富的性质和原因的研究(上卷)[M]. 郭大力，王亚南，译. 北京:商务印书馆，1972.

[325] 鄢萍. 资本误配置的影响因素初探[J]. 经济学(季刊)，2012(2):489-520.

[326] 颜银根，倪鹏飞，刘学良. 高铁开通、地区特定要素与边缘地区的发展[J]. 中国工业经济，2020(8):118-136.

[327] 杨青，吉赟，王亚男. 高铁能提升分析师盈余预测的准确度吗?——来自上市公司的证据[J]. 金融研究，2019(3):168-188.

[328] 杨先明，刘岩. 中国国内市场分割动因研究[J]. 思想战线，2010(2):110-114.

[329] 杨小凯. 经济学原理[M]. 北京:中国社会科学出版社，1998.

[330] 杨学利，孙吉照，于天良，等. 发展环渤海地区海运事业初探[J]. 海洋开发，1986(3):41-46.

[331] 易巍，龙小宁，林志帆. 地理距离影响高校专利知识溢出吗——来自中国高铁开通的经验证据[J]. 中国工业经济，2021(9):99-117.

[332] 殷文伟，牟敦果. 宁波—舟山港腹地分析及对发展港口经济的意义[J]. 经济地理，2011(3):447-452.

[333] 余泳泽，潘妍. 高铁开通缩小了城乡收入差距吗?——基于异质性劳动力转移视角的解释[J]. 中国农村经济，2019(1):79-95.

[334] 俞峰，梅冬州，张梦婷. 交通基础设施建设、产业结构变化与经

济收敛性研究[J]. 经济科学，2021(5):52-67.

[335] 俞峰，唐宜红，张梦婷. 高铁开通对中国城乡收入差距的影响研究[J]. 国际商务（对外经济贸易大学学报），2020（4）：129-143.

[336] 俞峰. 中国高铁、贸易成本和企业出口研究[D]. 北京：中央财经大学，2019.

[337] 袁志刚，解栋栋. 中国劳动力错配对 TFP 的影响分析[J]. 经济研究，2011(7):4-17.

[338] 约翰斯顿. 人文地理学词典[M]. 柴彦威，等译. 北京：商务印书馆，2004.

[339] 张超，蒋天颖. 浙江县域城乡收入差距空间格局及影响因素——基于空间杜宾模型偏微分法的实证分析[J]. 兰州财经大学学报，2019(1):1-12.

[340] 张成思，刘贯春. 经济增长进程中金融结构的边际效应演化分析[J]. 经济研究，2015(12):84-99.

[341] 张俊. 高铁建设与县域经济发展——基于卫星灯光数据的研究[J]. 经济学（季刊），2017(4):1533-1562.

[342] 张可意. 广东省沿海港口群与经济腹地的协调发展研究[D]. 大连：大连海事大学，2020.

[343] 张克中，陶东杰. 交通基础设施的经济分布效应——来自高铁开通的证据[J]. 经济学动态，2016(6):62-73.

[344] 张梦婷，俞峰，钟昌标，等. 高铁网络、市场准入与企业生产率[J]. 中国工业经济，2018(5):137-156.

[345] 张梦婷，俞峰，钟昌标. 开通高铁是否促进了地区出口？——来自中国城市数据的经验证据[J]. 南开经济研究，2020(3):204-224.

[346] 张梦婷. 中国交通网络发展对出口贸易的影响研究[D]. 上海：上海大学，2019.

[347] 张佩. 中国的资源错配与全要素生产率[D]. 北京：清华大学，2014.

[348] 张庆君，李雨霏，毛雪. 所有制结构、金融错配与全要素生产率[J]. 财贸研究，2016(4):9-15,23.

[349] 张珊珊. 近代汉口港与其腹地经济关系变迁(1862—1936)[M]. 济南：齐鲁书社，2020.

[350] 张学良. 中国交通基础设施促进了区域经济增长吗——兼论交通基础设施的空间溢出效应[J]. 中国社会科学，2012(3):60-77,206.

[351] 张玉昌，陈保启. 产业结构、空间溢出与城乡收入差距——基于空间 Durbin 模型偏微分效应分解[J]. 经济问题探索，2018(9):62-71.

[352] 章韬，孙楚仁. 贸易开放、生产率形态与企业规模[J]. 世界经济，2012(8):40-66.

[353] 赵静，黄敬昌，刘峰. 高铁开通与股价崩盘风险[J]. 管理世界，2018(1):157-168,192.

[354] 赵倩，陈国伟. 高铁站区位对周边地区开发的影响研究——基于京沪线和武广线的实证分析[J]. 城市规划，2015(7):50-55.

[355] 赵为民. 社会保障对农村居民幸福感的提升效应与中介机制检验[J]. 湖北经济学院学报，2021(6):50-61.

[356] 中国大百科全书总编辑委员会. 中国大百科全书 地理学[M]. 北京：中国大百科全书出版社，1990.

[357] 钟昌标，张梦婷. 高铁网络与中国区域经济的协调发展[M]. 北京：经济科学出版社，2020.

[358] 周海波, 胡汉辉, 谢呈阳, 等. 地区资源错配与交通基础设施: 来自中国的经验证据[J]. 产业经济研究, 2017(1):100-113.

[359] 周加来, 李刚. 区域经济发展差距:新经济地理、要素流动与经济政策[J]. 经济理论与经济管理, 2008(9):29-34.

[360] 周申, 倪何永乐. 高铁建设是否降低了省内地区收入差距?——基于卫星灯光数据的经验研究[J]. 现代经济探讨, 2022(3):82-94.

[361] 周新宏, 沈霁蕾. 长三角区域经济发展现状及趋势研究[J]. 经济纵横, 2007(8):67-69.

[362] 周玉龙, 杨继东, 黄阳华, 等. 高铁对城市地价的影响及其机制研究——来自微观土地交易的证据[J]. 中国工业经济, 2018(5):118-136.

[363] 周云波, 田柳, 陈岑. 经济发展中的技术创新、技术溢出与行业收入差距演变——对U型假说的理论解释与实证检验[J]. 管理世界, 2017(11):35-49.

[364] 朱航. 关于共同富裕的内涵及实现标准的思考[J]. 财政研究, 1996(7):38-41.

[365] 朱喜, 史清华, 盖庆恩. 要素配置扭曲与农业全要素生产率[J]. 经济研究, 2011(5):86-98.

[366] 祝树金, 李思敏. 高铁开通如何影响企业出口产品质量[J]. 宏观质量研究, 2020(3):14-30.

[367] 邹薇, 陈亮恒. 高速铁路开通对企业生产率的影响:传导机制与实证检验[J]. 武汉大学学报(哲学社会科学版), 2020(1):102-119.

后　记

　　本书是浙江省自然科学基金资助项目"中国高铁网络对港口腹地经济一体化的影响与区域整合政策研究"（LQ21G030002）的阶段性研究成果。感谢宁波大学哲学社会科学著作出版经费的资助。本书从项目立项到深入研究再到结题出版，得到了许多领导、同事和团队成员的支持与帮助，尤其要感谢金祥荣教授和钟昌标教授，两位恩师在选题构思、破题立意、逻辑梳理等方面给予了极大的帮助。

　　在写作过程中，我们参考和查阅了大量文献资料，在此我们对本书所借鉴和引用的海内外研究成果、文献、著作的作者及出版社表示诚挚的谢意！囿于笔者的水平，本书难免会有疏漏之处，恳请广大读者、业内同行批评指正，你们的宝贵意见对我们而言是巨大的鞭策与鼓励。

　　本书能够顺利出版还有许多值得感谢的人。浙江大学出版社以吴伟伟老师为代表的编辑团队为本书付出了辛勤的汗水，特别感谢她们的鼓励和帮助。同时，也要感谢团队成员鲍子文、郑雅薇、孔书凝、蒋经焘、单婷婷、杨周琼等在资料收集和定稿阶段所做的大量辅助工作，正是你们的一路同行给了我持续研究的动力。

　　本书的出版也是新的起点,未来将以此为基础继续开展区域经济学和交通基础设施的福利效应研究,争取早日取得新的成果。

张梦婷

2023 年 3 月